BRUDER LONGINUS BEHA

# Ab morgen Mönch

## Ein Afghanistansoldat geht ins Kloster

BRUDER LONGINUS BEHA

mit Gerald Drews

# Ab morgen MÖNCH

Ein Afghanistansoldat
geht ins Kloster

PATTLOCH

Bibliografische Information: Deutsche Nationalbibliothek
Die Deutsche Nationalbibliothek verzeichnet diese Publikation in der Deutschen Nationalbibliografie; detaillierte bibliografische Daten sind im Internet über http://dnb.d-nb.de abrufbar.

**Bildnachweis:**
Frank Beha, privat, Gerald Drews


Umschlaggestaltung: ZERO Werbeagentur, München
Umschlagfoto: Frank Beha
Bildredaktion: Sylvie Busche
Redaktion: Katrin Krips-Schmidt, Berlin
Satz und Herstellung: Hartmut Czauderna
Druck und Bindung: C. H. Beck, Nördlingen
Reproduktion: Repro Ludwig, Zell am See
Printed in Germany

ISBN 978-3-629-02218-9

**Bitte besuchen Sie uns im Internet:**
**www.pattloch.de**

2 4 5 3 1

# Inhalt

# Gedanken im Morgengrauen

Es ist die Stille des Morgens, die ich so liebe. In der Kirche hört man nur den Atem meiner Mitbrüder und das Rascheln, wenn sie die Seiten ihres Psalters umblättern, jenes Buches der Psalmen und Wechselgesänge, das jeder von uns bei sich trägt. Soeben geht die Sonne auf und lässt das Innere der Kirche in einem wunderbaren Licht erscheinen. Die ersten Sonnenstrahlen tänzeln zwischen den hölzernen Bänken und über dem Steinfußboden des Gotteshauses hin und her.

Eine meditative Pause hat den Gesang der Psalmen unterbrochen, den wir allmorgendlich zelebrieren. Wir schweigen. Ein paar Minuten lang hat jeder von uns Mönchen Zeit für sich selbst, Zeit für ein persönliches Gebet, ehe wir gemeinsam weitersingen. Wir haben Zeit für unsere Gedanken, die noch ein wenig schlaftrunken im Kopf herumflattern wie die Vögel da draußen, die inzwischen ebenfalls begonnen haben, ihren Morgengesang anzustimmen.

So, wie wir Mönche es jeden Tag zu dieser Stunde tun, immer pünktlich um fünf Uhr früh. Es ist die Stunde der Morgenhore, des ersten der sechs gemeinsamen Gebete. Sie führt uns Benediktinermönche Tag für Tag im Chorraum der prächtigen, dem heiligen Martin geweihten Kirche von Beuron zusammen. Diese stille Pause nutze ich, um für mich einen Psalm zu lesen. Ich blättere bis Psalm 91 vor, den ich besonders liebe. Darin heißt es:

»Tausend fallen an deiner Seite,
zehntausend an deiner Rechten
– dich erreicht es nicht.«

Noch ein wenig müde von der frühen Stunde, summen diese Worte in mir herum, und plötzlich schießen mir die Gedanken durch den Kopf: »Ein kriegerischer Psalm ist das, der zielt auf mich, aber er hat auch eine beruhigende Botschaft. Was hat der mit mir zu tun? Warum bin ich eigentlich hier?«

Dabei ruft mir dieser Psalm ein Ereignis ins Gedächtnis zurück, das bereits ein kleiner, aber doch entscheidender Bestandteil der Antwort auf die Frage ist. Es ist etwa vier Jahre her. Damals war ich noch nicht der Bruder Longinus von heute, sondern der 24-jährige Zeitsoldat Frank Beha bei der Bundeswehr. Und als der musste ich, mitten im Hochsommer, zu einem Übungsmarsch antreten. Mit kompletter Ausrüstung im Kampfanzug bei drückender Hitze dreißig Kilometer abspulen – wer das einmal gemacht hat, der weiß, dass das kein Spaziergang ist. Als mir auf halber Strecke die Kraft auszugehen drohte, versprach ich während einer Ruhepause: »Wenn ich es schaffe, diesen Marsch in einer guten Zeit hinter mich zu bringen, dann gehe ich ins Kloster!«

Um es kurz zu machen: Ich habe den Rest des Gewaltmarsches, kaum dass ich für mich diese Worte ausgesprochen hatte, leichtfüßig und in großer Euphorie bewältigt. Und heute bin ich also hier, im Kloster! Ein junger Mönch, noch halb am Anfang seines Weges.

Das klingt recht »wunder«-bar. Es war auch nicht dieses eine Versprechen allein, das mich hierher nach Beuron geführt hat. Nein, da musste noch viel zusammenkommen. Um das alles zu erzählen und zu erklären, muss ich aber von vorn anfangen. Am besten, ganz von vorn …

# Wie ich wurde, der ich jetzt bin

## Eine Kindheit auf dem Lande

Lauf, Bolli, lauf!« Fröhlich bellend zieht unser Schäferhund den Kinderschlitten den verschneiten Hang hinauf. Derweil stapfen meine Schwester Sandra und ich durch den Tiefschnee keuchend nach oben, um bald darauf unter großem »Juhu!« den Abhang hinunterzubrettern. Der gute Bolli saust dabei schwanzwedelnd neben uns her, eine dicke Schneewolke aufwirbelnd. Unser vierbeiniger Spielkamerad hat an diesem Wintersport vermutlich genauso viel Spaß wie wir beide, denn er bettelt ein ums andere Mal mit fröhlichem Gebell darum, den Schlitten nach einer gelungenen Abfahrt wieder in Besitz nehmen zu dürfen.

Was kann es Schöneres geben als eine Kindheit auf dem Lande! Eine Kindheit auf einem Bauernhof mitten im Schwarzwald, mitten in der herrlichsten Natur! Eine solche Kindheit wurde mir geschenkt. Vor allem die Winter sind mir in bester Erinnerung geblieben. Bis heute ziehe ich die Kälte der Hitze vor, freue mich immer wieder aufs Neue, wenn die ersten Schneeflocken zu tanzen beginnen. Das hängt sicher mit den mehr als zwanzig Jahren zusammen, die ich auf unserem Bauernhof in meiner Schwarzwälder Heimat verbrachte. Wie viele Iglus habe ich in all der Zeit gebaut, in denen ich die spannendsten Abenteuer erlebte, die andere sich nur in ihrer Phantasie ausmalen! Schon früh stand ich auf Skiern, aber auch mit dem Schlitten war ich gerne unterwegs.

Wo man von Osten her aus der Schwäbischen Alb in den

Schwarzwald kommt, dort ist mein Zuhause. Der Flachländer hält diese Gegend bereits für höchstes Gebirge: Hier beginnt der Schwarzwald wirklich »schwarz« zu werden, mit seinen Nadelwäldern, seinen Tälern, seinen Erhebungen.

Mein Vaterhaus steht ziemlich genau zwischen Villingen und St. Georgen. Zur Bundesstraße 33, die von Villingen nach Offenburg führt, ist es nur ein Katzensprung, und auch die Trasse der Schwarzwaldbahn verläuft nicht weit von unserem Anwesen. Ein paar Gehminuten von unserem Haus entfernt plätschert durch den Stockwald der Rölinbach. Der fließt in die – ein paar Kilometer nordwestlich in der Nähe von St. Georgen entspringende – Brigach, die zusammen mit der Breg die beiden Quellflüsse der Donau bildet. Den kühlen Rölinbach haben wir im Sommer manchmal angestaut, um darin zu baden.

Mit dem Begriff »Vaterhaus« verbinde ich etwas besonders Wertvolles. Denn nie, außer während meines Grundwehrdienstes, habe ich woanders gelebt als auf dem Hof meines Vaters und unserer Familie – bis zu dem Tag, an dem ich ins Kloster eingetreten bin. Das Haus ist ein sehr altes L-förmiges Gebäude, eines dieser typischen, von dicken Balken getragenen Schwarzwälder Bauernhäuser. Sein tief heruntergezogenes Schindeldach soll die Bewohner vor der rauhen Witterung schützen. Gegen Wind und Wetter gesichert, wurde der Hof von meinen Vorfahren an einen sanften Hang gebaut, eingebettet in eine harmonische Landschaft, umgeben von einer großen, im Sommer herrlich blühenden Wiese.

Wie alt dieses Haus ist, habe ich zufällig erfahren, als ich 18 Jahre alt war. Damals, im Jahr 1998, haben mein Vater und ich angefangen, es umzubauen. Wir haben es von Grund auf entkernt und nur Dach, Außenwände und Gebälk stehen lassen. Innen haben wir dann alle Wände neu eingezogen, Meter für Meter, und sogar die Fundamente neu gelegt. Auf diese Weise entstand im Laufe der Zeit gewissermaßen ein neues Haus.

Bei den Arbeiten legten wir zu unserer Überraschung eine mehrfach überstrichene und völlig ausgebleichte Tafel über der Eingangstür frei, auf der »AD 98« – also: Anno Domini 98 – stand. Daraus lässt sich schließen, dass dieses Haus entweder 1798 oder sogar schon 1698 entstanden sein musste. So genau weiß das natürlich keiner mehr. Es war schon sehr lustig, dass wir ausgerechnet in einem solchen Jubiläumsjahr, von dem wir ja vorher nichts ahnten, anfingen, unser Haus umzugestalten. Vor allem fand ich es ungeheuer spannend, wie alt unser Haus ist – 200 oder gar 300 Jahre! Zum nächsten Nachbarn ist es nicht weit, etwa 200 Meter. Für Stadtkinder mögen das riesige Entfernungen sein. Aber für Bauernkinder aus dem Schwarzwald ist das nicht viel. Bei uns liegen die Höfe eben so weit auseinander. An meine frühe Kindheit – so etwa die ersten zehn, elf Jahre – habe ich nur gute Erinnerungen. Als ich am 26. Mai 1980 um 14.20 Uhr geboren und ein Vierteljahr später auf den Namen Frank Josef Beha getauft wurde, freuten sich meine Eltern sehr über den Stammhalter.

## Und da gab's noch eine Schwester

Meine Schwester Sandra Elisabeth ist zweieinhalb Jahre älter als ich. Mein Vater war zum Zeitpunkt meiner Geburt 30 Jahre alt, meine Mutter ist zwei Jahre jünger als er. Der Vater war selbst schon auf unserem Hof aufgewachsen, er hatte ihn geerbt und zunächst weiter bewirtschaftet.

Oft erlebt man ja gerade auf dem Land, dass mehrere Generationen unter einem Dach zusammenleben. Wir waren leider nur noch eine Kleinfamilie. Denn meine Großmutter, die Mutter meines Vaters, war gestorben, als er gerade erst 15 Jahre alt war. Und sein Vater, mein Großvater Josef, folgte ihr 1978, also ein Jahr nachdem meine Schwester geboren wurde. Daher habe ich beide nicht mehr kennengelernt. Meine Großeltern mütterlicherseits kannte ich noch, aber nur flüchtig. Ich habe sie zwar als lieb und nett in Erinnerung, doch weil sie nicht in unserer Nähe wohnten, war der Kontakt zu ihnen nicht sehr eng. Von dieser Großmutter ist mir jedoch ein bedenkenswerter Satz in meinem Poesiealbum erhalten geblieben: »Sich in aller Demut vor Gott beugen und vor den Menschen stehen wie eine Mauer.« Daran wird die stolze Haltung des Schwarzwälders – der über sich nur Gott als seinen Herrn akzeptiert – deutlich.

Ob sich meine Schwester über ihr Brüderchen gefreut hat, vermag heute keiner von uns beiden mehr zu sagen. Es gibt allerdings ein paar Kinderfotos, auf denen es durchaus den Anschein hat. Ganz fürsorglich strahlt sie mich da an und hält liebevoll meine Hand, während ich sie in meinem roten Strampelanzug aus meiner Babywippe heraus anlache.

Vom Typ her ist Sandra immer sehr bestimmend gewesen, bis heute ist sie es geblieben. Wenn sie einen Standpunkt hat, bleibt sie auch dabei. Deswegen haben wir uns auch um alles Mögliche gestritten. Wenn sie *für* etwas war, war ich *dagegen*, allein um des Prinzips willen. Einfach nur, um dagegen zu sein. Eigentlich bin ich überhaupt nicht der Typ, der so eine prinzipielle Anti-Haltung pflegt, aber als der kleine Bruder meiner Schwester war das etwas anderes. Da ging es ums Prinzip. Dieses Hund-und-Katz-Verhältnis zog sich bis etwa zu meinem zehnten Lebensjahr hin.

Aber es gab auch noch eine andere Seite zwischen uns. Da wir beide ja auch aufeinander angewiesen waren, weil wir so weit weg von den nächsten Spielkameraden wohnten, haben wir auch sehr viele schöne Stunden miteinander verbracht. Da hat schon unser Vater dafür gesorgt, dass der Hof für uns Kinder zum Abenteuerspielplatz wurde.

Zum Beispiel erinnere ich mich an einen großen Wurzelstock, den er auf den Drehkranz eines ausgeschlachteten Lkws montierte. Der diente uns als Karussell. Das war ein richtig sensationelles Turngerät. Da konnten wir herumklettern und haben uns so manche Beulen und blutige Knie geholt.

Anscheinend waren die Sommer in den frühen achtziger Jahren recht heiß, denn aus nahezu jedem dieser Sommer existieren Fotos, die Sandra und mich beim fröhlichen Planschen im Plastik-Schwimmbecken oder Blechzuber zeigen. Doch selbst die Winter hatten ja ihre Reize – und das nicht nur wegen der Schneemengen, sondern auch, weil der Schwarzwald zu den alemannischen Fastnachthochburgen zählt. Ob Gartenzwerg, Räuber Hotzenplotz oder Batman – Mama ließ sich immer wieder tolle Kostüme für meine Schwester und mich einfallen.

Dass ich von einem vergleichsweise einsam gelegenen Hof stamme, hatte für mich als Kind Vor- und Nachteile. Der größte Vorteil war: Ich konnte mich hier völlig frei entfalten. Die Natur gehörte mir. Der Hof mit seinen Tieren, die umliegenden Wälder, Felder und Hügel – es kann für einen phantasievollen Jungen wie mich nichts Großartigeres geben, als inmitten einer solchen Idylle in sein Abenteuerland abzutauchen.

Natürlich bedeutet eine Kindheit auf dem Bauernhof aber auch, relativ früh mit anfassen zu müssen. Auf einem Bauernhof gibt es selbst für einen Dreikäsehoch allerhand zu tun. Besonders gern kümmerte ich mich um die Tiere. Mein bester Spielkamerad war unser Hofhund Bolli. Im Alter litt er leider an der sogenannten Schäferhundkrankheit. Da fangen die Hinterläufe zu lahmen an. Und so mussten wir ihn einschläfern lassen, als ich etwa 13 Jahre alt war. Das hat mich damals sehr getroffen, denn an Bolli hing ich sehr.

Neben Bolli hatten wir noch jede Menge Katzen, zwei Kühe und ein Schwein. Auf diese Weise konnten wir uns auf dem Hof in vielerlei Hinsicht selbst versorgen. Mir tut jeder leid, der noch nie frisch gemolkene, euterwarme Kuhmilch genossen hat. Einfach köstlich! Immer wenn am Morgen gemolken wurde, bin ich mit meinem Becher in den Stall gegangen und habe diese frische, warme Milch getrunken. Das ist wirklich lecker! Außerdem stammte auch unsere Butter aus eigener Produktion.

Zweimal im Jahr kam ein Metzger auf den Hof, und dann wurde geschlachtet. Das war ein echtes Highlight für mich! Bis auf den heutigen Tag bin ich durch diese bäuerliche Tradition ein großer Fleischesser geblieben. Denn wenn man auf seinem Hof Selbstversorger ist, dann sind eben auch immer Wurst und Fleisch im Haus. Wenn der Metzger kam, wusste ich: Jetzt gibt es wieder frische Blut- und Leberwurst – was für ein Genuss! Oder warmer Wurstteig, der gerade durch den Fleischwolf gedreht wurde: Das ist schon etwas Feines! Und wie gerne habe ich mir ab und zu zwischendurch ein Würstchen aus der Rauchkammer geholt, wenn es mich danach gelüstet hat. Die Qualität dieser Erzeugnisse findet man heute leider gar nicht mehr. Gerade die Umstellung auf gekaufte Milch ist extrem. Wer einmal direkt an der Quelle saß, der kann mit den Produkten aus dem Supermarkt nicht viel anfangen.

Leider warf der Hof im Laufe der Jahre immer weniger ab, und so hat sich mein Vater, wie viele andere Landwirte auch, Anfang der neunziger Jahre dazu entschlossen, ihn aufzugeben, die Felder zu verpachten und das Vieh zu verkaufen. Da hat mir dann doch schon etwas gefehlt. Schon vorher war der Hof ja nur ein Nebenerwerbsbetrieb, und das schon seit Generationen. Mein Vater ist gelernter Landmaschinenmechaniker und bis heute im Werkhof der Gemeinde Unterkirnach als eine Art »Mädchen für alles« angestellt. Da arbeitet er als Totengräber, hat das Klärwerk unter sich, kümmert sich um den Fuhrpark und im Winter um den Streudienst. Da es im Schwarzwald durchaus noch schneereiche Winter gibt, hat er auf diese Weise mehr als genug zu tun.

Er ist ein kräftiger, muskulöser Mann, ein »ganzer Kerl«, wie man so schön sagt. Er stammt aus einer großen Familie und hat noch drei Brüder und drei Schwestern. Keine Frage: Er ist ein Vorbild für mich, auch von seinem äußeren Erscheinungsbild her. Die Leute sagen, ich ähnele ihm sehr, sowohl im Gesicht als auch in der Statur. Seine heitere Gelassenheit ist mir stets ein Leitbild gewesen, er hatte für mich immer eine ganz natürliche Autorität. Was mir bis heute an ihm so imponiert, ist seine fröhliche, zuversichtliche und optimistische Art.

Hinzu kommt: Er ist ein Bastler, und das handwerkliche Geschick habe ich vermutlich von ihm. Es gibt eigentlich nichts, womit er nicht zurechtkommt. Das hat mich seit eh und je beeindruckt. Darin bin ich ihm ähnlich, auch ich bastle gerne. Daher habe ich mich auch bewusst für eine handwerkliche Ausbildung entschieden und Elektriker gelernt.

Meine Mutter stammt aus St. Georgen, einer kleinen Stadt, nur einige Kilometer von unserem Hof entfernt. Sie hat technische Zeichnerin gelernt und arbeitet heute als Formgeberin in der Nachbargemeinde Mönchweiler in einer Kunststoffspritzfirma. Sie überprüft die Maße der dort produzierten Teile und ist für die Endkontrolle verantwortlich.

Auf den Fotos, die um die Zeit meiner Geburt herum entstanden sind, ist sie als hübsche, schlanke Frau mit schulterlangem blondem Haar und einer relativ großen Brille zu erkennen, wie sie in den achtziger Jahren Mode war. Bis auf die Brille hat sie sich bis heute nur wenig verändert. Ihre blonden Haare hat sie meiner Schwester vererbt, die ihr auch sonst sehr ähnlich sieht, während ich mehr nach dem Vater komme.

Meine Mutter besitzt ein ruhiges, zurückhaltendes Wesen: Sie hält sich lieber im Hintergrund. Ich glaube, das habe ich von ihr geerbt. Auch ich bin nicht gerade jemand, der eine Unterhaltung bestimmt. Wenn man mit mir ins Gespräch kommt, öffne ich mich zwar und erzähle gerne, aber ich bin nicht der Typ, der von sich aus loslegt und das große Wort führt. Das liegt mir nicht. Als Alphatierchen bin ich eher ungeeignet.

## Unbeschwerte Schulzeit

Im Großen und Ganzen hatte ich eigentlich nie Probleme, in der Gruppe zurechtzukommen, weder im Kindergarten noch in der Schule, in der Lehre, bei der Bundeswehr oder gar jetzt im Kloster. Ich habe mich nie irgendwo ausgegrenzt gefühlt. Ich schließe mich gerne einer Gruppe an, wenn ich das Gefühl habe, erwünscht zu sein. Ich finde es auch schön, wenn man einfach nur zusammensitzt; da muss gar nicht immer großartig diskutiert oder »Party gemacht« werden. Kontakt und Kommunikation sind mir wichtig.

Aber es macht mir auch nichts aus, alleine zu sein. Im Gegenteil! Meine zurückhaltende Art ist sicher zum Teil angeboren. Sie kann aber auch daher rühren, dass ich schon als Kind immer viel allein war. Denn da unser Hof ja weitab vom Schuss lag, fand ich schon als kleiner Junge – abgesehen von meiner Schwester – kaum Spielkameraden. Unsere Nachbarn hatten keine Kinder in meinem Alter. Auch in den anderen umliegenden Höfen gab es niemanden, mit dem ich meine Abenteuerlust und meine Phantasie hätte teilen können.

Ohne Freunde steht man als Kind natürlich vor einem Problem: Entweder hätte ich mich mit älteren Kindern herumplagen müssen; aber die wollten mich Dreikäsehoch nicht zum Spielkameraden haben. Wer will sich schon mit einem so kleinen Pimpf abgeben? Oder ich musste mich mit mir selber beschäftigen. Was blieb mir also anderes übrig, als genau das zu tun?

Dieses Alleinsein hat mich geprägt, bis heute. Ich bin gerne allein. Ich mag die Stille und die Klänge der Natur. Vogelgezwitscher, das Rauschen der Bäume, das Gluckern eines Baches – das ist doch etwas Wunderbares! Wenn ich hingegen in eine Stadt komme und vielen Menschen oder dem Straßenlärm ausgesetzt bin, dann wird mir das schnell zu anstrengend. Dann heißt es dort für mich: Bloß nichts wie weg! Ich bin nun einmal ein Kind vom Land.

Meine wenigen Freunde, die ich in der Kindheit besaß, wohnten auf anderen, entfernt gelegenen Höfen oder in Unterkirnach, wo ich den Kindergarten und dann die Schule besucht habe. In den Kindergarten wurden meine Schwester und ich meist vom Vater gefahren, oft mit seinem Motorrad.

Damit hat er mir schon früh einen Virus eingepflanzt: Bis heute ist das Motorradfahren eine meiner großen Leidenschaften, und meine Maschine gehört zu den wenigen Dingen, die mir im Kloster wirklich fehlen.

Als ich 1986 in die Grundschule kam, wurde auch der Kontakt zu den anderen Kindern intensiver. Wenn auch das Problem das alte blieb: Weil die anderen entweder im Dorf oder auf Höfen wohnten, wo man ohne Fahrzeug nicht hinkam, hatte ich nur während der Unterrichtszeit Freunde. Wenn Ferien waren, dann sah ich die eben nicht, dann war ich wieder auf mich allein gestellt. Wegen der Entfernung konnte ich diese Klassenkameraden auch nur selten nachmittags zum Spielen einladen.

Aus denselben Gründen wurde ich auch nie Ministrant. Da hatte Vater eine klare Meinung: »Ministranten können *die* machen, die im Dorf wohnen – die haben es nicht weit zur Kirche. Du brauchst nicht extra deswegen in den Ort zu fahren.« Das habe ich, wenn ich ehrlich bin, nicht ungern gehört. Denn mit der Kirche hatte ich zu jener Zeit überhaupt noch nichts am Hut. Kirche – das war, wie es auf dem Land üblich ist, Tradition, das gehörte dazu, da ging man am Sonntag hin, ohne dass man viel darüber nachgedacht hätte. Aber von einer Vorliebe oder gar Begeisterung für den Religionsunterricht und alles, was dazugehört, konnte keine Rede sein.

Selbstverständlich wurden meine Schwester und ich gut katholisch erzogen, wie es der Brauch war, aber ohne jede Form von religiösem Eifer. Neben dem Bett in unseren Kinderzimmern hingen die obligatorischen Weihwasserkesselchen, und die mussten auch immer mit Weihwasser gefüllt sein, das war mir eigenartigerweise wichtig. Damit habe ich dann nach dem Gute-Nacht-Gebet stets mein Kreuz gemacht! Doch über Glaubensinhalte wurde im Elternhaus eher wenig bis gar nicht gesprochen. Sie wurden Sandra und mir nicht wirklich aktiv vermittelt. Taufe, Kommunion, Firmung waren immer sehr schöne Familienfeste. Aber mehr auch nicht.

Als Jugendlicher fand ich das Thema Religion langweilig und konnte, offen gestanden, nichts damit anfangen. Da unterschied ich mich in nichts von meinen Altersgenossen, die sich, genau wie ich, fragten: »Religionsunterricht in der Schule – wer braucht das? Kirche – was soll das?« Wenn mir damals jemand prophezeit hätte, dass ich einmal mein Leben Gott widmen würde – ich fürchte, ich hätte ihn ausgelacht.

Andererseits: Gewisse kirchliche Wurzeln waren in unserer Familie durchaus vorhanden. In meiner weiteren Verwandtschaft gab es zwei Ordensleute: meine Großtante, Schwester Barbara, und meinen Uronkel, Bruder Lazarus, Bruder bei den Herz-Jesu-Priestern im Eifel-Kloster Maria Martental. Die Großtante, eine Tante meines Vaters, gehörte dem Orden der Franziskanerinnen an. Ihr Mutterhaus steht in Menzingen im Kanton Zug in der Schweiz. Dass sie als Missionsschwester in Lesotho in Afrika wirkte, hat die Sache interessant gemacht. Ich habe mir immer vorgestellt, wie sie dort den armen Menschen hilft. Das hatte etwas Geheimnisvolles und zugleich Unheimliches, etwas von Urwald, wilden Tieren und Buschmännern, die mit Speeren bewaffnet waren.

Diese Großtante habe ich auch persönlich erlebt. Sie hatte freies Wohnrecht auf unserem Hof, und alle paar Jahre kam sie uns besuchen. Schwester Barbara war eine faszinierende Frau, die mich als Kind außerordentlich beeindruckt hat. Sie war nicht allzu groß, von kräftiger Statur und von herzlichem, aber durchaus bestimmendem Wesen. Was mir besonders im Gedächtnis blieb, ist der Duft, den sie in ihrem Zimmer hinterließ. Dieses Zimmer gehörte nur ihr. Wenn sie nicht da war (und sie besuchte uns ja durchschnittlich nur alle fünf Jahre), stand das Zimmer leer. Da durfte nichts verändert werden. Aber den Duft dieses Zimmers habe ich jetzt noch in der Nase.

Für mich war es daher ein wirkliches Aha-Erlebnis, als ich das erste Mal nach Beuron kam. Ich wollte es kaum glauben: Hier roch es genauso wie im Zimmer meiner Großtante! Wenn ich diesen Duft beschreiben soll, klingt das nicht besonders anmutig. Trotzdem hat er für mich etwas Faszinierendes: eine Mischung aus Mottenkugeln, Weihrauch und Moder. Oftmals gelingt es ja, sich manche Gerüche regelrecht aus dem Gedächtnis abzurufen. Ich muss zum Beispiel nur an eine Zahnarztpraxis denken, und schon habe ich den entsprechenden Duft in der Nase. Oder die Umkleidekabine bei der Bundeswehr. Genauso gibt es auch einen spezifischen Klostergeruch.

Inzwischen habe ich diesen speziellen Geruch natürlich längst verinnerlicht, und er fällt mir nicht mehr auf. Aber als ich das erste Mal zu Soldatenexerzitien im Donautal war und mein Zimmer im Gästeflügel bezog, war mir sofort Tante Barbara gegenwärtig. Es gibt ein altes Foto von ihr, wie sie mit uns Kindern auf dem Hof steht, klein und doch imposant, auf einen Stock gestützt, selbstbewusst im schwarz-weißen Habit mit einem großen Kreuz vor der Brust – und der Vater und wir Kinder stehen leicht verlegen daneben.

Auch wenn ich damals meine Tante äußerst interessant gefunden habe, war diese Begegnung noch lange nichts, was mich meiner Berufung näher gebracht hätte. Meine eigene geistliche Entwicklung hat erst sehr viel später eingesetzt. Wenn ich behaupten würde, schon als Kind den Wunsch gehabt zu haben, einmal einen geistlichen Beruf zu ergreifen, so wäre das schlicht und einfach nicht wahr.

Zu meinen intensivsten – und letzten – Kindheitserinnerungen zählt ein Urlaub an der französischen Atlantikküste in den großen Ferien 1991 auf der Halbinsel Fouras bei Roquefort. Dieser Urlaub war immerhin mein erster außerhalb Deutschlands. Und er war, was ich damals aber noch nicht wissen konnte, der letzte gemeinsame Urlaub der Familie Beha.

Natürlich ist es für einen Landwirt nicht einfach, seinen Hof länger als ein paar Tage allein zu lassen. Aber irgendwie hatten es meine Eltern geschafft, jemanden zu finden, der sich um Haus und Hof kümmerte, während wir für zwei Wochen ans Meer fuhren. Dieser Urlaub verbindet sich in meiner Vorstellung, wie so vieles andere auch, mit dem handwerklichen Geschick meines Vaters. Der hatte nämlich die Autotür, nachdem er sie von außen verriegelt hatte, zugeschlagen und den Schlüssel innen stecken lassen – und das Ganze ereignete sich unglücklicherweise auch noch am Tag unserer Heimfahrt. Da hat er sich dann einfach aus einem Stück Draht einen Dietrich gebastelt – und im Handumdrehen die Tür geöffnet. Mit seiner Fingerfertigkeit hat er nicht nur mich, sondern auch einige Franzosen verblüfft, die schon gemeint hatten, man müsste die Heckklappe unseres Autos knacken, um an den Schlüssel heranzukommen. Wie wir mit einer kaputten Heckklappe den langen Heimweg hätten antreten sollen – dafür hatten die Franzosen allerdings keine Lösung parat. Aber Vater hat es ja dann auf seine Weise bewältigt.

## Und dann war Mutter plötzlich weg

Und dann kam der Tag, an dem Mutter plötzlich nicht mehr da war. Sie hat den Vater allein gelassen und ist mit einem anderen Mann weggegangen. Was besonders schwer wog, war die Tatsache, dass der andere Mann bis zu diesem Zeitpunkt mit einer der Schwestern meines Vaters verheiratet gewesen war. Da waren nun also zwei miteinander verwandte Familien von dieser Angelegenheit betroffen, was für beide Seiten ein schwerer Schlag gewesen war. Eigentlich war es unvorstellbar: Der eigene Schwager spannt einem die Frau aus! Natürlich hat mein Vater darum gekämpft, dass Mutter bei uns bleibt, doch leider vergebens. Ab da war er, den ich nur als fröhlichen und zuversichtlichen Menschen gekannt hatte, oft deprimiert und niedergeschlagen.

Mein Vater, meine Schwester und ich sind schließlich zu dritt auf dem Hof geblieben, was hätten wir auch tun sollen? Hier war unser Zuhause, hier fühlten wir uns wohl. Und deswegen habe ich auch zu meinem Vater ein innigeres Verhältnis als zur Mutter. Sogar jetzt noch. Damals habe ich mich gefühlsmäßig ganz auf die Seite des Vaters gestellt, auch wenn ich vielleicht noch zu jung war, um wirklich zu begreifen, was da mit unserer Familie passiert war.

Was durch die Trennung meiner Eltern von einem Tag zum anderen aufhörte, waren die regelmäßigen Kirchgänge. Bis zu jenem Zeitpunkt waren wir sonn- und feiertags nach Unterkirnach in die heilige Messe gefahren. Aber nach der Scheidung war das vorbei. Einer der Gründe dafür war – man muss es einfach aussprechen –, dass wir jetzt einen Makel hatten. Es war damals so: Wer geschieden ist, gehört nicht in die Kirche. Eine furchtbare Heuchelei, gewiss, aber so war es eben. Und so hatte sich das Thema Gottesdienst für mich zunächst einmal erledigt. Im Laufe der Jahre hat sich jedoch zwischen meinem Vater und dem örtlichen Pfarrer ein sehr freundschaftliches Verhältnis entwickelt, was auch damit zu tun hatte, dass mein Vater durch seinen Job in der Gemeinde allgegenwärtig war und immer noch ist. Heute singt er sogar im Kirchenchor mit.

Wenn ich versuche, mich an die damalige Zeit zu erinnern, stelle ich mir die Frage, ob ich als Kind etwas von den

Spannungen zwischen meinen Eltern mitbekam. Im Rückblick denke ich mir, diese Spannungen müssten doch zum Beispiel auch schon während unseres Frankreichurlaubs zu spüren gewesen sein. Aber in meiner Erinnerung war dieser Urlaub tatsächlich schön und harmonisch. So kann ich etwa auch gar nicht sagen, dass meine Eltern sich des Öfteren laut und heftig gestritten hätten, jedenfalls nicht vor uns Kindern. An einen Rosenkrieg zwischen meinen Eltern kann ich mich überhaupt nicht erinnern.

Trotzdem muss ich unterschwellig gespürt haben, dass in unserer Familie etwas nicht stimmte. Als ich einmal über meine Kindheit nachgedacht habe, fiel mir eine Geschichte ein, die ich lange Zeit verdrängt hatte, die aber Ausdruck meiner damaligen Hilflosigkeit gewesen sein muss. Mit acht oder neun Jahren bin ich nämlich einmal von zu Hause weggelaufen. Warum ich das getan habe? Damals wusste ich das gar nicht. Heute erkläre ich es mir so, dass ich versucht hatte, vor irgendetwas zu fliehen, oder dass ich durch diese Aktion einen Hilferuf aussenden wollte.

Weit bin ich allerdings nicht gekommen – genau genommen nur bis an die Grenze unseres Grundstücks, das bis an den Waldrand reicht. Dort steht ein Jägerhochsitz. Nach dem Unterricht habe ich wie immer meinen Schulranzen nach Hause gebracht und dann – den unmittelbaren Anlass weiß ich bis heute nicht – kurzerhand beschlossen, wegzulaufen. Die Mutter befand sich gerade irgendwo auf dem Hof, und ich habe mich einfach davongeschlichen. Aber ich bin nur bis zu diesem Hochsitz gekommen. Auf den bin ich erst einmal hinaufgeklettert, weil ich eigentlich nicht wusste, was ich nun tun sollte. Die ganze Aufregung hat mich ziemlich angestrengt, und so bin ich auf dem Hochsitz sofort eingeschlafen. Als ich wieder aufwachte, war es bereits ein wenig dämmrig. Deshalb beschloss ich: Ich laufe *doch* nicht weg, ich gehe wieder heim! Ich habe mich einfach nicht über unser Grundstück hinausgetraut.

Da sich der Tag dem Ende zuneigte und sich der Hochsitz zunehmend von den Schatten der Bäume verdunkelte, wurde mir die Angelegenheit immer unheimlicher. Ich kletterte die steile Holzleiter wieder hinab und trollte mich nach Hause. Vater, Mutter und Schwester hatten mich schon vermisst und sich Sorgen um mich gemacht. Denn bis zu diesem Zeitpunkt war ich noch nie verschwunden gewesen. Auf meinem Rückweg hörte ich sie dann schon nach mir rufen. Da war ich dann doch ganz schön erleichtert. Inzwischen hatte sich die Lufttemperatur abgekühlt – es war ja schon spät –, und ich begann zu frieren. Schlotternd und verlegen stand ich schließlich vor dem Rest meiner Familie und war heilfroh, wieder bei ihr zu sein. Ohne großes Tamtam wärmten mich meine Eltern auf – und waren wohl ebenfalls glücklich, dass mir nichts passiert war. Ausgeschimpft wurde ich nicht, und auf die Frage, warum ich so lange weggeblieben war, wusste ich keine rechte Antwort.

Heute denke ich mir: Vielleicht habe ich ja gespürt, dass da zwischen meinen Eltern bereits etwas nicht in Ordnung war.

Überhaupt fällt es mir schwer, mir diese Zeit ins Gedächtnis zurückzurufen. Und das hat nicht nur damit zu tun, dass ich mich nicht daran erinnern *will*, sondern dass ich es schlicht und einfach nicht *kann*. Ich habe eine regelrechte Blockade, die sich über mehrere Jahre hinwegzieht. Für die gesamte Zeit, angefangen von der Trennung meiner Eltern bis etwa zu meinem 14. Lebensjahr, gibt es bei mir einen totalen Blackout. Diese Lebensphase, während der in mir ganz sicher Gefühlsstürme tobten, ist völlig weg. Das betrifft auch Kleinigkeiten, die gar nichts mit dem Weggehen meiner Mutter zu tun haben.

Wenn ich irgendjemandem etwas aus dieser Zeit erzähle, dann kann es immer sein, dass es nicht hundertprozentig stimmt oder dass ich etwas hinzudichte, von dem ich denke, dass es stimmen könnte. Denn letztlich klafft in meiner Erinnerung ein riesengroßes Loch von einigen Jahren. Wie ich mir das erklären kann? Ich glaube, dass hier eine seelische Schutzfunktion gegriffen hat. Und, ganz ehrlich: Ich möchte heute an dieser Vergangenheit auch nicht mehr rütteln. Deckel drauf und fertig!

Mit Unbehagen erinnere ich mich nämlich an einen Vorfall während meiner Bundeswehrzeit, als dieses Thema noch einmal aufgebrochen ist. Und das kam so: Ich befand mich auf einer Übung, es war ein kalter, unwirtlicher Tag. Ich hatte schlechte Laune, war zudem auch noch leicht erkältet. Und dann hat mich, ich weiß nicht mehr warum, ein Vorgesetzter etwas schärfer gemaßregelt. All das zusammen führte bei mir zu einem Nervenzusammenbruch. Der Vorgesetzte machte sich später deswegen äußerst starke Vorwürfe. Er wollte mir ja gar nichts Böses antun, und so war der Auslöser für sein Handeln relativ belanglos: Ich hatte bei dieser Übung irgendetwas übersehen, woraufhin er mir gegenüber eben ein wenig lauter wurde – »a wengle«, wie wir Badener sagen.

Nichts Besonderes also. Zumal ich ja eigentlich ein guter Soldat war und wir im Normalfall einwandfrei miteinander auskamen. Wie auch immer: Infolge meines Zusammenbruchs saß ich einen halben Tag beim Militärarzt und heulte mich aus. Und dort muss dann die ganze Geschichte von damals hochgekommen sein. Auf irgendeine merkwürdige Weise scheine ich mir all das von der Seele geredet zu haben, was ich 15 Jahre lang unter Verschluss gehalten hatte.

Und jetzt kommt das Erstaunliche: Danach war wieder alles aus meinem Gedächtnis verschwunden! Ich weiß heute überhaupt nicht mehr, was ich dem guten Doktor alles erzählt habe. Der hat mir später nur mitgeteilt, es sei vollkommen aberwitzig gewesen, was er da alles von mir zu hören bekam. Darauf habe ich ihm entgegnet: »Ich weiß nicht mehr, was ich Ihnen gesagt habe. Und ich will es auch nicht wissen, die Sache ist für mich erledigt.« Nach dieser Sache war ich wieder völlig fit, und ich bin, so als sei nichts geschehen, wieder meinem Dienst nachgegangen. Ich hatte mich befreit und konnte mein Trauma wieder gut in die Kiste des Vergessens legen.

Meine Familie erfuhr natürlich von der Militärführung, dass ich zusammengebrochen war, und meine Schwester sprach mich auf diesen Vorfall an. Aber ich wollte nicht darüber reden. Das merkte Sandra dann auch und bohrte nicht länger nach. Auch Vater ließ mich in Ruhe.

Heute weiß ich: Dass ich mich an die Zeit, als meine Mutter uns verließ, so gut wie gar nicht mehr erinnere, hat eine wichtige Schutzfunktion für mich. Manchmal denke ich mir natürlich schon, ob der Mist wohl wieder einmal hochkommt.

## Aber das Leben geht weiter

Nun war also keine Mutter mehr im Haus. Aber da sie ganz in der Nähe wohnte, nämlich in Unterkirnach, habe ich sie doch häufig gesehen. Hin und wieder bin ich, wenn ich Schule hatte, zum Essen zu ihr gegangen. Aber nur, wenn *ich* wollte. Und das war nur dann der Fall, wenn *er* nicht da war. Ich konnte den jetzigen Mann meiner Mutter zwar ertragen; doch wenn es nicht unbedingt sein musste, wollte ich ihm nicht begegnen. Für mich als Kind stellte sich die Sache so dar: *Er* war es gewesen, der mir meine Mutter weggenommen hatte. *Seinetwegen* hatte sie uns verlassen. Und ich habe mich gefragt, warum sie das getan hat und welchen Anteil *ich* daran gehabt haben könnte. Heute weiß ich: Viele Scheidungskinder, wenn nicht sogar die meisten, denken, sie selbst seien an der Trennung ihrer Eltern schuld. Aber ich weiß heute auch, dass eine solche Vorstellung vollkommen abwegig ist.

Als Mutter 1992 ihren 40. Geburtstag feierte, also nicht allzu lange nach ihrer Trennung vom Vater, hat sie meine Schwester und mich in den Europapark Rust eingeladen. Wir sind Achterbahn gefahren und hatten auch sonst eine ganze Menge »Action«. Ich kann mich daran aber nur deswegen erinnern, weil es ein paar Fotos von damals gibt. Irgendwie glaube ich, man erkennt auf diesen Fotos sehr gut, dass wir alle ein wenig verlegen waren.

Auch wenn Mutter jetzt nicht mehr bei uns wohnte, musste das Leben weitergehen. Vor allem, was den Alltag betraf. Die Rolle des Kochs übernahm mein Vater, der recht schnell sein Talent für diese Aufgabe entdeckte. Bis zum heutigen Tag kocht er sehr gern – und vor allem gut.

Was seine persönlichen Kontakte angeht, so hat sich Vater einige Jahre lang von anderen Menschen eher ferngehalten. Ich denke, er wollte vielleicht auch dem Dorftratsch entgehen. Aber irgendwann hat er dann doch sein Einsiedlerleben aufgegeben; ich vermute, das geschah zu der Zeit, in der ich meine Lehre begonnen habe. Er ist dann auch öfter wieder einmal zum Tanzen gegangen, was er schon als junger Mann gern tat, und hat dann auch wieder Freundschaften geschlossen.

Dabei lernte er dann auch seine neue Frau Cornelia kennen. Sie war etwa fünf Jahre jünger als Vater, stammte aus einem kleinen Dorf bei Freiburg und zog zu uns ins Haus. Die beiden haben 1997 geheiratet, als ich 17 war. Der Vater hätte gern noch einmal kirchlich geheiratet, aber da er ja geschieden war, ging das nicht. Trotzdem hat es sich der Pfarrer nicht nehmen lassen, bei der Hochzeitsfeier dabei zu sein, um meinem Vater auf diese Weise seine Sympathie zu zeigen. Ich glaube, das hat meinen Vater sehr gefreut.

Durch die Eheschließung meines Vaters bin ich sogar noch zu einer Stiefschwester gekommen. Da Mirjam ein paar Jahre älter ist als ich und mit ihrer Familie in Freiburg lebt, war unser Verhältnis zwar nicht allzu eng, aber trotzdem habe ich mich sowohl mit ihr als auch mit Vaters zweiter Frau ganz gut verstanden. Inzwischen ist der Kontakt zu meiner Stiefschwester allerdings fast ganz abgebrochen.

Einen großen Teil der Mutterrolle hat für mich nach der Trennung der Eltern meine Schwester übernommen, vor allem im Haushalt. Von dem Zeitpunkt an, als meine Mutter nicht mehr da war, haben meine Schwester und ich Frieden geschlossen. Unser Hund-und-Katz-Verhältnis hat sich schlagartig ins Positive gewandelt. Und bis heute verstehe ich mich mit niemandem besser als mit meiner Schwester. Man kann mit ihr hervorragend diskutieren, vielleicht gerade deshalb, weil sie zu so vielen Dingen eindeutig Stellung bezieht. Das, was ich als kleiner Bruder an ihr überhaupt nicht leiden konnte, empfinde ich heute als eine ihrer Stärken. So ändern sich die Zeiten! Ich schätze aber auch ihre Hilfsbereitschaft: Sie war und ist immer da, wenn ich sie brauche. Neben meinem Vater ist sie meine wichtigste Bezugsperson.

Bald nachdem meine Mutter uns verlassen hatte, begann Sandra in Unterkirnach eine Lehre als Zahnarzthelferin und hat dann später in Schwenningen bei einem Kieferchirurgen gearbeitet. Seit der Geburt ihrer beiden Söhne ist sie Hausfrau und Mutter. Und ich bin zweifacher »Gette« – so nennt man bei uns den Patenonkel. Vor allem Pius Ernst, den Großen, habe ich ins Herz geschlossen. Denn als er 2004 auf die Welt kam, war ich gerade für einige Monate zu Hause – ich hatte meine Bundeswehrzeit hinter mir und wartete darauf, ins Kloster gehen zu können. Und so habe ich diese Zeit ganz intensiv mit meinem Neffen verbracht. Ich weiß nicht, ob er sich heute noch daran erinnern kann, aber ich hoffe, ich konnte ihm in jenen Wochen etwas von meiner Liebe geben. Drei Jahre später, 2007, wurde dann Josef Cyrill geboren. Wenn mich meine Schwester, was hin und wieder vorkommt, im Kloster besucht, sind die beiden Burschen natürlich immer mit dabei und mischen Beuron auf.

Ich bin sehr froh, dass meine Schwester geheiratet und Kinder bekommen hat. Das zeigt mir, dass sie die Trennung meiner Eltern gut verkraftet hat, was vielleicht auch daran liegen mag, dass sie älter war als ich, der zu jener Zeit noch nicht einmal richtig in der Pubertät war. Ich denke mir: Je jünger jemand ist, umso schwerer kommt er mit solch einer Lebenssituation zurecht. Trennen sich Eltern, wenn man zwei oder drei Jahre alt ist, dann bekommt man das vielleicht gar nicht so bewusst mit, der Schmerz zeigt sich in einem solchen Fall erst später. Ist man zwischen zehn oder zwölf Jahre alt, so wie ich es damals war, ist es vermutlich besonders belastend. Denn das ist wohl das Alter, in dem man mit sich selbst am meisten zu tun hat. Und wenn dann noch ein solcher Schock von außen auf die empfindliche Seele trifft! Wenn man dann fünfzehn oder sechzehn ist, so wie meine Schwester damals, dann ist man normalerweise den Kinderschuhen schon so weit entwachsen, dass man die Situation eher nachvollziehen und begreifen kann. Was natürlich nicht heißt, dass man sie unbedingt besser verkraftet.

Es ist ein Irrtum zu glauben, Kinder hätten keine Probleme, wenn sich ihre Eltern trennen, die kämen über so etwas mühelos hinweg. Das entspricht absolut nicht den Tatsachen! Heute denke ich, dass ich auf diese Weise gezwungen wurde, viel schneller erwachsen zu werden, als ich es wollte und als es mir eigentlich gutgetan hat. Mir fehlt einfach ein ganzes Stück Kindheit. Und darüber bin ich heute noch traurig. Mir ist einfach etwas vorenthalten geblieben. Erschwerend für mich war, dass bei uns zu Hause nicht darüber gesprochen wurde. Es war einfach so. Basta. Und ich wollte ja auch nicht darüber reden. Heute ist mir klar, dass es für mich einfach auch sehr anstrengend war, dass eben nur der Vater da war und die Mutter fehlte. Damals habe ich das nicht so deutlich erkannt.

Wir haben versucht, im Alltag mit der Situation fertig zu werden, so gut es ging. Dazu gehörte dann, dass auch ich viel im Haushalt mithelfen musste – beim Wäschewaschen, Bettenmachen oder Putzen. Dies gehört nun wirklich nicht zu den Lieblingsbeschäftigungen eines Zwölfjährigen. Und, ganz ehrlich: Ich mag diese Tätigkeiten bis heute nicht. Doch alles im Leben hat seine zwei Seiten. Denn auf diese Weise habe ich hauswirtschaftliche und handwerkliche Fähigkeiten erlernt, die mir im weiteren Leben nützlich sein sollten. Bei der Bundeswehr zum Beispiel war ich in meiner Kompanie ein begehrter Schneider, denn ich konnte wie kein Zweiter nähen.

Die gesamte Schulzeit über war ich ein recht guter Schüler. Von den Noten her hätte ich durchaus auf die Realschule oder sogar aufs Gymnasium gehen können. Doch für jemanden, der so entlegen wohnt, ist die Fahrt zu einer höheren Schule eine halbe Weltreise. Ich glaube, ich hätte jeden Morgen gegen fünf Uhr aufstehen müssen (was ich witzigerweise heute tue, und sogar freiwillig!). Dann hätte mein Vater mich die rund sechs Kilometer nach Unterkirnach bringen müssen, von dort wäre ein Bus nach Villingen gegangen, wo ich noch zweimal umzusteigen gehabt hätte, bis ich endlich in der Schule gewesen wäre. Das wären dann morgens mindestens eineinhalb Stunden Schulweg gewesen. Und das Ganze am Nachmittag noch einmal in umgekehrter Reihenfolge. Daher hieß es einfach: »Du bleibst auf der Hauptschule!« Die war in Unterkirnach, und das konnte man, zumindest im Sommer, mit dem Fahrrad erreichen.

Hatte ich noch bis zur vierten Klasse zumindest ein paar Freunde, so zog ich mich ab dem Zeitpunkt der Trennung meiner Eltern nunmehr vollkommen zurück. Mit Gleichaltrigen gab ich mich nur noch gelegentlich ab. Als ich dann in die Lehre kam, ist man mal zusammen fortgegangen, hat ein Bier miteinander getrunken, aber wirklich tiefe Freundschaften wurden da nicht geschlossen. Richtige Freundschaft und Kameradschaft habe ich erst bei der Bundeswehr erfahren.

Trotzdem kann man nicht sagen, dass ich ein Außenseiter war. Zu den wertvollen Erinnerungsstücken aus meiner Kindheit gehört ein liebevoll aufgemachtes Heftchen, das ich mit viel Mühe zusammengestellt habe. Es beschreibt einen knapp einwöchigen Aufenthalt im Landschulheim in Breisach am Rhein im Mai 1994, kurz vor meinem vierzehnten Geburtstag. Dieses Heft mit seinen 24 Seiten sagt mir heute, dass ich schon damals recht sorgfältig war. Von der Fahrkarte bis zur Eintrittskarte in den Europapark Rust, von der Anfahrtskizze bis zum Grundriss meines Zimmers habe ich mehr oder weniger jedes Detail aufgeführt, dessen ich habhaft werden konnte. Sogar Seitenzahlen sind vorhanden. Und natürlich viele Fotos. »Hey, Leute! Wie geht es euch? Wir haben schon die erste Nacht durchgemacht, und Alex ist auf der Fahrt nach Freiburg gestürzt und liegt im Krankenhaus. Mir geht es außer dem Sonnenbrand gut«, steht auf der Postkarte, die ich an meine Familie geschrieben hatte. Ich habe mich also offensichtlich wohlgefühlt im Kreis meiner Klassenkameraden.

Warum ich damals trotzdem keine engen Freunde haben wollte, ist mir heute klar: Enttäuschte Liebe kann sehr verletzen, das habe ich bei meinem Vater zu sehen bekommen. Und um dies zu vermeiden, lässt man niemanden an sich heran. So habe ich mir die Menschen auf Distanz gehalten, wenn auch unbewusst. Ich habe darüber auch mit niemandem geredet, weder mit meinem Vater noch mit meiner Schwester. Erst jetzt komme ich dazu, diese Dinge zu reflektieren. Ich habe all die Jahre nicht ein einziges Mal darüber nachgedacht, was dabei abgelaufen ist. Als ich während meiner Bundeswehrzeit den bereits erwähnten Zusammenbruch hatte, war das ein Signal meines Körpers. Aber es war mir eben lieber, die Tür zu meinem Inneren verschlossen zu halten.

Dies noch zum Thema »enttäuschte Liebe«: Als kleiner Junge habe ich selbst einmal einen Korb bekommen, der mich tief verletzt und möglicherweise auf Dauer davon abgehalten hat, mich intensiver mit dem weiblichen Geschlecht einzulassen. Es mag zwar komisch klingen, ist aber so. Da es kurz vor der Trennung meiner Eltern geschah, kann es sein, dass diese beiden Ereignisse in ihrer Summe mein Verhältnis zum anderen Geschlecht prägten. Und so war also die große Liebe meines Lebens eine Sandkastenliebe! Sie hieß Diana, hatte lange schwarze Haare, dunkle Augen und war ein südländischer Typ. Wir kannten uns bereits aus dem Kindergarten, und ich hatte schon damals ein Auge auf sie geworfen. Als wir dann in die zweite Klasse der Volksschule kamen, habe ich sie ganz naiv, so, wie das in diesem Alter eben üblich ist, gefragt: »Willst du meine Freundin sein?« Schließlich war die von mir angehimmelte

Diana die Erste, die in mein Poesiealbum schreiben durfte, und mit Eintrag vom 28. April 1989 steht dort Folgendes:

»Lieber Frank,
in meinem Herzen habe ich Platz
für alles mögliche Getier.
Ich liebe Pferde, Hund und Katz,
jedoch am meisten dir.«

Ich weiß nicht mehr ganz genau, ob mein Herz damals höher schlug, als ich diese kindlichen Zeilen las, aber ich bin mir doch ziemlich sicher. Vielleicht waren sie es ja, die mir damals Mut gemacht hatten, so genau weiß ich das heute nicht mehr. Nun ja, und dann habe ich von Diana eben leider doch einen Korb bekommen. Meine Enttäuschung war riesengroß, wenngleich ich es mir nicht habe anmerken lassen. Wir haben weiter miteinander gespielt und uns gut verstanden. Aber irgendwie hinterließ diese Abfuhr eine Wunde in mir.

## Ich bin ein Trekkie

Wenn ich mich und mein damaliges Naturell aus heutiger Sicht beschreiben müsste, würde ich sagen, dass ich ein richtiger Tagträumer gewesen bin. Ich habe mir die unterschiedlichsten Phantasiewelten zurechtgesponnen. Bücher wie zum Beispiel »Jim Knopf und Lukas, der Lokomotivführer« oder »Die unendliche Geschichte« von Michael Ende, Jules Vernes »20000 Meilen unter dem Meer« oder Jack Londons » Seewolf« und sein »Wolfsblut« waren genau das richtige Lesefutter für mich.

Dabei hatten es mir zwei völlig entgegengesetzte Zeitabschnitte angetan: das Mittelalter mit seinen Rittern und die ferne Zukunft. Als ich zum ersten Mal im Fernsehen die Serie »Raumschiff Enterprise« sah, war es um mich geschehen. Das war genau das, was ich gesucht hatte! Nach der »Enterprise«-Serie im Fernsehen kamen ab 1979 die »Star Trek«-Kinofilme. Meine Leidenschaft für diese Kult-Reihe begann um das Jahr 1993, als ich etwa 13 Jahre alt und ungefähr in der sechsten oder siebten Klasse war. Zwei Schulkameraden waren damals ebenfalls Fans der Fernsehserie, die zu jenem Zeitpunkt ja bereits seit Jahrzehnten lief. Mit denen habe ich mich ein wenig ausgetauscht. Der erste Kinofilm, den ich bewusst gesehen habe, war der vierte der Reihe aus dem Jahre 1986, inzwischen gibt es deren zehn, der elfte soll bald folgen. Wenn der jetzt im Kino gezeigt würde, müsste ich allerdings so lange warten, bis er auf DVD herauskäme. Vorausgesetzt, meine Verwandtschaft würde mich hier im Kloster ein wenig sponsern. Denn Geld besitze ich als Mönch ja gar keines, weswegen Kinobesuche für mich auch nicht in Frage kommen.

Als Jugendlicher besaß ich sämtliche Kinofilme und viele Fernsehsendungen der »Enterprise«-Serie auf Video. Ich sammelte die Raumschiffmodelle, die man sich selbst zusammenbasteln konnte; an meiner Wand hingen die unterschiedlichsten »Star Trek«-Poster. Und weil ich ja nähen konnte, habe ich mir sogar eine kleine »Star Trek«-Uniform zurechtgeschneidert. Wenn ein neuer Film der Reihe ins Kino kam, war ich einer der Ersten, die ihn sich anschauten. Noch heute habe ich ein Raumschiff als Bildschirmhintergrund auf meinem Laptop, der mir im Kloster zur Verfügung steht. Kurzum: Ich war ein »Trekkie«, wie man die Fans dieser Serie nennt. Und bin es im Herzen bis heute geblieben. Ich befinde mich damit in guter Gesellschaft, denn es gibt sehr prominente Trekkies: zum Beispiel

Stephen Hawking, Whoopie Goldberg, Bill Gates, Eddie Murphy, Frank Sinatra oder Tony Blair.

Allerdings habe ich meine Leidenschaft meistens für mich allein ausgelebt. Viele Trekkies treffen sich ja bei Stammtischen oder sind im Internet in Foren unterwegs. Für mich kam das nicht in Frage; meine Begeisterung mit anderen zu teilen, lag mir weniger. Dies war *mein* Hobby, das genoss ich ganz für mich allein. Ich wollte mich eben auch an dieser Stelle nicht auf andere einlassen. Science-Fiction war für mich ja gerade dazu da, um in eine andere Welt einzutauchen: in eine fiktive Welt.

Ein echter Trekkie hat seine Idole. Bei mir waren dies allerdings weder Captain Kirk noch Commander Spock oder »Beam Me Up« Scotty. Meine Lieblingsfigur war vielmehr Lieutenant Junior Grade Reginald Barclay, genannt »Reg«. Was mir an ihm besonders gut gefällt? »Reg« ist einer, der gerade durch seine menschlichen Schwächen sympathisch wirkt. Der Typ ist hochintelligent, als Techniker an Bord der Enterprise so gut wie unverzichtbar, aber sehr schüchtern und introvertiert. Trotzdem wird er von allen gemocht, und nicht selten hat man als Zuschauer Mitleid mit ihm, da er so einiges durchleiden muss. Ich kann mich gut mit ihm identifizieren und mich in manchem auch wiederfinden. Ich war und bin auch niemand, der gern die Hauptrolle spielt, aber doch immer jemand, der dazugehören möchte. Auch ich bin keine Führungsfigur, aber einer, der dazu beiträgt, dass die Räder ineinandergreifen. Ich halte mich, ähnlich wie »Reg«, für einen bedächtigen, introvertierten und nachdenklichen Typen. Was ich mit dem »Star Trek«-Idol zum Glück nicht teile, ist die Angst vor Fremdem. Und – im Gegensatz zu ihm – stottere ich auch nicht.

Weihnachten 2007 habe ich mir noch einen Film gekauft, der ähnlich funktioniert und abläuft wie »Star Trek«: »The

Fantastic Four – Rise of the Silver Surfer«. Dafür habe ich Geld von einem Patenonkel bekommen. Von diesem Film gibt es einen ersten Teil, den ich noch im Kino sehen konnte, kurz bevor ich ins Kloster ging. Den zweiten habe ich jetzt auf DVD. Das ist die einzige DVD, die ich momentan im Kloster besitze. (Zu Hause in Unterkirnach befinden sich aber noch einige weitere.) Wobei »Besitz« nicht ganz der richtige Ausdruck ist. Denn offiziell gehört der Film der Gemeinschaft, da wir Mönche ja kein Eigentum haben dürfen. Aber ich wüsste nicht, dass es unter meinen Mitbrüdern jemanden gibt, der meine Leidenschaft für rasante Fantasy-Action-Filme teilt. Und deshalb wird es vermutlich kaum jemanden stören, dass dieser Film in einem Regal in meiner Kammer sein Dasein fristet und ich ihn mir gelegentlich auf dem Laptop ansehe.

Action-Filme habe ich schon immer gern gesehen. Wenn die dann auch noch witzig sind, wie beispielsweise Monty Pythons »Die Ritter der Kokosnuss«, trifft das genau meinen Geschmack. Auch »Das Leben des Brian« finde ich übrigens urkomisch, bis heute ist das so geblieben. Der englische Humor dieser Komikertruppe gefällt mir einfach. Wer sich intensiver mit ihr beschäftigt, wird feststellen, dass die Botschaft dieser Gruppe mehr oder weniger in dem Satz gipfelt: »Lasst euch von niemandem sagen, was ihr zu tun habt!« Über diese Haltung lässt sich bestimmt trefflich diskutieren, doch dem »Brian«-Film wegen der Jesus-Analogie womöglich Blasphemie vorzuwerfen, halte ich persönlich für übertrieben.

Wenn ich in meinen Jugendjahren nicht gerade Schularbeiten machen oder meinem Vater helfen musste, saß ich vor dem Fernseher oder dem PC. Ich besaß damals einen Kult-Computer, den Commodore Amiga 500. Den habe ich umgehend auf einen MB-Speicher aufgerüstet; das war in jenen Jahren sensationell und ermöglichte mir, die für damalige Verhältnisse modernsten Spiele zu spielen. Langweilig war mir also nie.

Zumal ich durch meinen Vater sehr früh ein Faible für alles entwickelte, was mit Motoren zu tun hatte. Vater war und ist – genau wie ich – begeisterter Motorradfahrer, und wenn irgendwelche Rennen im Fernsehen liefen, fieberten wir begeistert mit. Das galt auch für Formel-1-Übertragungen, die uns ebenfalls in ihren Bann zogen.

Trotzdem bin ich kein Stubenhocker, sondern von Natur aus ein eher sportlicher Typ. Das habe ich von meinem Vater, es liegt einfach in der Familie. Mein Onkel Meinrad zum Beispiel wurde einmal von einer Zeitung der »schnellste Briefträger Deutschlands« genannt. Er war süddeutscher Marathonmeister, gewann zahlreiche Volks-, Cross- und Bahnläufe und bekam für seine sportlichen Verdienste im Jahr 1998 die Bürgermedaille der Gemeinde Unterkirnach verliehen.

Als Zehnjähriger bin ich, wie es im Dorf üblich ist, der Freiwilligen Feuerwehr Unterkirnach beigetreten. Unter den »Floriansjüngern« gibt es eigene Sportwettbewerbe, das geht hin bis zu deutschen Meisterschaften. Und tatsächlich konnte ich mich als 17-Jähriger für die baden-württembergischen Feuerwehr-Titelkämpfe im Skilanglauf qualifizieren. Im Endlauf belegte ich den dritten Platz in meiner Altersklasse. Das war für mich ein tolles Resultat. Denn der Sieger kam aus Schonach und der Zweite aus Triberg. Gegen Skiläufer aus diesen bekannten Schwarzwälder Wintersportorten hat man als Quasi-Flachländer keine Chance. Doch die anderen Konkurrenten ließ ich tatsächlich alle hinter mir.

## Endlich mobil!

1995 war ich mit der Hauptschule fertig und hatte mich innerlich bereits darauf eingestellt, eine Lehre zu beginnen. Doch genau zu jener Zeit wurde in Baden-Württemberg die sogenannte Werkrealschule eingeführt. Sie ermöglicht es begabten Hauptschülern, in einem freiwilligen zehnten Schuljahr die Mittlere Reife zu machen. Diese Chance habe ich genutzt, ich war ja doch ein recht guter Schüler: 1,6 Notendurchschnitt und nur in Englisch eine Drei. Abgesehen von Englisch, ist mir das Lernen immer sehr leicht gefallen. Zu Hause habe ich nur das Nötigste an Hausaufgaben erledigt und war bestimmt alles andere als ein Streber.

Für dieses zehnte Schuljahr musste ich die Realschule in Villingen besuchen. Es war ein angenehmes und zwangloses Leben während dieser Zeit, denn mein Jahrgang war der erste, an dem diese Werkrealschule ausprobiert wurde. Wir waren daher regelrechte Versuchskaninchen, denn die Lehrer wussten noch nicht so genau, wie sie dieses Schuljahr gestalten sollten. Und so habe ich meine Noten fast hinterhergeworfen bekommen. Im Abschlusszeugnis der Realschule standen genau dieselben Noten wie im Jahr zuvor beim Hauptschulabschluss. Mit anderen Worten: Ich musste einfach nur ein Jahr absitzen – und die mittlere Reife wurde mir im Grunde genommen geschenkt.

Endlich war ich jetzt auch flexibel. Denn kurz bevor ich die Realschule verließ, habe ich meinen 16. Geburtstag feiern und den Mopedführerschein machen können. Wer derart abgeschnitten von der Zivilisation wohnt wie ich, der sehnt diesen Moment herbei wie kaum etwas anderes. Als ich den Führerschein endlich in Händen hielt, stand aber schon das nächste Problem ins Haus: Ich brauchte einen fahrbaren Untersatz. Mein Vater, kein Freund von schnellen Entschlüssen, hatte mir zwar ein Moped in Aussicht gestellt, doch bis ich das endlich besitzen sollte, dauerte es aus meiner Sicht noch eine kleine Ewigkeit!

Nun hatte ich zwar den Mopedführerschein, aber kein Fahrzeug, musste noch zwei Monate in die Schule gehen und wollte doch endlich meine neugewonnene Freiheit auskosten – kurz gesagt: dem ungeliebten Schulbus entkommen. Den hatte ich jetzt lange genug genießen dürfen.

Schließlich wusste ich mir zu helfen. Mein Vater, der erfahrene Tüftler, hat seit jeher eine Vorliebe für alte Traktoren. Ich weiß nicht mehr, wie viele von diesen betagten Dingern bei uns im Laufe der Zeit schon auf dem Hof herumgestanden haben. Immer war mein Vater am Schrauben, Schweißen, Hämmern. Ich erinnere mich sogar an eine Marke »Eigenbau«, selbst zusammengebastelt aus verschiedenen Autoteilen. Für sein Basteltalent bewundere ich Vater bis heute.

Zu den Raritäten, die heute noch auf dem Hof stehen, gehört etwa ein alter »Güldner Deutz«-Schwungradschlepper, der mehr Wasser als Diesel verbrauchte, weil er einen offenen Kühlkreislauf besaß – so ähnlich wie alte Dampfloks, die ja auch kühlen, indem sie das Wasser verdampfen.

Eine wichtige Rolle für mich spielte jedoch ein anderes Fahrzeug, ein sogenannter »Mulag«, das ist die Abkürzung für »Motor Universal Lasten Arbeitsgerät«. Die Firma gibt es heute noch, wie ich kürzlich bei einer Internetrecherche feststellte. Damals baute sie sogar dreirädrige Fahrzeuge, die hatten vorn nur ein Rad und zwei unter der Ladefläche. Wir besaßen zum Glück die vierrädrige Version; ich glaube, sie hatte 15 PS.

Zu meiner großen Freude war in meinem Mopedführerschein der Traktorführerschein mit enthalten. Und so habe ich mir einfach Vaters »Mulag« geschnappt und bin mit dem zur Schule getuckert. Das Gefährt fuhr, wie es sich für einen Traktor gehört, maximal 30 Stundenkilometer. Damit ist man dann schon, je nach Strecke, ein Weilchen unterwegs. Für die rund zwölf Kilometer Schulweg auf der gemütlichen Landstraße brauchte ich etwa eine halbe Stunde. Aber das war allemal besser, als mit dem Bus zu fahren – jedenfalls für einen Sechzehnjährigen.

Dieser Schlepper ist übrigens noch auf das alte Autokennzeichen »VL« für Villingen zugelassen. Darauf sind wir als alteingesessene Badener besonders stolz. Denn die Stadt Villingen-Schwenningen gibt es erst seit einer Gemeinde- und Kreisreform aus dem Jahre 1972, als das badische Villingen und das württembergische Schwenningen zusammengelegt wurden. Seitdem bildet die Doppelstadt das Regierungszentrum des ebenfalls damals entstandenen Schwarzwald-Baar-Kreises. An der Konkurrenz zwischen Badenern und Württembergern hat diese Reform jedoch nur wenig geändert, und meine Familie legt großen Wert darauf, aus Baden zu stammen.

Aber zurück zu meinem Schulfahrzeug. Natürlich hatte man als Schüler keinen eigenen Parkplatz, aber da habe ich nicht lange überlegt, sondern mich auf den Lehrerparkplatz gestellt. Die Pauker nahmen das nicht besonders freudig auf. Denn nicht nur, dass der Traktor neben den Lehrerautos recht exotisch aussah, sondern ich benötigte obendrein für ihn ja auch noch gleich *zwei* Stellplätze. Meine Mitschüler hatten natürlich ihren Riesenspaß mit meinem Spleen. Und es war selbstverständlich, dass meine Schulkameraden auch die eine oder andere Runde mit mir drehen durften.

Aber auch bei schlechtem Wetter wusste ich mir zu helfen, denn ein Traktor verbreitet ja ein gewisses Cabrio-Feeling, da er kein Dach hat. Dann zog ich eben einfach feste Regenklamotten an. Allerdings musste ich manchmal doch noch auf den ungeliebten Bus umsteigen, weil mein Vater protestierte; hin und wieder brauchte er den Schlepper nämlich für die Feldarbeit. Der ganze Spaß dauerte insgesamt etwa zwei Monate. Dann bekam ich endlich mein Moped.

Dank dieser Aktion stand ich auch zum ersten Mal in der Zeitung, genauer gesagt, in der Abschlusszeitung unserer Realschule. Für die war mein ungewöhnlicher fahrbarer Untersatz nämlich ein dankbares Thema. Über jeden in der Klasse gab es einen eigenen Steckbrief. Meiner liest sich so:

»Frank benahm sich so in der Schule, wie er sich bei sich zu Hause im Wald verhielt. Er ist der größte Traktorfan, den man jemals gesehen hat. Das merkt man daran, dass er ab und zu mit einem zur Schule fährt. Ansonsten ist er ziemlich ruhig, außer dass er mit allem spielt, was er in die Hände bekommt. Manchmal kann es vorkommen, dass er in der Pause im Klassenzimmer liegt, als hätte er einen Joint geraucht.« Was – jedenfalls damals – selbstverständlich nicht stimmte, war das mit dem Joint. Später, bei der Bundeswehr, sollte ich allerdings mit diesem Zeug einmal in Berührung kommen. Zum Glück habe ich aber schnell wieder die Finger davon gelassen.

Da ich zum Schreiben nicht ganz untalentiert bin, gehörte ich zu den eifrigen Redakteuren der Abschlusszeitung unserer Realschule. Und so findet sich auch noch ein »Gedicht über den Krieg« darin. Das ging so:

Keiner will den Krieg auf dieser Welt
Reiner Blödsinn ist das doch
Im Krieg zählt ein Leben nichts
Es zählt nur der Gewinn.

Liest man die Anfangsbuchstaben der Zeilen senkrecht, so ergibt sich das Wort »Krieg«. Nun gut, für den Goethepreis hat es nicht ganz gereicht, aber meine Klassenkameraden und ich hatten doch viel Spaß an unserer Dichterei. Wer konnte damals ahnen, wie intensiv ich in meinem Leben mit dem Thema Krieg noch in Berührung kommen sollte?

Die Schulzeit hatte ich jetzt also glücklich überstanden, aber nicht nur das, denn nun durfte ich auch endlich meinen eigenen Motorroller in Besitz nehmen: eine Yamaha Cygnus. Aber wieder einmal waren mir Grenzen gesetzt, da die Maschine von der Motorleistung her gedrosselt wurde. Weil ich noch keine 18 war, durfte ich nicht schneller als 80 Stundenkilometer fahren. Es war zum Verrücktwerden! Erst hatte ich einen Traktor, der lief gerade einmal 30 Stundenkilometer. Und als ich dann endlich so ein Ding besaß, das eigentlich 125 Sachen hätte fahren können, durfte ich schon wieder nicht, wie ich eigentlich gewollt hätte.

Was mir aus dieser Zeit blieb, ist meine Motorrad-Begeisterung. Meine Yamaha habe ich zwei Jahre lang gefahren, wobei es nicht gerade lustig ist, den Winter im Schwarzwald auf zwei Rädern zu genießen. Und ich war wirklich viel auf Achse, aber beileibe nicht nur zum reinen Vergnügen. Denn nach der mittleren Reife begann ich eine Lehre zum Elektriker, und die damit verbundene Berufsschule befand sich in Schwenningen, das war immerhin knapp 20 Kilometer von zu Hause entfernt. Und dann kam noch die überbetriebliche Ausbildung in Donaueschingen hinzu, das war dann doppelt so weit weg. Da saß ich dann in der kalten Jahreszeit auf meinem Motorroller und zitterte und bibberte, bis ich endlich angekommen war. Und ich dachte mir: Warum darf ich nicht schneller als 80 Stundenkilometer fahren?

Trotzdem fing ich jetzt an, meine Freiheit zu genießen. Besonders gern ging ich in Diskotheken, vor allem freitags.

Nun besitzt Villingen nicht unbedingt den Ruf, eine Metropole mit einem Überangebot für junge Leute zu sein. Natürlich gibt es in dieser 80 000 Einwohner zählenden Stadt durchaus ein paar kultige Kneipen, aber insgesamt halten sich die Möglichkeiten für Jugendliche doch in überschaubaren Grenzen. Oft bin ich dann mit meinen Freunden nach Donaueschingen gefahren. Diese Stadt ist zwar nur ein Viertel so groß wie Villingen-Schwenningen, aber dort gab es eine große Disco, und da wurde dann schon etwas mehr geboten. Musikalisch gefällt mir seit jeher das, was gerade »angesagt« ist. Zu jener Zeit, Mitte der neunziger Jahre, waren das, wenn ich mich richtig erinnere, zum Beispiel wieder einmal ABBA, Madonna oder Herbert Grönemeyer.

Rückblickend meine ich daher: Diese Zeit war zwar anstrengend, aber auch lustig. Denn das Entscheidende für mich war: Ich war mobil. In meinem Fall bedeutete die Mobilität eine unbeschreibliche Befreiung, ich konnte endlich von daheim fort, konnte die ganze Belastung von zu Hause hinter mir lassen. Mein Motorrad ermöglichte mir kleine Fluchten vor allen Problemen, die ich durch die Trennung meiner Eltern mit mir herumschleppte. Auf der Maschine unterwegs zu sein, das war meine Freiheit. Wenn ich auf den engen, kurvigen Straßen des Schwarzwaldes fuhr, dann war ich ganz »für mich«. Dann war ich allein, so wie ich es gern hatte. Weg von allem. Easy Rider auf dem Schwarzwald-Trip.

Das, was ich jetzt im Kloster lebe, hat, so glaube ich, damals auf dem Motorrad seinen Anfang genommen. Auch heute habe ich mich vom gesamten Trubel der Welt abgewandt. Und das ging bereits damals auf meiner gedrosselten Yamaha los. Natürlich habe ich das als Jugendlicher in diesem Ausmaß noch nicht wahrgenommen, geschweige denn ahnen können, dass mir diese Lebenshaltung dauerhaft zu eigen sein würde.

Wenn ich später in den Urlaub gefahren bin, dann immer nur alleine. Egal wohin. Mit 18 bekam ich mein erstes Auto, und mein erster Urlaub führte mich damit nach Italien, in die Toskana – ich fuhr bis hinunter nach Pisa. Später war ich dann noch in Frankreich, in Skandinavien und in den USA. Wo auch immer es mich hin verschlug: Ich habe nie jemanden mitgenommen, sondern stets das Alleinsein genossen. Ich neige dazu, ein Einzelgänger zu sein.

## Mister 400 Volt – meine Lehrzeit

Nun war ich also Lehrling. Doch *irgendeine* Lehre – das war es auf keinen Fall, was ich wollte. Ein Bürojob kam für mich grundsätzlich nicht in Frage. Für Derartiges fehlen mir Sitzfleisch und Geduld. Ich bin ein Praktiker und kein Theoretiker. Mir war klar, es sollte etwas Handwerkliches sein. Wenn man auf dem Bauernhof groß wird, gilt oft noch das traditionelle Prinzip: Der Sohn ergreift den Beruf, den auch der Vater ausübt. Landwirt zu werden kam für mich allerdings nicht in Betracht, denn die Landwirtschaft stellte in unserer Familie schon seit Generationen immer nur ein besseres Hobby dar, das war schon beim Großvater so. Mehr gab der Hof einfach nicht her. Und Vater sollte ihn ja schließlich eines Tages aus wirtschaftlichen Gründen sogar ganz aufgeben.

Doch noch gehörte er ihm. Da wir praktisch denkende Menschen sind und da mit Vater bereits ein Mechaniker im Haus war, stellte sich also die Frage: Welche handwerklichen Eigenschaften braucht man auf dem Hof denn noch? Da sind wir dann zu der Überzeugung gelangt, dass ich es als Elektroinstallateur versuchen sollte! Und dabei bin ich dann auch geblieben.

Ich habe in Villingen eine Lehrstelle bei der EGT Unternehmensgruppe (Elektrizitäts-Gesellschaft Triberg) bekommen, einem großen, alteingesessenen, seit mehr als hundert Jahren existierenden Unternehmen. In unserer Gegend ist es führend als Energieversorger, Energiehändler und im elektrotechnischen Anlagenbau. Zur letzten Sparte gehörte dann auch mein Ausbildungsplatz. Der hat haargenau zu mir gepasst.

Gleich zu Beginn meiner dreieinhalbjährigen Ausbildung zum Elektroinstallateur stellte ich fest, dass mir der Job im Prinzip viel Spaß bereitet. Doch *einen* Nachteil hat der Beruf: Als Installationselektriker ist man ständig draußen. Immer dort arbeiten zu müssen, wo es zugig und kalt ist – nein danke! Wenn ich an die Winter während meiner Lehrzeit zurückdenke, dann graust es mir heute noch! Selbst wenn ich ein abgehärteter Landbursche bin: Stets und ständig draußen auf einer Baustelle – darauf sollte mein Leben nun wirklich nicht hinauslaufen!

Die praktische Ausbildung fand im Betrieb selbst statt. Dabei lernte ich, was man eben als Elektriker auf dem Bau alles lernt: Schlitze klopfen, Kabel verlegen, Werkeln in Neu- und Altbauten: das ganze Programm. Zur Schule ging es dann nach Schwenningen. Dort bekam ich die Theorie eingetrichtert, paukte die ganzen Vorschriften, lernte, worauf man als Elektriker aufpassen muss, vor allem auf den Arbeitsschutz. Denn mit Strom ist bekanntlich nicht zu spaßen.

Die überbetriebliche Ausbildung fand dann in Donaueschingen statt. Dort wurden unter anderem sämtliche Installationen, die ansonsten im Alltag auf dem Bau vorkommen, auf Sperrholzplatten nachgebaut, damit einem auch klarwurde, was man da überhaupt macht. Da kam dann der Lehrer, baute Fehler ein, die man suchen musste. Das fand ich äußerst interessant, weil ich ein richtiger Tüftler bin.

Während der überbetrieblichen Ausbildung erhielt ich außerdem auch Einblicke in verwandte Berufe, etwa in die Metallverarbeitung. Für solche Dinge bleibt im eigentlichen Betrieb keine Zeit. Und so feilte ich dann Lehrstücke, lernte etwas über Elektroden und gewann auf diese Weise Wissen, das zwar nicht unbedingt zu meinem engeren Berufsfeld zählte, durch das ich aber größere Zusammenhänge durchschaute.

Sicher: Elektriker ist kein ungefährlicher Beruf. »Da stehst du mit einem Bein im Grab, mit dem anderen im Gefängnis«, hieß es bei uns im Betrieb immer. So war es für mich während der Lehrzeit ganz normal, im Durchschnitt einmal in der Woche »einen gewischt« zu bekommen. Das bringt die Arbeit mit Strom einfach so mit sich. Einmal habe ich versehentlich an eine 400-Volt-Leitung gelangt, das hat schon ganz ordentlich gekitzelt. Zum Glück stand ich gut isoliert, da ist mir dann nicht so viel passiert.

Aber spätestens in dem Moment habe ich begriffen, dass es kein leeres Geschwätz war, wenn uns die Ausbilder immer wieder den richtigen Arbeitsschutz eingebleut haben. Einer hat mir einmal gesagt: »Du kannst von mir aus ungenau arbeiten, aber die Vorbereitung muss immer genau sein. Das ist deine Lebensversicherung!« Weil es auf dem Bau immer schnell gehen muss, heißt es, viel »unter Spannung« zu arbeiten. Oder, anders ausgedrückt: Man kann nicht immer überall alles abschalten, ehe es an die Leitungen geht. Manchmal befindet sich zum Beispiel in einer großen Halle eine Sicherung 200 Meter von der Steckdose entfernt. Da laufe ich doch nicht die ganze Strecke, um die Sicherung abzuschalten, sondern arbeite lieber unter Spannung. Aber in solchen Fällen heißt es dann eben, entsprechend aufzupassen.

Mir hat die Arbeit als Elektriker, der ich bis heute treu geblieben bin und der ich auch im Kloster nachgehe, immer viel Spaß gemacht. Aber richtig Freude kann man nur dann empfinden, wenn zusätzlich das Umfeld stimmt. In meinem Lehrbetrieb hatte ich es gut getroffen: Alle meine Kollegen waren nett, und die Arbeitsatmosphäre ließ nichts zu wünschen übrig. Mit Vergnügen erinnere ich mich an einen Gesellen, mit dem ich lange Zeit zusammengearbeitet habe. Weil er ganz gerne hin und wieder ein Gläschen über den Durst trank, hatte er schon längst keinen Führerschein mehr. Irgendein pfiffiger Mensch kam dann auf die Idee, dass ich ihn doch morgens abholen, mit ihm auf Montage fahren und abends wieder zurückbringen könnte. Und so kam es, dass ich als Lehrling, gerade 18 Jahre alt geworden, bereits über ein Geschäftsauto verfügen konnte.

Keine Frage: Auf unseren Baustellen standen wir mitunter auch ganz schön unter Termindruck. Da hieß es nicht selten: Überstunden schieben und auch mal samstags arbeiten. Allerdings waren wir der Auffassung, dass wir uns dafür ruhig belohnen dürften. Und so schlug der Geselle eines Tages der ganzen Truppe vor, von unserer Baustelle in Donaueschingen nach Stuttgart zum Kaffeetrinken zu fahren. Der Dienstwagen und der Fahrer – also ich – standen ja zur Verfügung. Kurzerhand räumten wir, wir waren zu fünft, Material und Werkzeug in die Baubude. Ich steuerte das Fahrzeug auf schnellstem Weg auf die A 81, und anderthalb Stunden später genossen wir in einem Stuttgarter Café Kuchen und Kaffee. Auf dieser Spritztour legten wir dann zusammengerechnet gut 250 Kilometer zurück.

# Die ersten Jahre beim Bund

## Ich will Pilot werden

Der Traum vom Fliegen könnte auch für Sie in Erfüllung gehen. Die Piloten der Bundeswehr.« So wirbt die Bundeswehr heute auf ihrer Internet-Homepage um Nachwuchs. Ob das Ende der neunziger Jahre auch schon der Fall war, weiß ich nicht mehr. Bei mir hätte man sich die Werbung sparen können. Denn man hätte offene Türen eingerannt. Alles, was mit Militär zusammenhing, war bei mir positiv besetzt. Schon immer hatte ich eine patriotische Grundeinstellung, und die habe ich bis heute. Ich bin stolz auf mein Land. Das steckt einfach in mir drin. Möglicherweise deshalb, weil Natur und Heimat für mich eng miteinander verbunden sind, ebenso eng wie Heimat und Vaterland. Das hat nichts mit falsch verstandenem Nationalismus zu tun, aber ich denke, ich darf genauso stolz darauf sein, ein Deutscher zu sein, wie ein Franzose oder ein Engländer oder ein Türke oder wer auch immer stolz auf sein Heimatland sein darf. Deswegen stelle ich mich ja nicht *über* andere.

Natürlich kommt eine derartige Einstellung nicht aus dem Nichts. Sie ist auch eine Sache der Erziehung. Mein Vater war bei der Bundeswehr, ebenso mein Onkel. Mein Vater hat im geselligen Kreis gern von seinen Erlebnissen beim Bund erzählt. Seine Schilderungen hörten sich für mich sehr amüsant und abenteuerlich an – und daher stand es für mich immer außer Frage: Da will auch ich hin! Es war für mich völlig klar, dass ich meinen Wehrdienst ableisten würde, sobald meine dreieinhalb Jahre Lehre vorüber waren. Den Wehrdienst verweigern wollte ich schon deshalb nicht, weil ich kein »Händchen« für einen Pflegeberuf habe. Als Krankenpfleger bin ich eher ungeeignet. Die Patienten und ich hätten keine große Freude aneinander gehabt. Ich glaube, ich kann einfach besser mit Technik umgehen als mit Menschen.

Und noch etwas anderes kommt hinzu: Da ich ein großer Science-Fiction-Fan war und bin, hatte ich schon immer ein Faible für militärische Dinge. Besonders fasziniert hat mich das Fliegen. Die Enterprise-Raumschiffe und ihre Besatzung hatten mich total in ihren Bann gezogen. Und somit stand mein Ziel schon relativ früh fest: Ich wollte zur Luftwaffe. Noch während meiner Lehrzeit trudelte der Wehrbescheid bei mir ein. Allerdings wird man während der Lehre nicht eingezogen. Trotzdem habe ich sofort reagiert und mich in der Offiziersbewerberprüfzentrale (OPZ) als Berufssoldat beworben. Mein großer Wunschtraum war es, Pilot zu werden. Als die Antwort aus Köln bei mir eintraf, war ich überglücklich: Meine Bewerbung war immerhin akzeptiert worden!

Doch dies war nur ein erster Schritt. Schließlich konnte ich mir schon denken, dass ich mit einem Realschulabschluss nur relativ geringe Chancen hatte, mein Traumziel auch wirklich zu erreichen. Pilot war zu jener Zeit – wir sprechen vom Jahr 1999 – überhaupt die einzige Möglichkeit, beim Bund ohne Abitur Offizier zu werden. Realschulabschluss und abgeschlossene Lehre reichten damals als Grundvoraussetzung, um sich für den Pilotenjob zu bewerben. Ansonsten brauchte man – wenn ich es noch richtig in Erinnerung habe – durchgehend Abitur, um die Offizierslaufbahn einzuschlagen. Heute haben sich die Anforderungen geändert: Als einfacher Offiziersanwärter benötigt man entweder Abitur, Fachhochschulreife oder mittlere Reife. Für den Fliegerischen Dienst hingegen genügt die mittlere Reife heutzutage nicht mehr. Und wer Truppenoffizier werden möchte, für den ist sogar ein Studium Voraussetzung.

Aber all das war für mich damals kein Thema. Ich hielt eine Einladung nach Köln in Händen – und sagte mir: Du hast keine Chance, also nutze sie! Jedes Jahr gibt es rund 13 000 Offiziersbewerber, von denen sich die Hälfte vorstellen darf. So weit war ich also schon einmal gekommen. Ob ich letztlich zu den knapp 2000 gehören würde, die alljährlich eine Festanstellung als Offizier bekommen, stand noch in den Sternen, zumal nur 25 Prozent davon für die Luftwaffe vorgesehen sind, also rund 500.

So packte ich also meine Reisetasche und machte mich an einem grauen Novembertag des Jahres 1999 für einige Tage auf den Weg an den Rhein. Zwar steckte ich noch mitten in der Lehrzeit, aber für diese Bewerbung gab es Sonderurlaub. Als ich in Köln-Porz das Tor der Kaserne passierte, traf ich dort auf ungefähr hundert Bewerber, die dasselbe Ziel wie ich verfolgten. Wir alle wussten, dass am Schluss gerade einmal zehn Leute übrig bleiben würden. Mir war klar: Das wird schwer werden! Das Ganze dauerte mit An- und Abreise vier Tage und lief in Form eines modernen Assessment-Centers ab. Mit anderen Worten: Man wird auf seine physische und psychische Eignung getestet. Auf dem Programm standen unter anderem Sportprüfungen, Reaktionstests, Aufgaben in Deutsch und Mathematik. Schon seit rund einem halben Jahrhundert prüft die Bundeswehr künftige Offiziere in dieser Kaserne auf ihre Eignung.

## Die erste Pleite

Manche konnten schon nach dem ersten Tag gehen. Kein Wunder, bei dem, was alles verlangt wurde! Zunächst musste ich einen Persönlichkeitsfragebogen ausfüllen, in dem ich meine Gründe für meine Berufswahl zu erläutern hatte. Das reichte bis zu Fragen nach den Einflüssen meiner Familie auf meine Bewerbung – aber da hatte ich ja sehr viel Positives aufzuweisen. Auch ein kurzer Aufsatz, bei dem ich ähnlich klingende Wörter definieren und voneinander abgrenzen musste, bereitete mir nur wenige Probleme. Die ärztliche Untersuchung war für mich ebenfalls kein großes Hindernis. Auch den Fitnesstest, bei dem unter anderem diverse Sit-ups und ein Ausdauerlauf gefragt waren, meisterte ich spielend. Kurzum: Bis zum letzten Tag war ich dabei. Da waren wir noch zehn.

Von diesen »Zehn kleinen Negerlein« war ich dann bei der Englisch-Prüfung leider der Schlechteste. Das war schon in der Schule nie wirklich mein Lieblingsfach gewesen. Bei der mittleren Reife hatte ich darin mit Mühe und Not eine 3 geschafft – mit Abstand meine schlechteste Note, denn mit einem Notendurchschnitt von 1,6 war ich im Großen und Ganzen ein wirklich guter Schüler gewesen. Aber das zählte hier in Köln wenig. Wenn man als Pilot nicht gut Englisch kann, hat man schon verloren. Und so kam es dann auch.

Als sich abzeichnete, dass ich nicht zu den Besten gehören würde, wurde mir nahegelegt, von selbst das Handtuch zu werfen und auf die Fortsetzung der Prüfung zu verzichten, um mir nicht eine mögliche berufliche Zukunft bei der Bundeswehr zu verbauen. In einem solchen Fall würde, so wurde mir erläutert, in der Personalakte kein Scheitern vermerkt, sondern lediglich der Umstand, dass ich am Assessment-Center teilgenommen hätte. Mit einem solchen Vermerk, so wurde mir gesagt, stünde einem weiteren Aufstieg bei der Bundeswehr nichts im Wege. Wenn ich hingegen »offiziell« wegen nicht ausreichender Fähigkeiten weggeschickt würde, müsse man das in den Akten vermerken, was sich auf eine eventuelle spätere Laufbahn womöglich negativ auswirken könne.

Da ich mir nicht sicher war, es mir aber durchaus vorstellen konnte, über die Wehrpflicht hinaus bei der Bundeswehr zu bleiben, bin ich diesem Ratschlag gefolgt und habe mich dafür entschieden, aufzugeben. Natürlich war das hart, so kurz vor dem Ziel. Aber nachdem ich meine Enttäuschung überwunden hatte, gelang es mir mit zunehmendem Abstand, das Ganze von der positiven Seite zu sehen. Ich sagte mir: »Du hast immerhin 85 Prozent der Mitkonkurrenten übertroffen. Das sollte dir auch Selbstvertrauen geben. Hey – du warst gut dabei!« Und mit diesem Gefühl konnte ich dann mit der Zeit ganz gut leben.

Anscheinend hat man aber bei der Bundeswehr erkannt, dass ich keiner von den Schlechten war. Mir wurde nämlich umgehend als Quereinsteiger eine Stelle bei der Luftwaffe als Elektriker angeboten, da wäre ich dann gleich als Unteroffizier eingestellt worden. Aber jetzt wollte *ich* nicht. Ich habe mir gesagt: Wenn ich nicht fliegen darf, will ich auch nicht zur Luftwaffe. Als Pilot beim Bund – jederzeit! Aber bei aller Liebe: Ich war mir nun überhaupt nicht mehr sicher, ob ich Zeit- oder gar Berufssoldat werden wollte.

## Auf Nummer sicher

Plötzlich kamen mir Zweifel: Will ich wirklich Soldat sein? Will ich mich gleich auf vier Jahre verpflichten (denn das ist als Zeitsoldat das Minimum)? Ich hatte ja, abgesehen von dem, was ich von meinem Vater und meinen Onkeln wusste, keinen wirklichen Überblick darüber, was bei der Bundeswehr abläuft. Würde mir das denn tatsächlich gefallen? Und wenn nicht? Dann hätte ich vier Jahre lang einen Job zu ertragen, der mir eigentlich keinen Spaß macht. Als normaler Arbeitnehmer kann man die Firma wechseln, wenn sie einem nicht gefällt. Aber sich für vier Jahre verpflichten, ohne vorher zu wissen, was dort stattfindet, das war mir dann doch zu riskant.

Ich ging also auf Nummer sicher und beschloss, zunächst meine zwölf Monate als Wehrpflichtiger zu leisten. Denn, so sagte ich mir, bei der Bundeswehr die Dienstzeit zu verlängern ist immer noch das geringere Problem, als sie zu verkürzen, wenn es mir nicht gefällt. Ich wollte das Gesetz des Handelns nicht aus der Hand geben und mir mögliche Optionen freihalten.

Im Mai 2000, zwei Monate nach Beendigung meiner Lehrzeit, wurde ich eingezogen und kam zunächst nach Immendingen zur Artillerie. Der Ort liegt gerade mal etwas mehr als 40 Kilometer von mir zu Hause entfernt; also war meine dreimonatige Grundausbildung sozusagen ein »Heimspiel«. So war mir das recht!

Bald stellte sich heraus, dass meine Skepsis, ob die Bundeswehr das Richtige für mich war, unbegründet sein sollte. Die Grundausbildung gefiel mir gut: die Kameradschaft, der Zusammenhalt unter den Rekruten, vor allem aber der Umstand, dass ich mich viel an der frischen Luft bewegen durfte. Das kannte und liebte ich ja von zu Hause. Wann immer es ging, war ich als Kind und Jugendlicher auf dem Hof draußen gewesen – ob ich nun gespielt oder dem Vater geholfen hatte. So empfand ich dann auch die Grundausbildung als eine durchaus angenehme Sache. Dabei handelte es sich im Prinzip um eine Infanterieausbildung. Salopp gesagt: Man läuft im Freien herum, macht Spaziergänge unter verschärften Bedingungen, spielt Räuber und Gendarm. Für mich war das alles jedenfalls ein Riesenspaß.

Im Sport bin ich zäh und ausdauernd. Ich laufe für mein Leben gern, allerdings bin ich kein Sprinter, sondern mag eher die langen Strecken. Das ist aber genau das, was man bei der Bundeswehr braucht. Also war ich hier schon einmal an der richtigen Stelle. Leider lässt sich die Ausdauer, die ich beim *Laufen* an den Tag lege, nicht unbedingt mit meinem Durchhaltevermögen bei anderen Tätigkeiten gleichsetzen: Ich bin zwar in vielem, aber längst nicht in allem ausdauernd. Ich brauche zwischendurch meine Erfolgserlebnisse. Eine Arbeit, die sich ewig hinzieht, ohne dass ich Ergebnisse sehe, macht es mir schwer, bei der Sache zu bleiben. Da werde ich dann schnell ungeduldig. Bei mir muss sich etwas rühren.

Und da sich bei der Bundeswehr aus meiner Sicht durchaus etwas rührte, beschloss ich, bei dieser Truppe etwas länger zu bleiben. Ich verpflichtete mich zunächst einmal als sogenannter »freiwillig Längerdienender« auf 23 Monate. Diese Entscheidung ließ mir weitere Möglichkeiten offen: Ich konnte mich später immer noch entscheiden, ob ich Zeit- oder Berufssoldat werden oder dem Ganzen den Rücken kehren wollte.

Meine Verpflichtung hatte zur Folge, dass ich ins badische Stetten am kalten Markt im Landkreis Sigmaringen versetzt wurde, einen Ort, etwa so groß wie Immendingen und rund 80 Kilometer von Unterkirnach entfernt. Schon 1910 hatten die Badener hier einen Truppenübungsplatz eingerichtet, und heute stellt die Albkaserne einen großen Bundeswehrstandort dar, an dem etwa 2200 Soldaten und 1300 Wehrpflichtige stationiert sind. Ich selbst kam ins 5. Feldjägerbataillon 292 zur dortigen Mörsergruppe. Dort blieb ich ein knappes Jahr und wurde zum Mörsersoldaten ausgebildet.

Diese Ausbildung hat mir viel Spaß gemacht, auch wenn sie körperlich recht anstrengend war. Immerhin wog das Mörser-Equipment alles in allem fast drei Zentner, da gab es für einen Drei-Mann-Trupp schon einiges zu bewegen. Wenn dann Übungen an regnerischen Tagen zu einer regelrechten Schlammschlacht ausarteten, fühlte ich mich in meinem Element. Von praktischem Nutzen war es, dass ich den Militärführerschein für den Jeep machen durfte. Den würde ich, wie sich später herausstellen sollte, noch einmal gut gebrauchen können.

Keine Frage: Ich fühlte mich wohl bei der Bundeswehr. Sicher auch deshalb, weil es sich um eine klar strukturierte Organisation handelt, die meines Erachtens im Prinzip ausgezeichnet funktioniert. Das kommt meinem Wesen sehr entgegen. Mit Hierarchien habe ich keine Probleme, im Gegenteil. Es ist für mich völlig in Ordnung, wenn ich nicht lange nachdenken muss, wer über mir oder unter mir steht, sondern wenn die Rangfolge deutlich festgesetzt ist.

Die Chancen, im zivilen Leben ins Fettnäpfchen zu treten, sind da wesentlich größer. Da muss man viel vorsichtiger sein bei dem, was man tut oder was man lässt. Beim Bund reicht es, jemandem auf die Schulterklappen zu schauen und zu wissen: Der ist Unteroffizier oder Mannschaft oder sonst was – und ich weiß, wie ich mich verhalten muss. Das macht das Leben leichter, für mich jedenfalls.

Mag sein, dass dies eine etwas einfache Sichtweise ist. Aber durch die Erfahrungen meiner Kindheit, nicht zuletzt durch die Trennung der Eltern, benötige ich nun einmal sichere Strukturen. Jemand, dem Ähnliches wie mir widerfahren ist, wird das aber vermutlich verstehen, wenngleich jeder mit seinen Verletzungen anders umgeht. Bei mir hat es eben dazu geführt, dass meine Angst, etwas falsch zu machen oder irgendwo anzuecken, sich leider durch mein ganzes Leben gezogen hat. Daher bin ich über jede Form von klarer »Ansage« recht dankbar. Ein Verein wie die Bundeswehr ist da für mich also nahezu maßgeschneidert gewesen. Da fühlte ich mich einfach bestens aufgehoben. Diese Einsicht habe ich aber auch erst im Nachhinein gewonnen, als ich merkte, dass es zwischen dem Leben beim Militär und im Kloster durchaus Parallelen gibt. Parallelen, die mir einen Eintritt in den Orden der Benediktiner erleichtert haben. Während meiner Bundeswehrzeit hingegen wusste ich nur: Hier gefällt es mir! Warum, war mir zu jener Zeit eigentlich egal. Denn wenn man Dinge, die einem gefallen, bis ins letzte Detail hinterfragt, läuft man Gefahr, sich den Spaß an der Freud' auch gleich wieder zu verderben. Wenn etwas schön ist, sollte man es genießen und sich darüber freuen, statt es inhaltlich zu zerpflücken.

Das soll nun aber keineswegs bedeuten, dass ich den Dingen nicht auf den Grund gehe und vor der Realität die Augen verschließe. Vor allem bei praktischen Dingen will ich es immer ganz genau wissen. Da bin ich, ganz wie mein Vater, ein Tüftler und Bastler. Wenn ein Gerät kaputt ist, dann schraube und drehe ich so lange daran herum, bis ich den Fehler gefunden habe. Da gebe ich keine Ruhe. Aber wenn's um Gefühle geht, brauche ich nicht unbedingt letzte Gewissheit. Ein Gefühl akzeptiere ich und lasse es stehen, wie es ist, vor allem wenn es positiv und schön ist. Da will ich nur genießen. Empfinde ich etwas als negativ, verhält sich die Sache schon anders. In diesem Fall stelle ich mir durchaus die Frage: Was könnte ich jetzt ändern, um mich wieder wohl zu fühlen?

Ich denke, das ist eine typisch männliche Sichtweise. Männer sind – so empfinde ich es – vor allem sachorientiert, Frauen eher gefühlsorientiert. Ich habe, wenn mir zum Beispiel meine Schwester von einem Problem berichtete, oft genug den Gedanken gehabt: Wo könntest du jetzt den Hebel ansetzen? Und habe dann erleben müssen, dass sie eigentlich meist nur ihre Sorgen loswerden wollte, ohne eine Lösung von mir zu erwarten.

## Unter Kameraden

Nicht nur die klaren Strukturen, nicht nur jede Menge Bewegung und viel frische Luft waren es, weswegen es mir bei der Bundeswehr gut gefiel – es kam noch etwas anderes, für mich Grundsätzliches hinzu: die Kameradschaft. Im Grunde meines Herzens bin ich ja eher ein Einzelgänger, der weder während der Schulzeit noch während der Lehre tiefergehende Freundschaften pflegte. Andererseits habe ich mich jedoch in Gruppen nie unwohl gefühlt, sondern erlebte mich in ihnen meist geborgen. Die Atmosphäre beim Militär, der Umgang der Soldaten miteinander, die Mischung aus ernsthafter Aufgabe und kumpelhaftem Miteinander – dies alles kam meinem Wesen sehr entgegen.

»Kameradschaft« ist eigentlich ein abstrakter Begriff, der erst dann einen Sinn bekommt, wenn er mit Leben gefüllt wird. In der soldatischen Gemeinschaft versteht man unter Kameradschaft die ganz konkrete Pflicht, dem anderen in jedem Fall beizustehen, selbst wenn dies mit Gefahr für das eigene Leben verbunden ist. Diese Pflicht ist sogar in Paragraph 12 des Soldatengesetzes schriftlich festgehalten. Ich muss also als Soldat in jedem Fall meinem Kameraden helfen, ihm aber andererseits auch blind vertrauen können.

Damit das möglich ist, sind gegenseitige Anerkennung, Rücksicht und die Toleranz anderen Überzeugungen gegenüber unerlässlich. Man kann, ja man muss kurioserweise als Soldat auch dann anderen gegenüber ein Kamerad sein, wenn man die vielleicht gar nicht leiden kann. Gerade dann kommt es darauf an, wie man gemeinsam Konflikte bewältigt, wie man Meinungsverschiedenheiten löst. So etwas prägt eine gute Kameradschaft. Und so etwas kann auch einen ganz entscheidenden Reifungsprozess fürs spätere Leben bedeuten. Schließlich sind Wehrpflichtige junge Männer, die soeben erst in die Erwachsenenwelt eingetreten sind.

Wir Menschen haben es, glaube ich, selbst in der Hand, wie sich andere uns gegenüber verhalten – ob fair, vorbildlich und offen oder doppeldeutig, abschreckend und verschlossen. Ich halte es da mit dem alten Sprichwort: »Wie man in den Wald hineinruft, so schallt es heraus.« Fast immer habe ich die Erfahrung gemacht, dass man mit Freundlichkeit am weitesten kommt.

Was mich an der Kameradschaft bei der Bundeswehr ganz besonders fasziniert hat, ist die Tatsache, dass es sich hier um einen bunt zusammengewürfelten Haufen handelt. Hier findet man junge Männer und zunehmend auch Frauen aus allen sozialen Schichten, mit den verschiedensten Charakteren und allen möglichen weltanschaulichen Auffassungen. In diesen Haufen wird man also hineingeworfen wie in das vielzitierte kalte Wasser. Nun heißt es beim Bund so schön: »Kameradschaft wird befohlen.« Mit anderen Worten: Es handelt sich hier nicht um ein freiwilliges Entgegenkommen, sondern um ein »Muss«. Diese Pflicht steht nun aber in einem gewissen Spannungsverhältnis zu einer anderen soldatischen Pflicht: dem Gehorsam. Doch man lernt schnell, was man zu tun und zu lassen hat. Zu den Eigenheiten der Hierarchie gehört zum Beispiel auch, dass sich Soldaten auf gleicher Ebene duzen, während man Vorgesetzte siezt.

Selbstverständlich hat es eine ganze Menge mit Zufall zu tun – oder mit Fügung, je nach Sichtweise –, mit welchen Leuten man in seiner Einheit zusammenkommt. Aber letztendlich haben alle die gleiche Ausgangssituation, jedenfalls als Wehrpflichtige: Sie sind zur Bundeswehr eingezogen worden, sie werden alle gleich gedrillt, sie tragen alle die gleiche Uniform. All das erzeugt ein Gemeinschaftsgefühl, eine gemeinsame Ebene. Man kann über dieselben Themen reden. In vielen Dingen ist man ähnlicher Meinung. Es entsteht ein Wir-Gefühl. Dieses Wir-Gefühl hat mir seit jeher viel bedeutet – ich habe dadurch Halt erfahren, und trotzdem bestand nicht die Gefahr, dass mich jemand emotional zu sehr bedrängte. Ich war unter Gleichgesinnten und behielt dennoch meinen Freiraum, der mir so wichtig ist. Hier sehe ich durchaus eine Parallele zu meinem heutigen Leben im Kloster.

Da längst nicht alle, die eingezogen wurden, freiwillig bei der Bundeswehr sind, hat man natürlich auch mit Kameraden zu tun, die dem Wehrdienst nicht unbedingt positiv gegenüberstehen. So etwas habe ich vor allem an Standorten erlebt, in denen in erster Linie Grundwehrdienst abgeleistet wird. Da war dann die Stimmung nicht immer ganz so gut. Das ist mir etwa in meiner Kompanie in Stetten aufgefallen. Wenn man mit Leuten zusammen ist, die lediglich ihre Zeit absitzen und nicht wirklich engagiert sind, kann sich jeder Tag wie Kaugummi hinziehen. Das ist nicht sehr motivierend, vor allem, wenn man selbst eine andere Einstellung hat.

Ein völlig anderes, positiveres Klima habe ich später verspürt, als mein Grundwehrdienst vorüber war. Das wurde besonders deutlich, als ich in die Einheit kam, die für Auslandseinsätze bestimmt war; hier fand ich nur noch Gleichgesinnte. Diese Truppe bestand ausschließlich aus

Zeit- oder Berufssoldaten. Da waren dann Stimmung und Motivation gleich ganz anders: positiv und engagiert.

Mein ganzes Leben lang habe ich versucht, Leute zu meiden, die schlechte Laune verbreiten. Ob in der Schule, im Job, bei der Bundeswehr und sogar hier, im Kloster. Miesepeter gibt es überall auf der Welt. Bekehren kann man solche Leute nicht. Wer das Gefühl hat, vom Leben benachteiligt zu sein, der neigt auch dazu, allen kundzutun, wie schlecht seiner Meinung nach die Welt sei. Mit solchen Leuten kann man im Grunde genommen nicht diskutieren. Die haben auch kein offenes Ohr für andere Meinungen. Den Missionar zu spielen, wenn von anderer Seite keine Offenheit da ist, ist vergebene Liebesmüh. Das habe ich längst aufgegeben.

Meine Erfahrung ist: Nur wenn jemand bereit ist, sich eine andere Meinung wenigstens anzuhören, hat es überhaupt Sinn, mit ihm zu diskutieren. Dann erst kann ich versuchen, ihn von meiner eigenen Meinung zu überzeugen. Das gilt natürlich auch und besonders im Hinblick auf den Glauben.

In meinem Leben hatte ich oft das Glück, auf interessierte und aufgeschlossene Menschen zu stoßen. Oder soll ich besser sagen: Die Fügung hat sie mir geschickt? Um nur ein Beispiel zu nennen: *Glück*, das ist für mich, wenn man im Lotto gewinnt. Man kann es aber auch *Zufall* nennen. *Fügung* hingegen ist ein Fingerzeig Gottes, der dem Leben eine positive Wendung gibt. Wenn man also aus dem Zufall, im Lotto gewonnen zu haben, bewusst etwas Positives macht, dann ist das eine Fügung. Leider findet man ja auch genügend Menschen, die an einem unerwarteten Geldsegen zu Grunde gehen. Plötzlicher Reichtum macht nicht unbedingt glücklich. Es gibt viele Beispiele von Menschen, die einen Lotteriegewinn versoffen oder verspielt oder die sonst irgendetwas Dummes damit angestellt haben. Aber es gibt zum Glück auch solche, die etwa ein Waisenhaus gebaut, viel gespendet oder sich anderweitig sozial engagiert haben. Da macht dann Geld sehr wohl glücklich. In einem solchen Fall ist es meiner Meinung nach Fügung, dass das Glück diese Menschen mit Reichtum bedacht hat.

Ich glaube durchaus, dass Gott hierbei eine wesentliche Rolle spielt. Ich glaube, dass da jemand ist, der unsere Geschicke lenkt und der uns die Möglichkeiten gibt, etwas aus unseren Anlagen – im wahrsten Sinn des Wortes – zu machen. Was wir ganz konkret für uns daraus entwickeln, liegt ganz allein an uns. Aber diese Einsicht habe ich erst gewonnen, seit ich hier im Kloster bin.

Aber zurück zu meiner Zeit bei der Bundeswehr. Nun saß ich also in Stetten, leistete meine Wehrpflicht ab und grübelte darüber nach, wie es mit mir weitergehen sollte. Etwa im Sommer 2001 kam ich dann das erste Mal auf die Idee, eine höhere Laufbahn im Heer einzuschlagen. Zu jener Zeit hatte ich den Rang eines Obergefreiten. Als ich nachfragte, wie denn die Chancen für eine Unteroffizierslaufbahn stünden, hieß es: »Das ist im Prinzip kein Problem, allerdings haben wir für Sie hier am Standort keine Verwendung.« Wie heißt es aber so schön: Wer auf dem Arbeitsmarkt bestehen will, der muss flexibel sein. Dies gilt auch für die Bundeswehr. Ich bewarb mich und wurde daraufhin im Spätsommer 2001 zu einer Vorausbildung für Unteroffiziere nach Donaueschingen geschickt.

Dort machte ich eine derart nette Bekanntschaft, wie ich sie mir nicht einmal im Traum vorgestellt habe. Noch in Stetten ging eines Tages unter uns Soldaten das Gerücht um, dass wir demnächst einen prominenten Kameraden bekommen sollten: Albert, den einzigen Sohn des 1990 verstorbenen Johannes Fürst von Thurn und Taxis und seiner weitaus populäreren Ehefrau, Fürstin Gloria. Und so war es dann auch! Albert, 1983 geboren, meldete sich zum Dienst. Als einziger Sohn – er hat noch zwei ältere Schwestern – wurde er sofort nach dem Tod seines Vaters Oberhaupt der berühmten Adelsfamilie, stand jedoch bis zu seiner Volljährigkeit im Jahr 2001 unter der Vormundschaft seiner Mutter.

Sein Vater hatte, wie mir Albert einmal erzählte, in seinem Testament bestimmt, dass der Sohn die Bundeswehr absolvieren müsse, um die Verwaltung des Familienbesitzes übernehmen zu dürfen. Als er dann schließlich seinen Wehrdienst in Stetten antrat, habe ich ihn als sehr motivierten Soldaten, vor allem aber als äußerst netten, umgänglichen und unkomplizierten Typen kennengelernt. Er hat markante, offene Gesichtszüge, lacht gern und viel, und wir haben so manches Bier miteinander getrunken. Albert, zwei Jahre jünger als ich, ist begeisterter Rennfahrer, der recht erfolgreich bei der deutschen Sportwagenmeisterschaft antritt, und auch ich habe ja sehr viel für Technik übrig. Die Gesprächsthemen gingen uns also nie aus. Dass mein Kamerad einer der jüngsten Milliardäre der Welt ist, hat er weder mich noch die anderen Soldaten in seiner Truppe jemals spüren lassen. Ganz im Gegenteil! Er war ein »Kumpel« durch und durch.

Nachdem er seine ersten drei Monate Grundwehrdienst hinter sich gebracht hatte, sahen wir uns zu meiner Freude in meiner Einheit in Donaueschingen wieder. Später, bei gemeinsamen Soldatenexerzitien hier in Beuron, führten wir auch tiefergehende Gespräche über den Glauben und die Kirche. Albert stammt bekanntlich aus einer tief religiösen Familie, und vor allem seine Mutter engagiert sich seit längerem stark für die katholische Kirche. Schade, dass ich ihn in den letzten Jahren ein wenig aus den Augen verloren habe.

## Die zweite Pleite

Sosehr ich die Bundeswehr schätze und so wohl ich mich in all den Jahren dort fühlte: Sie war mir doch auch immer mal wieder Anlass zum Verdruss, und das nicht zu knapp. Meine gescheiterte Pilotenbewerbung hatte ich inzwischen aus dem Gedächtnis verdrängt. Stattdessen war ich voller Zukunftspläne: Nach dem Unteroffizierslehrgang wäre ich Zeitsoldat gewesen, mit meiner gut abgeschlossenen Berufsausbildung als Elektriker hätten mir vergleichsweise viele Türen offen gestanden. Das sah doch alles relativ rosig aus.

Wenn es da nicht ein großes »Aber« gegeben hätte. Dieses »Aber« existierte in Form eines Vorgesetzten. Mein neuer Spieß, der Hauptfeldwebel der Kompanie, machte mir das Leben so schwer wie möglich. Er urteilte – und das war keinesfalls nur meine Meinung – »nach Nase«. Und mein Riechorgan passte ihm eben nicht. Warum auch immer. Ich bin weder faul noch dumm noch ein Miesepeter, aber all das spielte in unserem Fall keine Rolle. Das Verhältnis zwischen meinem Spieß und mir war von Anfang an verkorkst. Dabei kann ich überhaupt nicht sagen, worin diese Abneigung – die durchaus beiderseitig war – eigentlich begründet lag. Aber das kennt wohl jeder: Mit manchen Menschen verträgt man sich eben, mit anderen wiederum nicht. Die »Chemie« stimmte einfach nicht zwischen uns. Dumm nur, dass *er* in diesem Fall am längeren Hebel saß.

Das führte zu dem für mich traurigen Ergebnis, dass ich als Einziger von fünfzehn Leuten den Unteroffizierslehrgang nicht bestand. Dieser Spieß sagte mir schon relativ früh knallhart ins Gesicht: »Unter mir werden Sie kein Unteroffizier. Und unter mir werden Sie auch kein Zeitsoldat.« Ab diesem Moment war mir klar: Hier würden mir dicke Steine in den Weg gelegt. Ich hätte Handstand oder Männchen machen können – bei diesem Vorgesetzten hatte ich keine Chance! Ständig suchte er etwas, um mich abkanzeln zu können. Mal passte ihm dies nicht, mal das nicht.

Besonders missfiel ihm anscheinend, dass ich mit den Kameraden, die mir anvertraut waren, sehr kollegial umging. Anstatt herumzubrüllen oder den schneidigen Max zu markieren, habe ich versucht, sie bei Entscheidungen mit einzubeziehen. Doch dies widersprach der Auffassung meines Vorgesetzten von Befehl und Gehorsam. So war es für ihn ein Leichtes, mir meine zurückhaltende und eher introvertierte Art als Führungsschwäche auszulegen. Ich bin nun mal niemand, der sich auf Kosten anderer in den Vordergrund drängt und den großen Auftritt liebt.

Als der Lehrgang beendet war und ich meine Beurteilung erhielt, stand in der Begründung für mein Durchfallen: »Dem Soldaten fehlt die Führungsautorität.« Damit wusste ich dann Bescheid. Oder auch nicht. Denn »Führungsautorität« kann man objektiv nicht überprüfen. Das kann alles oder nichts heißen. Damit kann man einen Choleriker genauso gut beschreiben wie einen Duckmäuser oder einen Sadisten. Das ist reine Interpretationssache. Wenn man aber so etwas in seiner Bewertung stehen hat, dann hat man keine Chance, dagegen vorzugehen und sich gegen den Bescheid zu wehren. Denn wer das überprüfen wollte, müsste sich ja eine Zeitlang in der Gruppe aufhalten, um nachvollziehen zu können, was eigentlich gemeint ist.

Und schließlich: Wer wird schon an der Beurteilung eines direkten Vorgesetzten zweifeln? Darauf lässt sich natürlich kein Höherrangiger ein. Ich hatte also den »Schwarzen Peter« gezogen. Und hinter meine Ansichten über die Vorteile einer klaren Struktur malte ich ein dickes Fragezeichen. Was mir über den Schock wenigstens ein bisschen hinweghalf, war die Rückendeckung meiner Kameraden. Keiner von ihnen konnte verstehen, warum ich den Lehrgang nicht bestanden hatte. Zwei trösteten mich, indem sie einräumten: »Wärst du nicht dabei gewesen, hätten *wir* den Lehrgang gar nicht geschafft.« Und auch die anderen Kameraden der Einheit, die ja alle erfahren hatten, wie das abgelaufen war, hatten Achtung vor mir. Sie wussten, was ich kann. Deswegen hatte ich auch als einfacher Soldat im Unteroffizierskorps einen guten Stand. Und so musste ich nicht lange überlegen: Ich beschloss, in Donaueschingen zu bleiben, denn nach dem abgebrochenen Lehrgang zurück in die alte Einheit nach Stetten zu gehen wäre schwieriger gewesen, da man dort über die Hintergründe meines Scheiterns nichts wissen konnte. Dort hätte ich lediglich als Verlierer dagestanden und mir ganz von vorne Respekt verschaffen müssen. Außerdem spielte ich nun vermehrt mit dem Gedanken, der Bundeswehr alsbald den Rücken zu kehren.

Doch wurden mir hier zumindest noch Respekt und Sympathie entgegengebracht. Also machte ich in meiner Einheit weiter, nicht ahnend, dass ich bald eine neue Chance bekommen sollte. Trotzdem hatte ich an dieser, aus meiner Sicht himmelschreienden Ungerechtigkeit ganz schön zu knabbern, denn als Unteroffizier hätte ich nicht nur mehr Verantwortung, sondern natürlich auch mehr verdient – gar keine Frage: je höher der Dienstgrad, desto höher der Sold. In diesem Punkt schien für mich das Ende der Fahnenstange also ebenfalls erreicht zu sein.

Aber mein Talent, selbst bitteren Niederlagen noch etwas Gutes abzugewinnen, kam mir auch jetzt wieder entgegen. Mit der Zeit fand ich mich mit diesem Scheitern ab, für das ich letztlich nichts konnte. Der Dienst machte ja trotzdem weiterhin Spaß, nur hatte ich keine Verantwortung zu tragen. So etwas hatte Vor- und Nachteile. Einerseits ist ein Job bequemer und stressfreier, wenn man nichts zu sagen und deswegen auch weniger Konflikte mit Vorgesetzten hat. Doch für jemanden wie mich, der eigentlich durchaus bereit wäre, Verantwortung zu tragen, wird es auf Dauer langweilig, nur Mitläufer zu sein. Trotzdem beschloss ich nun für mich persönlich, mich über die Vorteile zu freuen und die Nachteile möglichst zu verdrängen, was bedeutete, über weniger Freiheiten, Handlungsspielräume und Kompetenzen zu verfügen.

Ein anderer an meiner Stelle hätte vielleicht mittels Eingaben gegen sein Schicksal zu kämpfen versucht. Aber so ein Typ bin ich eben nicht. Lieber komme ich mit dem zurecht, was ich habe, als auf Konfrontation zu gehen. Aufzubegehren hätte mich zu viel Kraft gekostet, und letztlich glaube ich nicht, dass Aufwand und Ertrag in einem gesunden Verhältnis gestanden hätten. Nein, ich bin kein leidenschaftlicher Kämpfer für meine eigenen Interessen, schon gar nicht, wenn ich diesen Kampf für aussichtslos halte.

## Ende gut, alles gut

Jetzt war ich also in Donaueschingen nicht, wie erträumt, als Zeitsoldat, sondern lediglich als ein sogenannter »Längerdienender« stationiert. Ich war bereits mit Plänen für meine Zeit nach der Bundeswehr beschäftigt und dachte ernsthaft darüber nach, mich wieder auf dem freien Markt als Elektriker zu bewerben. Doch nun stellte sich das Glück auch einmal auf meine Seite. Kurz bevor meine 23 Monate beim Bund zu Ende gewesen wären, lief die Dienstzeit meines Vorgesetzten ab. Ich war meinen »Lieblings«-Spieß los – und sein Nachfolger hatte Gott sei Dank keinerlei Probleme mit mir. Ganz im Gegenteil: Kaum dass er seinen Dienst angetreten hatte, kam er von sich aus auf mich zu und hielt mir meinen Antrag auf Verlängerung, den er in der Schublade gefunden hatte, unter die Nase. Ob der denn noch aktuell sei? Freudestrahlend antwortete ich, dass dies selbstverständlich der Fall sei – und siehe da: Zwei Tage später war ich Zeitsoldat! Dass mein Antrag so schnell bewilligt wurde, war für mich der Beweis, dass ich es wirklich und ausschließlich der Antipathie des alten Spießes zu verdanken hatte, dass ich bis dato nicht Zeitsoldat werden konnte. Denn normalerweise dauert die Genehmigung eines solchen Antrages um einiges länger als nur zwei Tage. Ich fühlte mich vollends rehabilitiert – und da war es wieder, mein gutes Gefühl!

Nach den 23 Monaten als Längerdienender hängte ich nun also noch mal zwei Jahre dran und war jetzt »SAZ vier«, also Soldat auf Zeit für vier Jahre. Später sollte ich für den Einsatz in Afghanistan noch ein Jahr dranhängen, so dass ich dann insgesamt fünf Jahre bei der Bundeswehr war.

Meinem ehemaligen Vorgesetzten bin ich übrigens auch später immer wieder einmal über den Weg gelaufen. Während ich an diesem Buch arbeite, ist er meines Wissens Kompaniefeldwebel bei den Reservisten. Und nachdem ich ja dann doch noch mein Ziel erreicht hatte, habe ich ihm das bei einer Begegnung, durchaus nicht ohne Schadenfreude, unter die Nase gerieben: »Schau mal, jetzt bin ich doch noch Zeitsoldat geworden!«

Ich kann nicht gerade behaupten, dass sich daraufhin auf seinem Gesicht die reinste Freude widerspiegelte. Für mich war das schon ein kleiner Triumph. Als ich ihn einige Zeit später erneut traf, hatten wir eigentlich ein ganz zwangloses Gespräch miteinander. Vergeben – vergessen!

Heute denke ich mir: Irgendwie habe ich es ja auch seinem Verhalten zu verdanken, dass ich jetzt hier im Kloster bin. Denn wäre ich Unteroffizier geworden – wer weiß, wohin mich das Leben noch verschlagen hätte? Vermutlich eher nicht nach Beuron. Und so glaube ich heute: Das alles hatte durchaus seinen Sinn.

## Training für den Ernstfall

Viele ältere Leute können sich immer noch ganz genau erinnern, wo sie waren, als sie von der Ermordung Kennedys hörten. Andere an den Tag, als die Mauer fiel. Immer wieder spielen sich Ereignisse ab, an die man sich auch Jahre später noch genau erinnert. Man weiß immer noch, wo man sich gerade befand, als die Sache passierte, oder was man gerade gemacht hat, als man davon erfuhr. Was in jüngerer Zeit wohl die Welt am meisten bewegt hat, waren die Ereignisse vom 11. September 2001, dem Tag der Flugzeugattentate auf das World Trade Center in New York.

Diese Katastrophe hatte auch für viele deutsche Soldaten ganz unmittelbare Auswirkungen. Ich selbst war just an diesem 11. September auf einer Übung im oberbayerischen Mittenwald, in der dortigen Gebirgskampfschule. Es war, wie sich die meisten sicher erinnern werden, ein wunderbarer, klarer und sonniger Herbsttag. Meine Kameraden und ich hatten das Glück, an diesem Tag eine Bergwanderung zu unternehmen. Als wir am späten Nachmittag erschöpft, aber zufrieden von dieser Tour zurückkamen, hieß es: »Das World Trade Center steht nicht mehr.« Wir hielten das – wie wohl viele andere Menschen auch – für einen schlechten Scherz. Doch als wir dann die Bilder im Fernsehen sahen, wurden wir leider eines Besseren belehrt. In der Folge dieser Wahnsinnstat änderten sich auch unsere Dienstpläne. Denn jetzt mussten wir anstelle der Amerikaner, die in Deutschland ihre Stützpunkte hatten, für die Alliierten Wache schieben. Wir dienten ihnen sozusagen als Aushilfe. Wir wurden an deren Stützpunkte gerufen, damit sie selbst zusätzliches Personal hatten, um in den Nahen Osten zu fliegen.

Soldat zu sein, das hat viel mit Routine zu tun, aber zum Glück nicht nur. Zwischendurch gab es auch immer wieder richtige Highlights. Dazu gehörten etwa Übungen, die außerhalb der Kaserne in Donaueschingen stattfanden. Meine Einheit, die zweite Kompanie des Jägerbataillons 292, war ein Teil der deutsch-französischen Brigade, die auf Initiative der damaligen Regierungschefs Kohl und Mitterrand 1990 in Dienst gestellt worden war. Diese etwa 5000 Mann starke binationale Infanteriebrigade aus französischen und deutschen Soldaten ist an mehreren Orten in Baden-Württemberg stationiert, vor allem in Donaueschingen. Sie ist Teil des Eurokorps, dessen Verbände als schnelle Eingreiftruppe eingesetzt werden können. Das Motto dieser Brigade lautet: »Dem Besten verpflichtet.« Seit sie besteht, hat sich die Brigade schon an vielen Krisenherden dieser Erde bewährt – vor allem im Balkan und in Afghanistan. Doch auch beim Elbehochwasser im Jahr 2002 wurde sie zur Katastrophenabwehr eingesetzt.

Nun war ich also Mitglied dieses aufregenden Vereins. Um für die Aufgaben gewappnet zu sein, für die diese Brigade vorgesehen ist, sind entsprechende Lehrgänge und Übungen erforderlich. Eines Tages bekam auch ich die Möglichkeit, an einer solchen Übung teilzunehmen. Der Lehrgang im Herbst 2001 wurde von der französischen Legion geleitet. Die Franzosen halten diese Übungen an vier verschiedenen Orten ab: in Französisch-Guayana, in

Algerien, in den französischen Alpen und im kleinen Städtchen Givet an der französisch-belgischen Grenze. Diese Stadt in den Ardennen, an der Maas gelegen, war unser Einsatzort. Vom Hörensagen wusste ich natürlich, dass es sich bei der dreiwöchigen Veranstaltung nicht um ein Mädchenballett handelt, sondern dass es dabei schon gehörig zur Sache geht. Diese Lehrgänge unter französischer Führung sind allerdings eine freiwillige Angelegenheit, und wer sich dafür bewirbt, der weiß, worauf er sich einlässt. Mit Samthandschuhen wird man bei der Legion nicht angefasst, aber weil man aus freien Stücken dabei ist, ist man auch motiviert, und es macht einem nichts aus, wenn es hin und wieder etwas ruppiger zugeht.

Im Laufe der Jahrmillionen hat die Maas ein tiefes Tal voller Schleifen und Windungen in das Ardennenmassiv gegraben. Die Städte und Dörfer an diesem Fluss sind alle reich an Geschichte, da die Maas lange Zeit als wichtiger Handelsweg zwischen Burgund und Flandern diente. Oft war die Region Ort kriegerischer Auseinandersetzungen, nicht zuletzt in den beiden Weltkriegen.

Unsere Aufgabe war es nun, in Givet den Orts- und Häuserkampf zu üben. Ich wusste: Als Zeitsoldat bestand für mich die große Wahrscheinlichkeit, auch einmal zu einem Auslandseinsatz abkommandiert zu werden, und für einen solchen Fall war eine derartige Übung eine ausgezeichnete Vorbereitung. Je realistischer die Bedingungen waren, unter denen dieses Training ablief, desto größer war die Chance, dass meine Kameraden und ich im Ernstfall bestehen konnten.

Wir wurden also nach französischen Maßstäben ausgebildet. Dabei wird man als Soldat, der nach deutschen Richtlinien trainiert wird, mitunter schon ein wenig unsicher. Zuweilen fanden wir uns nämlich in Situationen wieder, bei denen so mancher Bundeswehr-Ausbilder vermutlich die Hände über dem Kopf zusammengeschlagen hätte. Kurz und gut: Bei den Franzosen wird nicht lange herumdiskutiert, ob hier wirklich alles nach Vorschrift und nach den Regeln abläuft, die auf dem Papier stehen – bei unseren westlichen Nachbarn wird schlicht und einfach nach den jeweiligen Gegebenheiten gehandelt, egal was in den Paragraphen steht. Im Ernstfall hat auch niemand sein Gesetzbuch im Rucksack.

Die erste Woche in Givet ließ sich noch einigermaßen locker an; sie diente der Vorbereitung auf das, was noch kommen sollte. Wir bekamen theoretische Grundlagen erläutert, etwa, wie man mit Sprengstoff umgeht, wie die französische Angriffsstrategie funktioniert und ähnliche Dinge mehr. In der zweiten Woche begannen die praktischen Übungen. Hoch über dem Städtchen thront auf einem schwindelerregenden Plateau die Ruine der Festung Charlemont, die sich hervorragend als Angriffsziel eignet, was sie in früheren Jahrhunderten auch tatsächlich oft genug gewesen ist. Von unten wirken die wie an die Felswand gekleisterten Häuschen klein wie Streichholzschachteln. Eine unserer Aufgaben bestand nun darin, mit einem Seil den Burggraben zu überqueren; trotz guter Sicherung ist das nichts für schwache Nerven. Auch die Maas, die kurz nach Givet die französisch-belgische Grenze wechselt und im Übrigen eine wichtige Schifffahrtsstraße darstellt, mussten wir am Seil überwinden.

Wer den Film »Full Metal Jacket« kennt, bekommt in etwa eine Ahnung davon, was während dieser drei Wochen so alles ablief. Da wurde einem das »richtige Leben« durchaus etwas nähergebracht. Einmal pferchte man uns in einem Raum so eng zusammen, dass wir mit Mühe Platz fanden, um dicht an dicht zu stehen. Sitzen oder gar liegen – daran war gar nicht zu denken! Und mal eben austreten gehen war auch nicht möglich. Wir waren schlicht und einfach zwei Stunden lang Übungsgefangene unter realistischen Bedingungen. Und da musste man sehen, wie man damit zurechtkam, wenn man Körperkontakt hatte, gegen den ein vollgestopfter Fahrstuhl oder eine dichtbesetzte U-Bahn nichts sind. Da musste man durch, aber das weiß man ja vorher. Das Ganze fand im Herbst statt, etwa im Oktober oder November, da war es bereits einigermaßen kühl. Richtig misshandelt wird bei einer solchen Übung natürlich niemand, und man achtet selbstverständlich auf die Gesundheit der Soldaten, aber ich wage zu behaupten: Der ganze Spaß lief schon ein wenig härter ab als die klassische deutsche Ausbildung.

Sprachlich war die ganze Veranstaltung das reinste Kauderwelsch, Slapstick pur. Bei einer der Übungen fand sich kein einziger Soldat, der sowohl Deutsch als auch Französisch sprach. Zum Glück hatten die Franzosen wenigstens einen Ausbilder, der Russisch und Französisch konnte. Und in unserer Truppe wiederum gab es einen Deutschrussen, der sich mit diesem Ausbilder zu verständigen wusste und für uns dann den Dolmetscher spielte – so kam man dann über die Runden. Man muss sich nur zu helfen wissen.

Aber normalerweise arbeitet man während einer solchen Übung ohnehin eher mit Handzeichen als mit mündlichen Befehlen, das ist internationale Gepflogenheit. Je stressiger es wird, desto besser geht es mit Zeichen statt mit Worten, die sind eindeutig, gerade wenn es so richtig laut zugeht. Zum Beispiel, wenn der Lärm von Panzermotoren oder das Geknatter der Gewehre alles andere übertönt. Da kommt man mit gerufenen Befehlen nicht weit, zumal bei Übungen dieser Art immer häufiger Soldaten unterschiedlichster Nationalitäten mit von der Partie sind. Bis man da versucht hat, etwas zu übersetzen, ist man im Ernstfall schon tot. Zumal man sich beim Häuserkampf dem Feind gegenüber ohnehin nicht durch allzu viel Lärm zu erkennen geben sollte. Geplapper wäre hier der pure Selbstmord.

Selbstverständlich schießt man bei einem derartigen Lehrgang nicht scharf, sondern nur mit Übungsmunition. Doch auch hier musste ich lernen, dass es Unterschiede zwischen uns und unseren westlichen Nachbarn gibt: Die Franzosen haben nämlich Übungshandgranaten, die machen nicht nur »Bumm!« wie die deutschen. Die sind mit Kalk gefüllt, der sich so verteilt, wie sich auch Splitter einer echten Granate verteilen würden. Das zeigt dann auf die Beteiligten schon deutlichere Wirkung als die harmlosen Silvesterkracher, die sich in den deutschen Übungsgranaten befinden. Wer nämlich vom weißen Kalk dieser Übungsmunition berieselt wurde, der kann nur allzu gut ahnen, was ihm im Ernstfall passiert wäre …

Bei einer Standardübung zu Hause hat man, sobald man sich ein wenig mit den Gepflogenheiten der Bundeswehr auskennt, das Gefühl, es handele sich um ein besseres Sandkastenspiel für Erwachsene. Wenn es hingegen an eine Einsatzausbildung wie in Givet geht, merkt man auch als erfahrener Soldat schnell, dass es hier wesentlich ernster und disziplinierter zur Sache geht. Da ist die Einstellung aller Beteiligten ganz anders, viel engagierter und konzentrierter. Da ist dann wirklich »Schluss mit lustig«.

Bei normalen Bundeswehrübungen hat man auch durchaus einmal einen Flachmann dabei, gelegentlich brennt auch einmal ein Lagerfeuer. Doch im Ernstfall ist das der größte Fehler, den ein Soldat überhaupt machen kann, nämlich Feuer zu zeigen! Wer schon mal gesehen hat, wie weit eine einzige glimmende Zigarette im Dunkeln leuchtet, dem ist klar, dass ein Soldat, der sich im Krieg bei

Nacht einen Glimmstengel anzündet, bereits so gut wie tot ist – er ist nämlich ein gefundenes Fressen für jeden Scharfschützen.

In diesen Großübungen geht es letztlich auch darum, die eigene Angst kennenzulernen und abzubauen. Das größte Risiko in Kriegs- oder auch anderen Gefahrensituationen ist Angst. Angst blockiert. Angst bringt uns, im Wortsinn, um den Verstand. Das gilt nicht nur für Soldaten, sondern fürs ganze Leben – etwa auch im Straßenverkehr, in Auseinandersetzungen mit Vorgesetzten oder Kollegen, in Konfrontationen mit dem Partner oder Nachbarn, wenn man zum Arzt oder ins Krankenhaus muss. Ich denke, das gilt für jeden Menschen und jede kritische Situation. Angst ist, so finde ich, das Lähmendste, was es gibt.

Angst abzubauen funktioniert bei solchen Übungen, indem man mit allen möglichen riskanten Situationen vertraut gemacht wird, die einen als Soldaten erwarten können. Banal gesagt: Angst kann man reduzieren, indem man Routine bekommt. Deswegen werden in solchen Manövern verschiedenste Szenarien geübt und gefährliche Ereignisse nachgeahmt, die sich schon einmal irgendwo anders in der Realität abgespielt haben.

Einmal endete ich bei einem derartigen Szenario als Geisel. Und obwohl ich dabei im Hinterkopf hatte, dass es nur eine Übung war, wurde mir doch ganz schön unbehaglich, als da plötzlich drei Mann mit wild entschlossenen Gesichtern als feindliches Verhörkommando vor mir saßen. Als dann noch zusätzlich hinter mir jemand stand, der lautstark sein Gewehr durchlud, spürte ich zunehmend ein flaues Gefühl im Magen. Nicht einmal der Umstand konnte mich nunmehr beruhigen, dass ich eigentlich wusste: Dieser Typ hinter mir hatte keine Munition in seiner Waffe. Das Unbehagen bleibt, da kann mir keiner erzählen, ein solches

»Spiel« würde ihn gleichgültig lassen. Manchmal hat der Verstand gegen das Gefühl eben keine Chance.

Um im Ernstfall zu überleben, muss man also lernen, dass man nichts Dummes anstellt. Man muss beispielsweise lernen, sich in den Gegner hineinzuversetzen. Für einen normalen Wehrpflichtigen, der ja nur ein Jahr abzuleisten hat, spielt das keine allzu große Rolle; der wird, so hoffe ich für ihn, kaum im Leben in eine derartige Situation kommen. Denn nur als Zeit- oder Berufssoldat kann man in einen ernsthaften Auslandseinsatz geschickt werden. Ein solcher Einsatz dauert dann alles in allem ungefähr anderthalb Jahre: zunächst rund ein halbes Jahr Vorbereitung, ein halbes Jahr der Einsatz selbst und etwa ein halbes Jahr Nachbereitung mit psychologischer Betreuung. Es liegt auf der Hand, dass diese Ausbildung inklusive Einsatz und Betreuung eine Menge Geld verschlingt. Nicht zuletzt aus finanzieller Sicht ist es daher vorgesehen, dass ein Zeit- oder Berufssoldat während seines Bundeswehrdienstes mindestens an zwei Auslandseinsätzen teilnimmt. Meine beiden warteten schon auf mich.

# Mein erster Auslandseinsatz

## Von der Rhön nach Mazedonien

Elvis Presley verbrachte hier einige Wochen seines Militärdienstes, ansonsten gibt es über Wildflecken, eine etwa 3500 Einwohner zählende Gemeinde in der südlichen Rhön, eigentlich nicht viel Bedeutendes zu sagen. In diesem unterfränkischen Marktflecken, direkt am Naturschutzgebiet »Schwarze Berge« und an der Grenze zu Hessen gelegen, probten wir den Ernstfall. Das weiträumige, hügelige Gelände, das nach dem Krieg ein amerikanisches Kriegsgefangenenlager und später ein Truppenübungsplatz war, ähnelt der Gegend, die mich und meine Kameraden in Kürze erwartete. Die Zeit von Oktober 2002 bis März 2003 würde ich nämlich auf Bundeswehreinsatz in Mazedonien verbringen, so hatte man mir mitgeteilt.

Dass ich als Soldat im Ausland zum Einsatz kommen würde und auch wollte, stand für mich nie in Zweifel. Denn in dem Moment, in dem man sich als Zeitsoldat verpflichtet, willigt man automatisch in die Möglichkeit eines solchen Einsatzes ein. Offen bleibt immer nur die Frage nach dem »Wann« und nach dem »Wo«. Ich wusste: Bereits ab 1996 hatte unsere Brigade, der auch mein Jägerbataillon 292 angeschlossen ist, Kräfte für den IFOR-Einsatz in Kroatien und ab 1997 für den SFOR-Einsatz in Bosnien abgestellt. IFOR und SFOR sind Abkürzungen für die unter NATO-Kommando stehenden multilateralen Friedenstruppen für Bosnien und Herzegowina, die bis Ende 2004 im Einsatz waren. Was lag für mich also näher als ebenfalls ein Einsatzziel auf dem Balkan? Und das hieß nun also Mazedonien. Ein Land, in das ich ansonsten vermutlich nie im Leben gekommen wäre.

Die Standardeinsatzzeit für einen solchen Auslandsaufenthalt beträgt ein halbes Jahr. Währenddessen gibt es keinen Heimaturlaub. Den bekommt man erst, wenn man länger als ein halbes Jahr im Ausland ist. Dafür ist ein solcher Einsatz finanziell äußerst lukrativ. Wer sich da mit den Ausgaben beschränkt, hat einiges auf dem Konto, wenn er zurückkommt. Ich als Nichtraucher und Wenigtrinker hatte es besonders gut getroffen. Während meines Mazedonien-Einsatzes konnte ich eine runde fünfstellige Summe zurücklegen. Davon habe ich mir dann ein Auto geleistet und für meinen Vater einen modernen Rasenmäher für das Grundstück unseres Bauernhofes angeschafft. Das war wirklich eine feine Sache.

Die theoretische und praktische Vorbereitung auf meinen Balkantrip hatte ich bald hinter mich gebracht. Doch ehe es ernst wurde, machte ich noch einmal Urlaub. Und der führte mich im September 2002 in die USA, nach Florida. Diesen Urlaub werde ich aus den unterschiedlichsten Gründen nie vergessen. Wie ich ja bereits erzählte, bin ich ein großer Science-Fiction-Fan. Was kann es daher Schöneres für mich geben, als auf einem Weltraumbahnhof einem original Space Shuttle, der Raumfähre Columbia, gegenüberzustehen?

Und so fing alles an: Wann immer ich bisher eine Ferienreise unternahm, war ich ganz allein auf Achse. Das ist einfach *meine* Art zu reisen – bis heute. Auch in den USA war ich ohne Begleitung, mit Motorrad und Zelt, unterwegs, frei nach dem Motto: Wo es mir gefällt, dort bleibe ich. Vorsorglich hatte ich meinen Militärausweis dabei, denn ich hatte von einer Vorschrift gelesen, wonach NATO-

Staaten verpflichtet sind, verbündeten Militärangehörigen, die sich ausweisen können, militärische Unterkunft zu gewähren. In Florida angekommen, dachte ich mir: Diese Bestimmung prüfst du jetzt einmal nach.

Ich fuhr also mit meiner Maschine zu einem Stützpunkt und meldete mich beim Eingangsposten. Zunächst geriet ich an einen einfachen Soldaten, der von dieser Regelung nichts wusste. Immerhin war er sehr freundlich, ließ mich ein Weilchen warten und kehrte schließlich mit einem Offizier zurück, der diese Regelung tatsächlich kannte. Der empfing mich geradezu herzlich. Ich bekam eine noble Unterkunft mit Einzelzimmer und Frühstück und wurde zu guter Letzt von diesem Offizier sogar noch zum Abendessen eingeladen.

So kamen wir ein wenig ins Gespräch. Er fragte mich nach meinen Plänen, woraufhin ich meine Absicht erwähnte, mir in den nächsten Tagen den Weltraumbahnhof Cape Canaveral anzuschauen. Ich staunte nicht schlecht, als er mich am nächsten Morgen in sein Büro bat und mir einen Brief in die Hand drückte. Breit lächelnd erklärte er mir, mit diesem Brief solle ich mich in Cape Canaveral beim Empfang melden.

Am Weltraumbahnhof kam ich aus dem Staunen nicht heraus: Man wusste dort offensichtlich schon Bescheid über den Gast aus Übersee. Ein Soldat, der mich empfing, sagte mir: »Ah, Sie sind der nette Soldat aus Deutschland, den man uns telefonisch bereits angekündigt hat!« Unglaublich!

Ich wurde einmal mehr sehr freundlich empfangen. So musste ich nur die Hälfte des regulären Eintritts bezahlen und bekam sogar ein VIP-Ticket. Mit dem hatte ich schließlich Zugang in die Montagehalle. Und dort wäre ich vor Begeisterung beinahe in die Knie gegangen. Denn ich stand vor dem Space Shuttle »Columbia«. Ja, ich habe es sogar berührt. Als Zivilbürger hätte ich es niemals geschafft, diese Halle zu betreten!

Wer hätte gedacht, dass die »Columbia«, die ja bereits seit dem Jahr 1981 mehrere erfolgreiche Weltraumflüge absolviert hatte, nicht einmal ein halbes Jahr später einer Katastrophe zum Opfer fallen würde: Am 1. Februar 2003 brach sie bei ihrer 28. Mission in 60 Kilometern Höhe über Texas auseinander. Alle sieben Astronauten an Bord kamen ums Leben. Und ich hatte noch kurz zuvor dieses Teil berührt. Als ich die Nachrichten von dem Unglück hörte, standen mir Tränen in den Augen.

Aber ich bin ja nicht nur ein großer Science-Fiction-Fan, sondern habe auch ein Faible für Autorennen. Und da ich schon einmal in Florida war, habe ich mir auch noch in Daytona die NASCAR-Rennstrecke angeschaut, wo die wohl berühmtesten Serienwagen-Rennen der Welt stattfinden. Leider gab es während jener Zeit keine Rennen, sondern nur einige Trainingsläufe. Dennoch bleibt mir der Eindruck dieser PS-Ungetüme, ihrer aufheulenden Motoren und der einzigartigen Atmosphäre unvergessen. Schließlich habe ich auch noch das nahe gelegene Disneyland in Florida besucht – das Walt Disney World Resort in Orlando, den größten Vergnügungspark der Welt. Und nach dem Motto »wennschon, dennschon« habe ich mir auch noch die Everglades angesehen und dabei unter anderem einen jungen Alligator auf den Arm genommen, der übrigens eher harmlos war. Schließlich hatte ich Mazedonien vor mir. Noch hatte ich keine Ahnung, wie gefährlich dieser Trip werden würde.

## Einsatzort Tetovo

Im Oktober 2002 war es dann so weit. Mit einer Maschine der Luftwaffenflugbereitschaft flogen wir von Stuttgart nach Skopje, der mazedonischen Hauptstadt. Unser Airbus war voll besetzt. Wir wurden nahe der griechischen Grenze stationiert, in Tetovo, etwa 40 Kilometer westlich von Skopje entfernt. Die Stadt zählt knapp 90 000 Einwohner, davon sind etwa 70 Prozent Albaner und der Rest hauptsächlich Mazedonier. Die bedeutendste Sehenswürdigkeit Tetovos ist die sogenannte »Bunte Moschee« aus dem Jahr 1495. Sie erinnert an die damalige osmanische Herrschaft.

Ganz ehrlich: Ich hatte im Vorfeld selbst keine persönlichen Erwartungen an den Einsatz außer derjenigen, wieder lebend heimzukommen. Jeder Bundeswehrsoldat, der in einen militärischen Auslandseinsatz geht, muss übrigens sein Testament schreiben, denn die Möglichkeit, eben *nicht* heil zurückzukommen, ist nun einmal konkret vorhanden. Wer hat nicht die Schlagzeilen der letzten Monate vor Augen?

Zum Glück war uns im Rahmen der militärischen Vorbereitungen auch einiges über die Geschichte des Landes vermittelt worden. Es ist nicht so, dass man als deutscher Soldat irgendwohin geschickt wird, ohne etwas über die Hintergründe seines Einsatzes zu erfahren. Meine Einweisungszeit hatte alles in allem sogar fast so lange gedauert wie der anschließende Einsatz selbst, nämlich beinahe ein halbes Jahr. Und durch die gründliche Information hatte ich einen Einblick in die Situation der Bevölkerung gewonnen.

So hatten meine Kameraden und ich gelernt, dass Mazedonien nach dem Zusammenbruch Jugoslawiens 1991 selbständig und zwei Jahre später in die UNO aufgenommen worden war. Im Jahr 2000 hatte der junge Staat eine schwere Bewährungsprobe zu bestehen, weil sich die große, mehrheitlich im Westen des Landes lebende albanische Minderheit abspalten wollte. Ein Bürgerkrieg konnte nur mit Mühe und dank starker ausländischer Truppenpräsenz verhindert werden; dennoch gab es in den Monaten vor unserer Ankunft immer noch kriegerische Handlungen zuhauf. Als wir ins Land kamen, war die Stimmung zwar noch gespannt, aber insgesamt friedlich. Trotzdem: Für jemand wie mich, der bis dahin ausschließlich Wohlstand und Frieden gewohnt war, präsentierte sich das Einsatzgebiet als eine völlig andere, keineswegs heile Welt. Viele Gebäude waren zerstört oder schwer beschädigt, in zahlreichen anderen klafften Einschusslöcher. Auch die allgegenwärtige Gefahr von Minen sorgte dafür, dass ich mich im Land ganz anders, nämlich viel vorsichtiger bewegen musste als etwa zu Hause in einer deutschen Fußgängerzone.

Die Aufgabe meiner »Task Force Fox« (TFF) im Rahmen dieses Einsatzes war es, zur weiteren Stabilisierung der politischen Lage im Land beizutragen. Ich diente zu jener Zeit als Hauptgefreiter in meiner Jägereinheit und war dem Objektschutz zugeteilt. Das hatte, wie sich zeigen sollte, den Vorteil, dass ich als Patrouillengänger unterwegs war, auf diese Weise Land und Leute kennenlernte und im Rahmen des Möglichen einen doch einigermaßen abwechslungsreichen Job hatte.

In unserer Region herrschten also, als wir ankamen, friedliche Zustände. Zumindest nach außen hin. Was man allerdings hie und da zu sehen bekam, waren die schlimmen Schäden, die der Aufstand an den Gebäuden hinterlassen hatte. Einmal sind wir durch ein Dorf mit einer völlig zerstörten Moschee gefahren. In der christlichen Kirche, die in unmittelbarer Nähe stand, war hingegen kein einziges Einschussloch zu sehen. Das kann natürlich andernorts ganz anders ausgesehen haben, denn in der Gegend, in der ich stationiert war, also im westlichen Landesteil, bildete die christlich-orthodoxe Bevölkerung die Mehrheit.

Allgegenwärtig war die Minengefahr. Wir besaßen zwar Minenkarten und wussten in etwa, wo die gefährlichen Teile lagen – nämlich meist abseits der normalen Wege, auf denen wir unterwegs waren. Auf befestigten Wegen gab es zu 99 Prozent keine Minen. Es sei denn, dass sie durch einen Erdrutsch bewegt oder durch Terroristen gelegt worden waren. Das Gleiche galt übrigens später auch für Afghanistan. Auch hier waren die offiziellen Wege weitgehend minenfrei.

Übrigens, was die Terroristen angeht: Wichtig war es, keine immer wiederkehrende feste Route zu benutzen, wenn man auf Patrouille ging oder fuhr. Wer möchte schon Extremisten Anhaltspunkte geben, wann und wo sie einen finden können? Trotz oder gerade wegen aller Vorsichtsmaßnahmen hatte ich kein einziges Mal das Gefühl, dass es irgendwie mulmig für mich werden könnte. Je länger ich dort unten war, desto geringer wurde die Anspannung. Solch eine Beruhigung birgt natürlich auch ein Risiko in sich. Routine kann bei einem derartigen Einsatz tödlich sein: Da passt man einmal nicht richtig auf – und schon passiert etwas.

Ich habe einen alten Zeitungsartikel aufgehoben, der das herausstellt, womit sich auch meine persönlichen Erfahrungen decken. Darin steht unter anderem Folgendes: »Die Soldaten halten sich in der dritten Reihe auf: Vorne stehen die zivilen Beobachter und die mazedonischen Sicherheitskräfte. NATO-Sprecher Peter Altmannsperger: ›Die Task Force Fox ist nicht im Gelände präsent, die ist nicht zu sehen. Die wird in der Hinterhand gehalten, und die kommt zum Einsatz erst für den Fall der Fälle.‹ Eine kaum sichtbare Mission also, anders als die im Kosovo, wo mit Streifen und Kontrollen Präsenz gezeigt wird. Hier in Mazedonien geht es um Erkundungen, um Beobachtung. Die 700 Soldaten der Task Force Fox sind ein Anker für die Sicherheit der zivilen Beobachter und die Stabilität im Land.«

Als »Anker für die Sicherheit« wurden die deutschen Soldaten also aufgefasst. Das klang nicht schlecht! Nun, fest verankert habe ich mich im Prinzip auch gefühlt. Unser Einsatz lief routinemäßig ab. Das lag sicher auch an der guten Vorbereitung, die uns zuteil geworden war. Da baute einfach alles aufeinander auf. Das begann schon damit, dass ich die meisten Leute, die dabei waren, bereits eine ganze Weile kannte. Im Normalfall bleibt bei solch einem Einsatz nämlich der Haufen beieinander, der sich aus der Heimateinheit kennt. Nur manchmal kommen noch Leute dazu, die man aus fachlichen Gründen zusätzlich benötigt. Diese Spezialisten waren aber auch schon bei der Einsatzvorbereitung in Wildflecken mit dabei gewesen, man war also miteinander vertraut. Wir waren, so möchte ich behaupten, inhaltlich und psychologisch gut vorbereitet.

Wie gestalteten sich nun meine persönlichen Erfahrungen mit diesem sich langsam, aber sicher dem Frieden nähernden Land? Mazedonien, so wie ich es erlebte, präsentierte sich in landschaftlicher Hinsicht ähnlich wie meine Heimat. Ich war angetan von den vielen grünen Wiesen und Wäldern. Das gebirgige Terrain schließt nördlich an Griechenland an, und die beiden Länder streiten seit langem darüber, was denn nun das wahre Mazedonien ist. Sowohl die Flagge der jungen Republik als auch der heutige Name des Flugplatzes von Skopje, der nach Alexander dem Großen benannt ist, wird von den Griechen nach wie vor als Provokation aufgefasst. Das ist alles noch längst nicht ausgestanden.

Wie auch immer: Ich fühlte mich in dieser Ecke durchaus noch daheim und nicht ganz so fremd wie dann später in Afghanistan. Die Mentalität der Bevölkerung ist eben europäisch und nicht orientalisch wie bei meinem zweiten Einsatz. Überrascht war ich darüber, wie gut der Wiederaufbau in Mazedonien vorankam. Bei so manchem der teilweise neu aufgebauten Häuser dachte ich mir: Hier lässt es sich leben, so modern sieht das aus! Und die Hauptverbindungsautobahn zwischen Tetovo und Skopje war modern ausgebaut und sehr gut beschildert.

Freilich war diese Straße eher eine Ausnahme. Im Großen und Ganzen finden sich, gerade auf dem Land, wesentlich mehr Schotterwege als asphaltierte Straßen. Aber das ist in den meisten anderen ost- und südeuropäischen Ländern nicht viel anders. Ich bin auch in Gegenden gekommen, in denen man spürte, dass das Geld an allen Ecken und Enden fehlt. Dort waren die kriegsbedingten Zerstörungen noch mehr als deutlich zu sehen.

Unsere Aufgabe bestand also schlicht und einfach darin, dezente Präsenz zu zeigen, da zu sein, sich mit den Leuten zu unterhalten, den Wiederaufbau des Landes zu überwachen und ein bisschen zu schnuppern, wie denn so die allgemeine Stimmung ist. Schnell merkten wir: Sobald wir irgendwohin kamen, herrschte Ruhe. Doch kaum, dass wir ihnen den Rücken zudrehten, begannen die Leute wieder miteinander zu streiten. Eine gewisse Spannung lag immer in der Luft. Daran zeigte sich, wie notwendig es ist, dass da jemand aufpasst, weil die ethnischen Gruppen sich keineswegs völlig miteinander ausgesöhnt haben.

Im Prinzip muss man als Soldat versuchen, sich so gut wie möglich aus den Problemen der Menschen herauszuhalten. Es war unser Auftrag, wirklich nur dann einzugreifen, wenn vor unseren Augen etwas passierte (was ich zum Glück nie erleben musste). Wer bei einem Einsatz wie dem unseren nicht neutral bleibt, gerät schnell zwischen die Fronten. Richtig Stellung beziehen geht nicht, da verliert man die Sympathien entweder der einen oder der anderen Seite. Und wenn es ganz dumm läuft, verbrüdern sich dann beide Seiten gegen einen. Es ist nicht unser Job gewesen, hier für Lösungen zu sorgen und uns zu überlegen, wie man es in Mazedonien anders oder besser machen könnte. Das ist Aufgabe der Politik.

## Alltag auf dem Balkan

Ein großer Vorteil für uns war, dass neunzig Prozent der mazedonischen Bevölkerung deutsch sprechen. Man kann sich also überall gut verständigen. Auf dem Balkan haben die Deutschen – nach meinen Erfahrungen – einen durch ihre Geschichte begründeten sehr guten Ruf. Wenn man auf Patrouille geht, bekommt man natürlich Kontakt zur Bevölkerung. Uns war selbstverständlich daran gelegen, Informationen zu sammeln, um die politische Situation und Stimmung bei den Menschen einschätzen zu können. So etwas läuft nur über Gespräche, egal, ob man sich übers Wetter unterhält oder ob man in ein Geschäft geht und etwas einkauft. Für solche Fälle hatten wir sogar ein extra Spesen-Budget.

Als ich einmal in einen Laden kam, passierte es, dass mich ein alter Mann mit weißem Haar stolz mit Hitlergruß empfing. Das war mir natürlich peinlich. Dem musste ich dann diplomatisch, aber bestimmt erklären, dass es zwar nett sei, dass er mich freundlich begrüßen würde, aber dass er den erhobenen Arm doch bitte schnell wieder senken solle. Für diesen alten Mann war das »Dritte Reich« immer noch irgendwie lebendig und positiv besetzt. In solch einem Fall ist Fingerspitzengefühl angesagt. Da macht der Ton die Musik. Hier den erhobenen Zeigefinger auszupacken oder weitschweifig Geschichtsunterricht zu betreiben – ich weiß nicht, ob das viel gebracht hätte.

Wenn kleine Kinder fremde, freundliche Soldaten sehen, ist die Begeisterung oft sehr groß. Man denke nur an die amerikanischen GIs in Deutschland nach dem Krieg. Die müssen sich ähnlich gefühlt haben wie wir uns in Mazedonien. Die Kinder wissen genau: Leute wie wir haben Schokolade, Bonbons, Kugelschreiber oder sonst irgendwelche kleinen Mitbringsel dabei. Darauf sind die natürlich aus, wenn sie einen Konvoi sehen. Da mussten wir dann stets höllisch aufpassen, dass wir nicht gleich die ganze Meute am Hals hatten, wenn wir mal einem Einzelnen etwas gaben. Auch hier war es nicht ganz einfach, sich richtig zu verhalten. Das löste man am besten, indem man mal etwas verschenkte, aber eben nicht zu viel. Einem Kind eine ganze Tafel Schokolade zu lassen wäre garantiert ein Fehler gewesen. Es hätte sich damit davongemacht, und die anderen hätten das Nachsehen gehabt. Gar nichts zu geben, das hätte hingegen schnell zu einer aggressiven Stimmung führen können, und da weiß man nie, wie so etwas eskaliert. Also teilten wir einzelne Schokoladenrippchen unter den Kindern auf – und dann mussten wir schauen, dass wir das Weite suchten, ehe zu viele von diesen kleinen, sympathischen Plagegeistern auf uns einstürmten. Einmal mehr galt also: Für einen Soldaten im Auslandseinsatz ist Diplomatie alles.

Im Lager war an alles gedacht, und wir hatten einige Möglichkeiten, auch einmal günstig einzukaufen. Die Unterbringung war allerdings recht spartanisch. Während der ersten zwei Wochen wohnte ich im Zelt, sowohl in Mazedonien als auch in Afghanistan. Denn schließlich mussten die Vorgänger erst einmal raus aus den alten Quartieren. Im Zelt gab es Doppelstockbetten, ein Bett stand am anderen, dicht an dicht, wie in einem Schülerschlafsaal oder in einer Berghütte. Das ließ sich aber insofern aushalten, als wir wussten: Das Ganze war zeitlich begrenzt.

Obwohl ich durch meine Kindheit und Jugend auf dem Bauernhof immer gewohnt war, viel Platz zu haben, macht mir räumliche Beengtheit eigentlich wenig aus. Deswegen hatte ich auch bei unserem Einsatz keine Probleme, wenn es etwas eng zuging. Wenn ich allerdings – zum Beispiel im Urlaub – allein unterwegs bin, achte ich immer darauf, dass es nicht zu turbulent wird. Ich mag keinen lauten Trubel. Größere Städte sind daher ganz und gar nicht mein Fall.

Nun war auch unsere feste Unterkunft nicht gerade ein Fünfsternehotel. Man brachte uns nämlich in einem alten Munitionsbunker unter, der halbrund in einen Berg hineingehauen war – letztlich war das nicht viel mehr als eine große Höhle. Um wenigstens einen Hauch Intimsphäre wahren zu können, hatte man mit Hilfe von Gipskartonwänden kleine Zimmerchen geschaffen, etwa in einer Größe von 2,50 Meter im Quadrat. Darin standen nun unsere Betten und Spinde.

Jeweils zwei Mann teilten sich einen solchen Raum. Da diese Nischen nach oben hin offen waren, ähnelte das Ganze einem Großraumbüro. Privatsphäre gab es hier keine – wenn jemand in der einen Ecke flüsterte, hörte man ihn auch in der anderen ganz deutlich. Denn dieses Gewölbe war ja oben gerundet und nach allen Seiten offen. Das erzeugte eine ausgezeichnete Akustik! Vor allem die Schnarcher konnten sich auf diese Weise hervortun. Wem es da nicht gelang, als Erster einzuschlafen, der hatte dann doch Probleme.

Bald begannen wir, besonders grauenhaft klingende Wecker einzusammeln, die uns im wahrsten Sinne des Wortes auf den Wecker gingen. Viele von uns hatten auch Laptops dabei oder CD-Player: Die konnten wir natürlich nur mit Kopfhörer benutzen, um die anderen nicht zu stören. Eine wirkliche Spitzenleistung war es, dass wir sogar über Internetanschluss verfügten; das war später auch in Afghanistan der Fall. Keine Frage: In Sachen Kommunikation lässt sich die Bundeswehr für ihre Soldaten im Auslandseinsatz durchaus nicht lumpen. Während des letzten Monats in Mazedonien waren wir schließlich im Hauptquartier untergebracht. Da lebten wir in Wohncontainern, immer zu zweit: Das war dann schon um einiges komfortabler als im Zelt oder im alten Munitionsbunker.

Es wurde stets darauf geachtet, dass sich die beiden, die gemeinsam auf Patrouille gingen, einen Raum teilten, um beim Schichtwechsel nicht die ganze Truppe zu wecken. Man hatte acht Stunden Bereitschaft, acht Stunden Dienst, acht Stunden Freizeit – also jeweils drei Schichten. So etwas ist sehr anstrengend. Das weiß jeder, der Schichtarbeit macht. Die Freizeit dient eigentlich nur zum Schlafen. Bereitschaft ist im Prinzip frei zur Verfügung stehende Zeit, wobei man aber immer präsent sein muss, für den Fall, dass sich irgendetwas Außergewöhnliches ereignet. Zum Glück war das während meiner sechs Monate in Mazedonien nie der Fall. Später dann in Afghanistan sollte ich aber durchaus Momente erleben, in denen es gut war, den Finger am Abzug und die Waffe entsichert zu haben. Während meiner Auslandseinsätze kam ich glücklicherweise nie in die Verlegenheit, schießen zu müssen, aber knapp davor war ich schon hin und wieder.

Wenn man als Soldat auf Patrouille geht, hängt die Waffe locker über der Schulter. Wähnt man sich in Gefahr, nimmt man sie vor die Brust. Wird es noch kritischer, geht man »in Anschlag«. Die Waffe wird dabei von der Augenhöhe gerade tief genug gesenkt, um die Hände des Gegners zu sehen. So kann man ihn, mit dem Finger am Abzug, in Schach halten. Die nächste Stufe ist das, was man aus schlechten Action-Filmen kennt: Man hat den anderen im Laser-Visier, wo er dann den roten Punkt sieht und weiß: »Jetzt wird es ernst. Jetzt bin ich im Ziel!« Wenn es nötig würde, käme jetzt der Warnschuss und als letzte Alternative der gezielte Schuss. Doch zum Glück blieb mir das erspart.

## Zusammen im Einsatz

Nichts prägt die Kameradschaft so sehr, wie wenn man zusammen im Einsatz ist. Es schweißt Menschen einfach zusammen, wenn sie tatsächlich gemeinsam »im Dreck liegen«. Solch eine Verbindung, ich möchte sie durchaus Freundschaft nennen, hält ewig, die geht über alles andere hinaus. Und das leuchtet auch ein: Man muss sich auf den anderen zu hundert Prozent verlassen. Wenn es hart auf hart kommt, muss mich der andere verteidigen. Mit der Waffe in der Hand. Er muss mir den Rücken freihalten, denn ich habe ja hinten keine Augen, und da muss ich wirklich total auf ihn bauen können. Auch wenn ich selbst nie in die Situation kam, dass es wirklich bitterernst wurde, durfte ich diesen Zusammenhalt durchaus empfinden. Das Gefühl, sich auf einen anderen Menschen voll und ganz verlassen zu können, ist etwas sehr Schönes. Ich möchte es nicht missen.

Kameradschaft, das heißt aber auch: zusammen etwas unternehmen. Auch wenn ich im Grunde meines Herzens ein Einzelgänger bin, so brauche ich – wie eigentlich jeder

Mensch – auch die Gemeinschaft. Die habe ich mein ganzes Leben lang gesucht und auch hin und wieder gefunden – in der Schule, in der Lehre, bei der Bundeswehr und schließlich und endlich im Kloster.

Mir war und ist es immer wichtig, von anderen akzeptiert zu werden. Ich glaube, ich habe wohl ein großes Anerkennungs- und Harmoniebedürfnis und Angst vor Zurückweisung. Vielleicht ist dies der Grund, warum ich mein Leben lang so gut wie nie auf Konfrontationskurs gegangen bin. Selbst wenn ich weiß, dass ein anderer unrecht hat, widerspreche ich nicht gerne, damit es nicht in Streit ausartet. Ich diskutiere auch im privaten Bereich nicht gerne. Dinge mit Worten hin- und herwenden ist nicht meine Sache. Entweder etwas ist, wie es ist, oder eben nicht.

Meine Zurückhaltung hat mir sicher keine Pluspunkte bei einer möglichen Karriere eingetragen – ich habe weder bei der Pilotenbewerbung noch gegen den mir nicht wohlgesinnten Spieß noch bei meiner Bewerbung um eine Stelle als Unteroffizier aus vollem Herzen gekämpft. Und doch bin ich heute glücklicher als je zuvor.

Man mag darin einen Widerspruch zu dem sehen, was ich zuvor geschildert habe. Denn Bundeswehreinsätze sind das krasse Gegenteil von Harmonie. Sie sind Konfrontation pur. Aber es ist nur ein scheinbarer Widerspruch. Denn gerade bei der Bundeswehr heißt es: Diskussionen vermeiden und seine Arbeit machen. Da wird nicht lange herumgeschwätzt. Mit dem Prinzip »Befehl und Gehorsam« hatte ich zum Glück nie ein Problem – als Sohn nicht, als Schüler nicht, als Lehrling nicht, weder als Soldat beim Bund noch jetzt als Mönch im Kloster.

Als wir nach Mazedonien flogen, galt dort für die Friedenstruppe noch höchste Alarmstufe, denn die Kampfhandlungen hatten ja erst kurz zuvor aufgehört. Das bedeutete für uns, man musste die Waffe immer dabeihaben, egal, wohin man ging. Nach ungefähr drei Monaten wurde die Alarmstufe heruntergesetzt, und man konnte sich zumindest im Lager ohne Waffe bewegen. Und was wir besonders toll fanden: Man konnte auch mal ein Bier trinken gehen!

Mit der Waffe über der Schulter muss man sehr vorsichtig sein und seine Sinne immer alle beisammen haben. Deswegen gilt im Einsatz die sogenannte »Zwei-Dosen-Regelung«. Das heißt: Man darf allerhöchstens zwei Dosen Bier getrunken haben, keinesfalls mehr! Wer mit einem militärischen Fahrzeug unterwegs ist, darf überhaupt keinen Alkohol zu sich nehmen: Für ihn gilt die Null-Promille-Grenze. Ohne Waffe aber kann man auch mal »einen über den Durst« trinken. So etwas ist zwar für die Disziplin nicht allzu förderlich, doch da wurde schon mitunter ein Auge zugedrückt. Denn natürlich ist ein solcher Einsatz bei aller Anspannung letztlich vergleichsweise eintönig. Allerdings unternahm die Kommandoleitung einiges, um für uns ein wenig Abwechslung zu schaffen. So wurden wir zu internationalen Tanzabenden eingeladen, denn schließlich gibt es auch Frauen in der Armee, auch bei anderen Nationen. Oder es wurden Themenabende organisiert, mit Sketchen und Theatervorstellungen. Da ich jedoch ein eher zurückhaltender Typ bin, war ich bei solchen Gelegenheiten aber mehr Zuschauer als aktiver Teilnehmer.

Vor allem die für die Versorgung und den Nachschub zuständigen Soldaten, die in der Regel nicht aus dem Lager hinauskamen und deswegen einen ausgesprochen eintönigen Dienst schoben, konnten sich hierbei austoben. Was sie auch ausgiebig taten.

Bei jedem Auslandseinsatz der Bundeswehr ist außerdem ein Militärpfarrer mit von der Partie. In Mazedonien bin ich jedoch noch nicht einmal in den Weihnachtsgottesdienst gegangen. Zu jener Zeit stellte sich mir die *Sinnfrage* einfach noch nicht. Ich habe meinen Job gemacht. Ich habe mich als Patriot gesehen und tue das noch heute. Am wichtigsten sind mir Gott, Vaterland und Familie. Wobei Familie ein weitgefasster Begriff sein kann. Ich selbst habe ja letztendlich darauf verzichtet, eine eigene Familie zu gründen. Doch mein Vater, meine Schwester nebst Anhang und nicht zuletzt meine Brüder im Kloster sind meine Familie.

Der Militärpfarrer im Lager kümmert sich nicht nur um die religiösen Belange der Truppe, er ist auch eine Art psychologischer Betreuer. Man muss nicht gläubig sein, um sich an ihn wenden zu können. Berühmt-berüchtigt ist etwa der Lagerkoller, von dem der eine oder andere befallen wird. Da kann man durch ein verständnisvolles Gespräch durchaus wieder in die Spur gesetzt werden. Ich selbst blieb vom Koller verschont, nicht zuletzt deshalb, weil meine Gruppe sich gut verstanden hat und der Zusammenhalt großartig war. Wenn es einen Soldaten jedoch ernsthaft erwischte, wurde entweder ein Psychologe angefordert oder der Betroffene sogar ausgeflogen. In Mazedonien erlebte ich das nicht, in Afghanistan kam es hin und wieder vor.

Nicht wenige hat auch gelegentlich das Heimweh übermannt, vor allem um die Weihnachtszeit herum. Wenn dann die Herzallerliebste, die Freunde oder Verwandten viele hundert Kilometer entfernt sind, kann es einem durchaus schon manchmal zum Heulen zumute sein. Da ich keine Freundin hatte, die zu Hause auf mich wartete, war der »Weihnachtsblues« bei mir aber auch nicht ganz so schlimm ausgeprägt.

Dafür erreichte mich eine andere traurige Nachricht. Vaters zweite Frau, Cornelia, starb zu Beginn des Jahres 2003 an Krebs. Schon ehe ich nach Mazedonien aufbrach, wusste ich, dass sie schwer erkrankt war. Aber wie heißt es doch: Die Hoffnung stirbt zuletzt. Cornelia hat gegen ihre Krankheit bewundernswert angekämpft, aber letztlich leider vergebens. Das hat meinen Vater natürlich heftig mitgenommen. Der Trost, den ich ihm geben konnte, bestand in einigen wenigen Briefen und Telefonaten. Aber was können Worte in solch einer Situation schon ausrichten! Der Gedanke an meinen Vater und den erneuten großen Verlust, den er, nach dem Weggang meiner Mutter, nun erleiden musste, hat mich an manchen Abenden sehr traurig gemacht.

Ablenkung fand ich in jener Zeit nicht zuletzt auf den alltäglichen Patrouillenfahrten, die uns immer wieder aus dem Lager herausführten und die, wie es sich inzwischen herausgestellt hatte, nicht allzu gefährlich waren. Dabei handelte es sich in der Regel um Tagestouren in die umliegenden Dörfer. Zu unserer Aufgabe gehörte es auch, Funkposten abzufahren, um zu erkunden, wie es ihnen ging. Auf diese Weise lernte ich einige Kameraden aus anderen Ländern kennen – Franzosen, Holländer und Kanadier: alles prima Kerle!

Eines Tages wurde ich mit ein paar Kameraden für die Dauer von zwei Wochen zu einem Trupp Niederländer abkommandiert, die eine Funkstation auf einem Berg betrieben. Die hatten sicherheitshalber Personenschutz angefordert. Das bedeutete: Streife laufen, aufpassen, Augen und Ohren offen halten. Schließlich war ich ja für den Objektschutz eingeteilt, und bei einer Funkstation handelt es sich nun einmal um ein strategisch wichtiges Objekt, das immer eine Absicherung braucht. Dort auf dem Berg waren wir etwa ein Dutzend Mann. Ich erlebte eine angenehme Zeit. Auch hier fühlte ich mich in der Kameradschaft geborgen. Zum Teil haben wir uns selbst versorgt, aber wir konnten auch im nahe gelegenen Dorf auf einem Markt einkaufen: frisches Obst und Gewürze etwa. Allerdings kauften wir kein Fleisch – aus Sicherheitsgründen. Da weiß man nicht, ob es nicht vielleicht schon verdorben ist und man sich eine Lebensmittelinfektion holt.

Bei dem Ort, in dem sich die Funkstation befand, handelte es sich um ein verlassenes Bergdorf, das etwa auf halber Höhe zum Gipfel lag. Landschaftlich war es hier wunderschön. Ich nehme an, dass an dieser Stelle früher Wintersport betrieben wurde, denn es gab sogar einen Skilift.

Mein Zugführer Tino war ein Gebirgsjäger aus Mittenwald. Er liebte die Berge mindestens so sehr wie ich und fragte mich eines Tages, ob ich Lust hätte, mit ihm auf Tour zu gehen. Er kenne, so sagte er mir, eine Strecke, die man wunderbar an einem Nachmittag schaffen könne. Und so sind wir zu zweit auf einen Berg hochgekraxelt. Es herrschte – obwohl es erst Februar war – bereits frühlingshaftes Wetter, und es war schon recht warm. Diese Tour hat mit dazu beigetragen, dass ich Mazedonien stets in schöner Erinnerung behalten werde. Keine Sekunde habe ich an diesem Nachmittag daran gedacht, dass ich mich als Soldat im Auslandseinsatz befand. Zu Tino habe ich übrigens heute noch Kontakt, da er immer wieder einmal zu Exerzitien nach Beuron kommt. Manche Freundschaften halten eben ein Leben lang.

An einem anderen Tag sind wir alle miteinander an einen großen See unweit der griechischen Grenze gefahren. Es war ein richtiger Urlaubstag. Wir hatten die Uniform abgelegt und konnten in Zivil herumlaufen. Das gab mir ein wunderbares Gefühl von Freiheit, und ich vergaß für ein paar Stunden, weshalb ich eigentlich hier war.

## Endlich wieder daheim!

Ende Februar 2003 kehrte ich schließlich aus Mazedonien zurück. Als Erstes mussten wir uns in unserer Kaserne wieder heimisch einrichten, denn die hatte während unserer Abwesenheit mehr oder weniger leergestanden. Da hieß es das Kompanie-Gebäude neu beziehen, das Material, das wir mit zurückgebracht hatten, sauber machen, instand setzen, aufräumen und einlagern. Anschließend ging es an die psychologische Nachbereitung. Zwei Wochen lang fuhren wir in ein Betreuungsheim, das wunderschön im Schwarzwald lag. Man kann sich das Ganze wie eine Klassenfahrt in eine Jugendherberge vorstellen. Sinn dieser Nachbereitung ist es, etwaige Probleme aufzubereiten, die während des Auslandseinsatzes aufgetreten sind. Dazu gehören mögliche traumatische Erlebnisse, aber auch Spannungen mit Vorgesetzten. All dies wird in Gesprächen mit Psychologen, Einzel- und Gruppensitzungen aufzuarbeiten versucht.

Die idyllische Umgebung und der Umstand, dass wir in Zivilkleidung statt in Uniform herumliefen und dass auch der Dienstgrad außen vor blieb, dass der Rahmen also eher privat war, vereinfachte die Sache. Zumal vorher erklärt worden war, dass alles, was in diesen Räumlichkeiten gesagt werde, auch wirklich unter uns bliebe. Das wurde dann auch, soweit ich es bemerkt habe, eingehalten. Wir trieben zusammen Sport und hatten sehr gute Freizeitangebote. So besichtigten wir einmal eine nahe gelegene Winzerei. Alles in allem war diese Nachbereitung für mich eine sehr angenehme Zeit, wohl auch deswegen, weil ich selbst ohne größere Sorgen und Nöte aus Mazedonien heimgekehrt war.

Zurück im Alltag musste ich feststellen, dass der normale Bundeswehrdienst vergleichsweise langweilig ist, wenn man von einem Auslandseinsatz zurückgekommen ist. Es fehlte mir ganz einfach die Spannung. Die militärischen Trockenübungen schienen mir jetzt wie »Kinderkram« zu sein. Genau diese Langeweile war es dann auch, die mich in jener Zeit gelegentlich dazu veranlasste, über die Stränge zu schlagen. Während meiner Bundeswehrzeit war ich kein Kind von Traurigkeit und habe manches ausprobiert: So war ich etwa mit Freunden in Holland, wo wir uns auch mit Mädchen amüsierten und hier und da einen Joint rauchten. Einmal wurde ich zusammen mit einigen anderen nach Aachen auf eine »Penthouse«-Party eingeladen, die von dieser Zeitschrift, einem »Playboy«-Abklatsch, dort veranstaltet wurde. Für mich waren die Motorräder, die dort präsentiert wurden, allerdings interessanter als die Mädchen.

An einen »Absturz« erinnere ich mich besonders ungern: Zur Fastnachtszeit, während der es im Badischen ohnehin besonders hoch hergeht, musste ich einmal eine sehr teure Nacht im Krankenhaus verbringen. Die Kosten für einen Transport mit Übernachtung liegen nämlich etwa genauso hoch, wie ein Monatssold beim Bund beträgt. So etwas macht man einmal und nie wieder! Das Ganze waren die Folgen eines Dorffestes. Da saß ich dann an einem kalten Winterabend – ich war etwa 21 – an der verrauchten Bar und trank ein Weizenbier nach dem anderen, dazu abwechselnd Whisky Cola. Dabei verfuhr ich wohl nach dem Motto: Je später der Abend, desto härter die Mischung. Beim zehnten Bier habe ich zu zählen aufgehört. Aber solange ich an der Bar saß, ging das alles noch. Doch – und das wird mir jeder, der etwas Ähnliches schon einmal erlebt hat, bestätigen – sobald man an die frische Luft kommt, ist es mit der Selbstbeherrschung vorbei. Kurioserweise erinnere ich mich noch daran, dass ich mein letztes Bier draußen im Freien auf einem Mauervorsprung abgestellt habe, damit auch ja kein Tropfen verlorengeht. Das war es dann.

Das Nächste, woran ich mich erinnere, ist die Krankenhausflurbeleuchtung. Zum Glück für mich hielt sich meine Schwester zufällig ebenfalls auf diesem Faschingsfest auf. Als die ihren Bruder dort so im Freien liegen sah, rief sie sofort den Notarztwagen. Den Magen musste man mir im Krankenhaus nicht mehr auspumpen, das war nicht mehr nötig. Aber Transport und Übernachtung werden nach einem solchen »Unfall« von der Bundeswehr natürlich nicht übernommen. Dies war sehr teures Lehrgeld für mich, das tat richtig weh. Der Kater war zwar nach zwei, drei Tagen vergessen, das Minus auf dem Konto hielt sich jedoch um einiges länger. Ein halbes Jahr lang habe ich keinen Tropfen Alkohol mehr angerührt. Und einen ähnlichen Exzess gab es seit dieser Zeit nie wieder.

Ganz praktisch war es, dass ich zu jener Zeit noch zu Hause wohnen konnte. Von Unterkirnach in die Kaserne nach Donaueschingen fuhr ich nicht einmal eine halbe Stunde. Und so gestaltete sich das Ganze für mich als Job wie jeder andere. Ich war ein typischer Pendler – morgens hin, Dienst schieben, abends wieder zurück. In meinem Elternhaus hatte ich eine eigene Wohnung, weil der Vater inzwischen mit der Landwirtschaft aufgehört hatte. Es hatte sich einfach nicht mehr rentiert. Die Folge: Stall und Scheune standen leer. Ich baute mir dann den Stall zur Wohnung aus, als ich bei der Bundeswehr anfing. Aber nicht nur das: Wir haben in jenen Jahren das ganze Haus renoviert. Der Vater und ich – wir mussten immer etwas zum Schaffen haben. »Schaffe, schaffe, Häusle baue« heißt ein alter schwäbischer Schlager. Für uns gilt das allemal, da sind Vater und ich einander sehr ähnlich.

Nach der Rückkehr aus Mazedonien lag, wie es schien, noch mehr als ein Jahr vor mir, bis ich endgültig aus dem Militärdienst ausscheiden würde. Denn ursprünglich hätte meine Dienstzeit im Mai 2004 enden sollen. Noch war von einem zweiten Auslandseinsatz keine Rede. Ich begann also, mir über meine Zukunft ernstlich Gedanken zu machen. Ich musste mir langsam, aber sicher überlegen, was ich künftig mit meinem Leben anfangen wollte.

# Mein Weg zum Glauben

## Zum ersten Mal in Beuron

Beuron – im schönsten Teil des ganzen Donaugebietes liegend – wird von seinen Besuchern zu den Dingen gerechnet, bei denen die Sprache verstummt und das Gefühl die Situation beherrscht. Wer jemals dieses herrliche Fleckchen Erde gesehen hat, wird das Urteil begreifen. Tief unten die blaue, ewig junge Donau, hier umsäumt von amphitheatralisch aufsteigenden Buchenwäldern, dort von finsteren Tannenforsten, hier grüßen freundliche Dörfer, dort eilen stille Mönche zum Kapitel.« So steht es in einem »Rathgeber für alle Reiselustigen« aus dem Jahre 1895. Weil ich das sowieso nicht besser beschreiben könnte, zitiere ich an dieser Stelle jenen alten Bericht, der sich in einer beliebten Broschüre unseres klostereigenen Kunstverlages wiederfindet. Und fast ebenso, wie es der unbekannte Reiseschriftsteller schildert, habe ich selbst meine erste Begegnung mit Kloster Beuron empfunden: Zunächst war ich sprachlos an jenem schönen Frühjahrstag 2003, der mich zum ersten Mal mit diesem Ort konfrontierte, der heute mein Zuhause ist.

Diese Begegnung fand nur wenige Wochen nach meiner Rückkehr aus Mazedonien statt, und wie es dazu kam, war mehr oder weniger Zufall. Oder soll ich sagen: Gottes Fügung? Es ist keineswegs so, dass ich während meiner Monate auf dem Balkan an mir irgendeine Veränderung zum Glauben hin wahrgenommen hätte. Alles schien danach wie zuvor – Religion interessierte mich einfach nicht. Erst als ich mich wieder in meiner Einheit in Donaueschingen befand, tauchten erste Gedanken an Kirche und Glauben auf. Und zwar zunächst im Zusammenhang mit der Frage: Wie bekomme ich die restliche Bundeswehrzeit herum? Oder anders gesagt: Was tue ich gegen meine Langeweile?

Gerade in dieser Zeit bekam ich Kontakt zum örtlichen Militärpfarrer. Damals bin ich erstmals ab und an zu den Militärgottesdiensten gegangen, zuerst eigentlich nur, um die Zeit totzuschlagen. Denn ein Gottesdienst war immer noch besser, als langweiligen Dienst zu schieben. Aber ich habe doch recht bald gemerkt: Da steckt irgendetwas dahinter, etwas, das ich mir zunächst nicht so richtig erklären konnte. Manch ein Wandel im Leben vollzieht sich eben ganz unauffällig. Man selber merkt es kaum, aber plötzlich ist man eine Spur ernsthafter, verantwortungsbewusster, reifer.

Aus heutiger Sicht setzte mein Wandel genau in diesen Tagen und Wochen ein. Vordergründig war ich vor allem begeistert darüber, wie der Pfarrer das Ganze aufzog. Mit seiner Art, wie er mit uns Soldaten umging, konnte ich einfach etwas anfangen. Zwar kann ich bis heute nicht genau erklären, was das Besondere war, wie er den Glauben vermittelte. Aber *was* er machte, und vor allem, *wie* er es machte, sprach mich einfach an. Ich kam vor allem persönlich mit ihm gut aus; es war sein Stil, seine Persönlichkeit, die mir gefielen. Ich denke, oft im Leben hängt es von einzelnen Personen ab, ob man sich für eine Sache interessiert oder engagiert – für einen Verein, eine Partei oder sonst irgendeine Organisation. Oder eben für den Glauben. Nicht selten ist es das konkrete Vorbild eines Menschen, das uns den Anstoß gibt, über etwas nachzudenken und dann aktiv zu werden. Die inhaltlichen Motive kommen in vielen Fällen erst sehr viel später.

So war es jedenfalls bei mir. Da ich mit dem Militärpfarrer gut auskam, fing ich auch an, mich mit religiösen Inhalten zu beschäftigen. Weil da eben ein Mensch war, der es verstand, mir den Glauben klar und deutlich zu vermitteln. So zog er als Weltpriester beispielsweise viele Vergleiche zwischen Bundeswehr und Kirche. Das konnte ich gut nachvollziehen – und da hat es bei mir »klick« gemacht.

Eines Tages hat er mir dann den Tipp mit den Soldatenexerzitien gegeben. Und da habe ich mir gesagt: Okay, da gehst du hin! Zunächst aus einem ganz simplen Grund: Dafür gab es Sonderurlaub. Da brauchte ich für ein paar Tage mal keinen Dienst zu schieben! Stattdessen konnte ich mich geistlichen Übungen zuwenden, denn genau das sind »Exerzitien«. Und so kam ich also das erste Mal nach Beuron, irgendwann im Frühjahr 2003. Zunächst einmal war ich von der Landschaft sehr beeindruckt. Als alter Schwarzwälder empfinde ich Heimatgefühle in Gegenden, in denen es aussieht wie zu Hause. Das war schon in Mazedonien nicht anders.

Und so hat mich auch die Lage des kleinen, von Wäldern umgebenen Dorfes, tief eingebettet in ein Tal, mit seinen vielleicht 60 Einwohnern auf Anhieb fasziniert. Es war hier eben fast wie daheim. Ich erinnere mich noch gut, wie ich damals von zu Hause mit dem Auto in den kleinen Ort gefahren bin, der etwa auf halber Strecke zwischen den beiden Städten Sigmaringen und Tuttlingen liegt. Ein normaler Fahrer benötigt für die 65 Kilometer von meinem Heimatort Unterkirnach nach Beuron wohl eine gute Stunde.

Wenn man so wie ich fährt, braucht man allerdings nur etwa 45 Minuten. Quer durch den Schwarzwald, genau in östlicher Richtung. Ich liebe es bis heute, auf diesen engen, kurvigen Straßen Tempo zu geben. Damals besaß ich einen kleinen japanischen Allradflitzer, der wie ein Brett auf der Straße lag. Das hat richtig Spaß gemacht!

## Das alte Kloster an der Donau

Noch nie zuvor war ich in Beuron gewesen, obgleich der Ort nun wahrlich keine Weltreise von meinem Heimatdorf entfernt liegt. Nicht nur das Kloster selbst, sondern die gesamte Gegend hat von Anfang an eine große Ausstrahlung auf mich ausgeübt. Ich fühlte instinktiv, dass mehr dahinter steckt, als ich auf den ersten Blick wahrzunehmen vermochte. Das Kloster dominiert den kleinen Ort ganz deutlich. Vielleicht sollte ich an dieser Stelle etwas über seine Geschichte erzählen.

Schon in einem Besitzverzeichnis der Abtei St. Gallen aus dem Jahre 861 findet sich die Ortsbestimmung »Purron«, womit wahrscheinlich Beuron gemeint ist. Die Landschaft rund um Beuron mit ihren Höhlen und bewaldeten Höhen war bereits in vorgeschichtlichen Zeiten von Menschen bewohnt. Davon zeugen Funde aus der Steinzeit, der Bronzezeit und der La-Tène-Zeit aus dem 5. bis 1. Jahrhundert vor Christus. Noch heute kann man die Reste eines keltischen Ringwalles in der Nähe des nicht weit entfernten Altstadtfelsens erkennen. Dorthin gehe ich heute manchmal spazieren.

Der Sage nach hatte ein gewisser Graf Gerold von Bussen, ein treuer Gefolgsmann und Bannerträger Karls des Großen, im Jahr 777 das erste Kloster Beuron gegründet. Nachdem die Ungarn die Anlage zerstörten, die sich wohl auf dem Gelände des jetzigen Soldatenfriedhofs befand, wurde sie 1077 am heutigen Platz im Donautal neu errichtet. In der ersten erhaltenen Urkunde über das alte Kloster Beuron aus dem Jahre 1097 bestätigte Papst Urban die Gründung und nahm sie in päpstlichen Schutz. Somit zählt Beuron zu den ältesten Augustiner-Chorherrenstiften Deutschlands. Kloster und Kirche standen von Anfang an unter dem Schutz des heiligen Martinus von Tours und der Gottesmutter.

Im Dreißigjährigen Krieg zwischen 1618 und 1648 wurde das Kloster fast völlig zerstört. Ab 1694 wurden Ost- und Westflügel wiederaufgebaut, zwischen 1732 und 1738 entstand die Kirche neu und wurde in den folgenden Jahrzehnten künstlerisch ansprechend ausgestattet. Durch die Säkularisation im Jahre 1802 fiel das Stift Beuron mit all seinen Besitzungen dem fürstlichen Hause von Hohenzollern-Sigmaringen zu. Das verlassene Kloster teilte nun das Schicksal vieler anderer: In Kriegszeiten diente es als Militärspital, im Frieden wohnten in einigen Räumen Beamte des Fürstenhauses. Der Rest stand leer.

Erst sechzig Jahre später, 1862, kehrte wieder klösterliches Leben ins Donautal zurück: Katharina von Hohenzollern, die Witwe des Fürsten Karl, hatte in Rom die beiden in Bonn geborenen Benediktiner-Brüder Maurus und Plazidus Wolter kennen- und schätzen gelernt, die dort Mönche der Abtei »St. Paul vor den Mauern« waren. Äußerst beeindruckt, kaufte sie ihrem Stiefsohn Karl Anton von Hohenzollern Kirche und Klostergebäude ab und stellte das Ganze den beiden zur Verfügung, die daraufhin Rom den Rücken kehrten und in Beuron das klösterliche Leben nach der Regel des heiligen Benedikt gründeten.

Im Laufe der Jahrzehnte – mit einer mehrjährigen Unterbrechung, bedingt durch Bismarcks Kulturkampf – stieg die Zahl der Mönche immer weiter an, weswegen auch die im Kern barocke Klosteranlage wuchs und wuchs: Refektoriumstrakt, Gästeflügel, Kleriker- und Bibliotheksbau kamen hinzu. 1959 fielen Scheunen und Stallungen einem Brand zum Opfer. Daraufhin entstanden außerhalb der Klosteranlage eine moderne Ökonomie, ein neuer Pfortenbau und, entlang der Straße, ein Erweiterungsbau unseres Kunstverlages sowie ein weiteres Werkstättenhaus. Alles in allem ergibt dies einen äußerst imposanten Komplex, der durch das klostereigene – bei Pilgern besonders beliebte – Hotelrestaurant »Pelikan« auf der gegenüberliegenden Straßenseite abgerundet wird.

## Für eine Woche religiöses Programm

Um keine falschen Vorstellungen aufkommen zu lassen: Von der guten Küche des Hotels Pelikan bekamen meine Kameraden und ich eigentlich gar nichts mit, als wir zu unseren ersten Exerzitien in Beuron eintrafen. Verpflegt wurden wir nämlich während dieser Tage direkt im Kloster, was aber – wie wir bald erfahren sollten – auch nicht zu verachten war. Zunächst einmal warteten wir jedoch vor dem großen Tor, bis uns unser Militärpfarrer sowie der Gästepater begrüßten, ein recht junger, wortgewandter und humorvoller Zeitgenosse, der für fast alle Lebenslagen den passenden Spruch parat hatte.

Er wies uns in unsere Zimmer ein: einfache, karg möblierte, aber durchaus gemütliche Räume im dritten Stock des gewaltigen Klosterkomplexes, die sich in Sachen Komfort durchaus mit den Buden in unserer Kaserne messen konnten. Dass es lediglich Etagenduschen gibt, machte jemandem wie mir, der gerade ein halbes Jahr Mazedonien hinter sich hatte, nun wirklich nichts aus. Anschließend bekamen wir den großen, hellen Speisesaal gezeigt und lernten den Tagesablauf kennen. Exerzitien haben – wie ich inzwischen weiß – im Durchschnitt etwa ein Dutzend Teilnehmer. Sie dauern in aller Regel von Montag bis Freitag.

Beim ersten Mal hatte ich mir im Vorfeld keine großen Gedanken darüber gemacht, was mich wohl erwarten würde. Umso überraschter war ich über die Vielfalt der Angebote. Die Teilnahme an zwei Gottesdiensten täglich war bindend: am Hochamt um Viertel nach elf und an der Vesper um 18 Uhr. Wer wollte, konnte natürlich auch die anderen Andachten besuchen. Für die Hartgesottenen hieß das, früh aufzustehen. Denn die Morgenhore beginnt bereits um fünf Uhr früh. Auch das ist für mich kein Problem. Denn während meiner Bundeswehrzeit in Donaueschingen musste ich nicht in der Kaserne übernachten, sondern konnte nach Dienstschluss nach Hause fahren. Und wenn ich morgens rechtzeitig um acht Uhr im Dienst sein wollte, hatte ich daher spätestens gegen sechs Uhr aus den Federn zu schlüpfen.

Die feierliche Vesper, die um 18 Uhr abends gebetet wird, faszinierte mich von Anfang an. In ihr werden die Psalmen in Latein gesungen. Als ich diesen Gesang das erste Mal hörte, habe ich eine Gänsehaut bekommen. Dass ich hier einmal in der Schola, also bei den Vorsängern, mitwirken würde, hätte ich mir damals nie träumen lassen. Für die Mönche des Klosters ist sie Pflicht wie alle Gebete, für die Gäste ein schöner freiwilliger Abschluss des Tages. Die Mönche beenden den Tag mit der Komplet um 19.45 Uhr, das Nachtgebet, mit der der Tag ausklingt.

Da ich mich schon immer dann besonders wohl fühlte, wenn mein Leben in eine Struktur eingebunden war, hat mir dieser geregelte Tagesablauf bei den Beuroner Benediktinern von Anfang an gefallen. Die Ruhe, Gelassenheit und Disziplin, die in diesen altehrwürdigen Mauern herrschen, taten mir ausgesprochen wohl. Darüber hinaus beeindruckte mich das abwechslungsreiche Programm der Exerzitienwoche selbst.

Die Haltung, die der heilige Benedikt in seiner berühmten Regel seinen Mitbrüdern auf den Weg gibt, war an allen Ecken und Enden spürbar: Gehorsam, Schweigsamkeit, Beständigkeit und Demut. All das sind Tugenden, die ich auch zu den meinen zähle: Gehorsam hatte ich bei der Bundeswehr kennengelernt; ein schweigsamer Mensch bin ich von Natur aus; wenn ich etwas anfange, führe ich es zu Ende, und auch Demut – oder soll ich es besser Respekt und Bescheidenheit nennen? – wurde mir bereits im Elternhaus anerzogen. Demut war mir nie fremd, doch spätestens seit meiner Rückkehr aus Mazedonien bekam dieser abstrakte Begriff auch eine konkrete Bedeutung: Denn dort hatte ich zu viel Armut gesehen.

Kurzum: Diese rund anderthalb Jahrtausende alte Lebensform Kloster, die ich hier im oberen Donautal vorfand, wirkte auf mich irgendwie vertraut, erstaunlich aktuell und durchaus erstrebenswert.

## Ich werde zum Übenden

Zur Einstimmung in die Exerzitienwoche sahen wir gleich am ersten Abend einen absolut sehenswerten Film: »Broken Silence«. Die Geschichte erzählt von einem Kartäuserkloster in der Schweiz, dessen Pachtvertrag ausläuft. Um den Kontrakt verlängern zu lassen, muss sich einer der Mönche mit der Eigentümerin in Indonesien in Verbindung setzen. Und das wird beeindruckend dargestellt: Ein Schweigemönch wird schlagartig mit dem Leben außerhalb des Klosters konfrontiert und erlebt die verrücktesten Sachen. Über diesen sehr bewegenden Film haben wir dann am nächsten Tag intensiv diskutiert. Da ging es um Fragen wie: Mit wem kann ich mich identifizieren? Was hat mich besonders angesprochen? Wie haben sich die Personen entwickelt?

Geistliche Übungen, so erfuhren wir danach, gibt es in allen Religionen und überall dort, wo versucht wird, die drei christlichen Tugenden Glaube, Hoffnung und Liebe zu leben. Die Mönche der ersten Jahrhunderte wurden auch »Asketen« genannt, was nichts anderes heißt als »Übende«. Das ganze Leben besteht meiner Meinung nach aus Lernen und Üben. Das ist im Kloster nicht anders. Der heilige Ignatius von Loyola (1491–1556), wichtigster Mitbegründer des Jesuitenordens, der wie kaum ein anderer den geistlichen Übungen ihren bedeutenden Platz zugeordnet hat, sagte einmal, sie seien »das Allerbeste, was ich in diesem Leben denken, verspüren und verstehen kann«.

Ähnliches kann ich durchaus von mir behaupten. Nicht, dass ich bis dahin ein gedankenloser Mensch gewesen wäre, nein, ich habe mir durchaus über den Sinn des Lebens meine Gedanken gemacht. Aber hier in Beuron erhielt ich erstmals theoretische Grundlagen, geistige Nahrung, wenn man so will. Und siehe da: Ich verspürte plötzlich Hunger und wollte mehr davon. Ein weiterer Schritt auf meinem inneren Weg …

Was ich in diesen wenigen Tagen erfuhr, war zum Beispiel, dass klassische Exerzitien sich aus drei Quellkräften speisen: Sie sind *Zeiten der Stille*, die einem helfen sollen, die Stimme Gottes zu hören. Sie sind *Zeiten des Gebetes*, der Meditation der Heiligen Schrift und der Kontemplation, in denen wir uns auf das eigene Leben und seine Botschaften besinnen sollen. Und sie sind *Zeiten des täglichen Gesprächs* mit einem geistlicher Begleiter, mit dem man Fragen erörtern kann wie: Was suche ich eigentlich? Was hat sich in mir bewegt und sich mir gezeigt? Erlebe ich innere Umschichtungen? Kündigen sich Entscheidungen an? Wie geht es weiter?

Das alles zu erfahren war für einen Neuling wie mich eine Menge Stoff, den es erst einmal innerlich zu verarbeiten galt. Ich spürte, wie sich hier Türen öffneten.

Die Woche verging wie im Flug. Es stand für mich außer Frage, dass meine erste Begegnung mit Beuron etwas ganz Außergewöhnliches war. Nicht, dass es nun sofort »klick« bei mir gemacht und ich mich stehenden Fußes entschlossen hätte, Klosterbruder zu werden. Aber diese wenigen Tage führten doch dazu, dass ich begann, mich mit dem Thema »Glauben« ein wenig intensiver zu beschäftigen. Es war nicht so, dass ich elektrisiert und fanatisiert gewesen wäre, aber die Neugier auf mehr »Geistesnahrung« war zweifellos geweckt.

## Einmal ist keinmal: Wallfahrt nach Lourdes

Anscheinend gibt es »da oben« jemanden, der der Meinung war, einmal sei keinmal. Und so fand meine nächste wichtige Begegnung mit dem Glauben bereits wenige Wochen später statt. Wieder war sie mit einem Ausflug verbunden. Und die Motivation ähnelte derjenigen, mit der ich meine ersten Beuron-Exerzitien angegangen war. Diesmal, Mitte Mai 2003, ging es in den berühmten südfranzösischen Wallfahrtsort Lourdes. Auch hier stand, wenn ich ehrlich bin, zunächst im Vordergrund, dass es Sonderurlaub für mich gab, eine Abwechslung zum öden Alltag des Dienstes.

Aber als ich dann vor Ort war, als ich sah, was sich da alles abspielte – ob im heiligen Bezirk, ob bei der ewigen Anbetung oder am Kreuzweg – da kam ich aus dem Staunen nicht mehr heraus. An dieser Militärwallfahrt nahmen um die 13 000 Soldaten aus mehr als 30 Nationen teil. Meine erste Lourdes-Wallfahrt war die 45. Veranstaltung dieser Art. Bereits 1944 waren französische Soldaten zum ersten Mal in das Pyrenäenstädtchen gepilgert, wo 1858 die Muttergottes der kleinen Bernadette erschienen sein soll.

Aus dem in Kriegszeiten entstandenen Pilgertrip entwickelte sich eine regionale, später eine nationale Soldatenwallfahrt. Nach dem Zweiten Weltkrieg kamen auch Soldaten aus anderen europäischen Ländern nach Lourdes. 1953, acht Jahre nach dem Ende des Zweiten Weltkrieges, trafen sich hier 15 000 ehemalige Frontkämpfer, um gemeinsam für den Frieden zu beten. Bald kam der Wunsch auf, die bereits bestehende nationale Soldatenwallfahrt auf eine internationale Ebene auszuweiten. Lourdes sollte zum Ort der Begegnung und der Versöhnung werden. Als sich 1958 die Erscheinung Mariens zum hundertsten Mal jährte, pilgerten Militärangehörige aus zehn Nationen zur ersten Internationalen Soldatenwallfahrt nach Lourdes. Inzwischen sind es mehr als dreimal so viel Länder, die daran teilnehmen.

Die Fahrt mit einem Sonderzug, den die Militärseelsorge organisiert hatte, dauerte etwa anderthalb Tage. Bereits in Freiburg hatte es einen Eröffnungsgottesdienst gegeben. Am Bahnhof Lourdes, über dem eine strahlende südliche Morgensonne stand, wurden wir von einem Luftwaffenmusikkorps mit militärischen Ehren empfangen. Allem Gewimmel zum Trotz verspürte ich eine unbeschreibliche geistliche Atmosphäre, die in der Luft lag. Doch da wir als Soldaten nicht als Touristen an den heiligen Ort gekommen waren, galt es zunächst einmal, schweißtreibende Arbeit zu verrichten: Wir alle waren in einem riesigen Internationalen Zeltlager untergebracht. Um dorthin zu gelangen, musste man erst einmal durch den heiligen Bezirk einen steilen Berg hochlaufen. Das bedeutete eine gute Stunde Fußmarsch, das Ganze schön militärisch in Formation mit Gesang. Schon wieder war es bergig – wie bei mir zu Hause, wie auch in Beuron! So etwas ist ganz nach meinem Geschmack. Der eine oder andere Flachländer unter meinen Kameraden hingegen hat ein wenig gejammert.

Nachdem wir alle unser Quartier bezogen hatten, fand gegen Abend der deutsche Eröffnungsgottesdienst statt, mit dem wir auf die kommenden Tage und Erlebnisse eingestimmt wurden. Danach gab es die Möglichkeit, mit deutschen und anderen Pilgern in Kontakt zu kommen und sich den ganzen Trubel einmal aus der Nähe anzuschauen. Wenn man zum ersten Mal hier ist, merkt man schnell, dass die Stadt ein gewaltiger Touristenmagnet ist. Natürlich werden da auch viele Geschäfte gemacht. Heute denke ich: So etwas müsste nicht sein. Aber als Tourist fand ich damals nichts dabei; über so manchen Kitsch kann man nur den Kopf schütteln.

Das religiöse Programm begann in der Früh um sechs und ging bis abends um acht: Prozessionen, Kreuzweg, Andachten, Gottesdienste. Als es langsam dunkel wurde, schloss sich im angrenzenden Bezirk das inoffizielle Programm an: Da herrschten dann Jubel, Trubel, Heiterkeit. Von einem Wirt erfuhr ich, dass es Kneipen gibt, die nur während der Soldatenwallfahrt geöffnet sind. Die nehmen in dieser einen Woche so viel Geld ein, dass es ihnen dann für den Rest des Jahres reicht. Oder, anders ausgedrückt: Die machen in fünf Tagen so viel Umsatz, dass sie die restlichen 365 Tage davon leben können! Das ist beinahe so wie auf dem Münchner Oktoberfest.

Als ich das erste Mal in Lourdes war, habe ich das volle Programm mitgemacht – auch in meiner Freizeit. Zum

Schlafen kam ich nur wenig. Teilweise hatte ich Ordnerdienst. Als Ordner steht man ganz vorn und nimmt daher einiges von den Veranstaltungen, aber auch von der Feststimmung auf. Trotz des von den meisten Leuten reichlich genossenen Alkohols ging es immer sehr friedlich zu – das verwundert einen, im Nachhinein gesehen, schon ein wenig. Soldaten aus aller Herren Länder, bierselig und trotzdem friedlich vereint!

Woher das kommt? Nun, ich glaube, in Lourdes weht einfach ein bestimmter Geist. So jedenfalls habe ich es empfunden. Auch das hat mich unter anderem sehr stark beeindruckt: Dass ungeheuer viele Menschen zusammen sein können, ohne dass es einen Tumult gibt. Einfach vereint unter dem Dach einer wundersamen Geschichte. Hier, so weiß ich heute, keimte zum ersten Mal das zarte Pflänzchen der Idee, dass das Kloster für mich eine alternative Lebensform sein könnte. Eigentlich war ich lediglich mit der Motivation nach Frankreich gefahren, etwas mit Kameraden zu erleben und Spaß zu haben. Aber als ich zurückkam, war alles anders für mich. Diese eine Woche hat viel in mir verändert.

Schließlich und endlich ist Lourdes ein Ort, an den Menschen fahren, weil sie daran bestimmte Hoffnungen knüpfen. Es sind nicht nur Alte und Kranke. Im Gegenteil! Das erkennt man auch schon an diesen vielen jungen Soldaten, die alljährlich dorthin pilgern. Ich habe einen sehr schönen Satz gefunden, der, wenn auch nicht von Anfang an, auch für mich gelten konnte: »Welche Erwartungen, welche Hoffnungen führen Millionen von Wallfahrern nach Lourdes? Hoffnung auf Heilung! Hoffnung auf Umkehr! Hoffnung auf Versöhnung mit Gott und den Menschen! Hoffnung auf bessere Zeiten!« Das sind Hoffnungen, die meiner Ansicht nach doch jeder Mensch auf die eine oder andere Weise hegt.

Zu den eindrücklichsten Erinnerungen an Lourdes zählen für mich Begegnungen mit ehemaligen, mit kranken und behinderten Soldaten, mit Veteranen und deren Angehörigen. Es gibt einen steilen Kreuzweg, den diese Behinderten hinaufgetragen werden, weil man die Stufen etwa mit einem Rollstuhl oder mit Krücken nicht hochkommt. Deswegen werden die Veteranen auf Tragen gelegt und von jeweils vier Soldaten getragen. Mit solch einer Trage auf der Schulter ist ein Kreuzweg eine ganz andere Erfahrung, als wenn man ihn allein für sich bewältigt. In diesem Moment habe ich mir die Frage gestellt, was wohl Jesus empfunden haben muss, als er sein Kreuz trug, und ich habe vielleicht einen Hauch von dem nachvollziehen können, was Kreuzweg wirklich bedeutet.

Ich beschloss, diese Wallfahrt im Jahr darauf zu wiederholen. Man kann als Soldat jedes Jahr daran teilnehmen, wenn man sich nicht gerade auf einer Übung befindet. Beim zweiten Mal, im Jahr 2004, standen für mich dann die religiösen Inhalte viel mehr im Vordergrund; ich habe mich eher am Geistlichen orientiert, habe nicht mehr mit den Kameraden durchgezecht, was aber nicht heißen soll, dass ich nicht auch das eine oder andere Bierchen getrunken hätte. Doch mein Leben hatte zu jener Zeit bereits seine entscheidende Wende erfahren.

## Würfelt Gott?

Mein Hunger nach geistlichem Wissen wurde nun, etwa um die Mitte des Jahres 2003, immer größer. Schon bald nach meiner ersten Rückkehr aus Lourdes fing ich an, mich intensiver für das Klosterleben zu interessieren. Dem Beuroner Kloster ist ein gut sortierter Buchladen angeschlossen, hier besorgte ich mir Literatur zum Thema. Auch die Beuroner Bibliothek bietet Lesestoff ohne Ende: Mit ihren rund 400000 Werken gilt sie als größte Klosterbibliothek in Deutschland. Allerdings kann man sich als Normalsterblicher von dort keine Bücher ausleihen, sondern sie nur vor Ort lesen. Das habe ich auch bisweilen getan, wenn ich wieder auf Exerzitien war. Und heute gehört dies natürlich zu meinen regelmäßigen Beschäftigungen.

Ein Buch, das mich besonders in seinen Bann gezogen hat, heißt »Würfelt Gott?« – es handelt sich dabei um eine Art Science-Fiction-Roman, der schon allein wegen dieses Bezugs bei mir als »Trekkie« auf großes Interesse stieß und den ich mir anlässlich von Exerzitien in der Klosterbuchhandlung kaufte. Darin unterhalten sich zwei Astronauten – ein Theologe und ein Physiker – darüber, ob und wie die Schöpfungsgeschichte mit wissenschaftlichen Erkenntnissen vereinbar sei. Dieser Roman hat mich sehr fasziniert, weil er zum einen mein Faible für Science-Fiction und zum anderen mein Interesse am Glauben angesprochen hat. Das Buch hatte ich auch in Lourdes dabei, und dort hat es mir zu meiner Freude der Militärbischof Walter Mixa signiert.

Der Sommer 2003 war für mich eine Zeit zwischen Baum und Borke. Nach dem Aufenthalt in Mazedonien war der Routinedienst bei der Bundeswehr für mich eher langweilig geworden. Andererseits hatte sich mir mit den Begegnungen von Beuron und Lourdes eine neue, tiefe Welt eröffnet. Die Frage nach meiner Zukunft, die schon seit einiger Zeit in meinem Kopf herumgegeistert war, hatte auf diese Weise eine andere Dimension erlangt. An die Gründung einer Familie hatte ich in meinem Leben eigentlich nie einen Gedanken verschwendet. Keine Ahnung, warum nicht. Mag sein, dass es mit dem Weggang der Mutter zu tun hatte, mag sein, dass meine Schüchternheit eine Rolle spielte oder der Umstand, dass ich nun einmal in vielen Dingen ein Spätentwickler bin – warum auch immer: Gedanken, ein Nest zu bauen, hatte ich mir nie wirklich gemacht.

Manchmal spukte mir immer noch der Gedanke durch den Kopf, Berufssoldat zu werden. Ich stellte drei- oder viermal Anträge auf einen Laufbahnwechsel. Doch die Bewertung meines ehemaligen Spießes über meine angeblich »fehlende Führungsautorität« verbaute mir die Möglichkeit eines Aufstiegs bei der Bundeswehr. Irgendwann habe ich dann aufgegeben. Denn: Der größte Kämpfer in eigener Sache bin ich ja nun nicht.

Was also waren die Alternativen? Nun, spätestens seit meinen Erfahrungen und Erlebnissen während meiner ersten Exerzitien und der Militärwallfahrt keimte in mir der Gedanke, dass die Auseinandersetzung mit dem Glauben mehr sein könnte als eine fixe Idee. Die Überlegung, ob vielleicht in diesem Bereich meine Zukunft liegen könnte, erwies sich keinesfalls als Eintagsfliege. Gerade mein eintöniger Dienst ließ mir viel Raum zum Nachdenken. Doch der letzte Anstoß fehlte noch.

## Mein langer Marsch

Der Sommer 2003 war lang, trocken und sehr heiß, jedenfalls ist er mir so in Erinnerung geblieben. Wie jedes Jahr stand für unsere Kaserne ein Partnerschaftsbiwak in Hilzingen unweit des Bodensees bei Singen am Hohentwiel auf dem Programm. Der 8000-Einwohner-Ort ist eine Partnergemeinde unserer Kaserne, in dessen Umgebung unsere Einheit regelmäßig ein Zeltlager abhält.

Dafür gibt es auch einen ganz konkreten Grund: Für Zeitsoldaten ist es Pflicht, einmal im Jahr das Sportabzeichen abzulegen. Zu diesem militärischen Sportabzeichen gehört ein 30-Kilometer-Marsch, der in maximal fünf Stunden zu bewältigen ist. Das Ganze mit mindestens zehn Kilo Gepäck auf dem Rücken! Das ist allerdings – jedenfalls für mich – halb so schlimm, wie es klingt. Diese sportliche Herausforderung hatte ich schon des Öfteren recht locker hinter mich gebracht. Mein Ziel war es natürlich, auch diesmal wieder als einer der Ersten zurück im Lager zu sein. Ich wollte bis an meine Grenzen gehen.

An jenem Tag, an dem der Marsch stattfand, war es relativ heiß. Unsere Vorgesetzten hatten sich für uns einen anspruchsvollen Kurs ausgesucht. Hilzingen liegt im westlichen Hegau, umrahmt von den Hegaubergen, einer malerischen Landschaft zwischen Bodensee, Schwarzwald und Alpen. Aber das heißt auch: Es ging ununterbrochen auf und ab. Und dies dann 30 Kilometer lang. Manchmal am kühlenden Waldrand entlang, aber meist mitten durch die Felder, total der Sonne ausgesetzt.

Für einen solchen Marsch gilt: Jeder läuft sein eigenes Tempo, so, wie es ihm möglich ist. Teilweise ist man auf der Strecke ganz für sich allein. Manche Kameraden lassen sich die vollen fünf Stunden Zeit, manche sind nach drei Stunden schon zurück. Mal läuft man ein Stück mit jemandem, den man eingeholt hat oder der schneller ist als man selbst. Aber meist ist man ein einsamer Wanderer.

Die Sonne brannte gnadenlos vom Himmel. In der Ferne glitzerte der Bodensee, was ich wie eine Provokation empfand, weil mir seine glatte Fläche signalisierte: Hier gibt es Wasser! Denn genau davon hatte ich nichts mehr, da meine Feldflasche inzwischen geleert war – und das nach gerade einmal der Hälfte der Strecke!

Ich lag zwar gut in der Zeit, die ich mir vorgenommen hatte, aber die anspruchsvolle Strecke und die Hitze hatten mich doch schon sehr geschafft. Es war natürlich erlaubt, sich von der Strecke zu entfernen, um sich zum Beispiel irgendwo etwas zum Trinken zu kaufen, wenn man sein Reservoir erschöpft hatte. Aber so richtig abkürzen ging nicht. Denn entlang des Weges warteten verschiedene Posten, die man ablaufen musste. Und wo die standen, wusste man als Teilnehmer des Marsches nicht. Ohnehin war weit und breit kein Ort in Sicht, an dem ich meinen Getränkevorrat hätte aufbessern können.

Zu allem Überfluss handelte es sich bei der Wegstrecke, die ich zu bewältigen hatte, seit vielen Kilometern um einen schwarz geteerten und damit umso heißeren Fahrradweg, der mitten durch die Felder verlief und an dessen Rändern kaum ein Baum lindernden Schatten spendete. Endlich fand sich wenigstens, nach noch nicht einmal der Hälfte des Weges, eine kleine Bank, unmittelbar vor einem steilen Anstieg. Ziemlich ausgepowert beschloss ich, eine kleine Pause zu machen. Ein Blick auf die Uhr zeigte mir, dass ich immer noch relativ gut dabei war, wenngleich mein selbstgesetztes Ziel kaum noch erreichbar schien. Ich hatte mir nämlich vorgenommen, den Marsch innerhalb von drei Stunden zu schaffen.

Und während ich so dasaß, durchgeschwitzt und abgekämpft, schoss mir aus heiterem Himmel ein verrückter Gedanke durch den Kopf: »Wenn ich es doch noch schaffe, diesen Marsch in weniger als drei Stunden hinter mich zu bringen, gehe ich ins Kloster!«

Aus der vagen Idee, die irgendwo in meinem Hinterkopf geschlummert hatte, wurde binnen Minuten ein klarer, alles dominierender Entschluss. Kein Gedanke mehr daran, doch noch bei der Bundeswehr zu verlängern. Denn in diesem Moment auf dem Bänkchen spürte ich, wie sehr ich von dem anderen Wunsch beseelt wurde. Und dann stand ich auf, lief los – und schaffte das Ziel unter drei Stunden!

Ich weiß nicht, wie ich es nennen soll: War es eine Wette gegen mich selbst? War es ein Gelübde? Wie auch immer: Es fühlte sich an, als hätte ich einen Kraftschub bekommen. Plötzlich brauchte ich nichts mehr zu trinken, plötzlich war ich nicht mehr müde – es lief, im Wortsinn, wie von selbst. Als wäre da jemand gewesen, der mich trug!

Als ich in der Kaserne ankam, durchströmte mich ein bisher nie gekanntes Glücksgefühl. Es war, als wäre mir eine lang anstehende Entscheidung abgenommen worden. Blitzartig herrschte in mir eine große Klarheit. Da ich meinen Marsch ja sehr schnell absolviert hatte, blieb mir Zeit zum Nachdenken.

Mein erster Impuls bewog mich, in Hilzingen in die Kirche zu gehen. Aber die war kurioserweise an diesem Tag abgesperrt! Also entschloss ich mich für die praktische Alternative: Zum Glück befindet sich in der Gemeinde ein Freibad, das mir gerade jetzt gelegen kam. Nach dieser Anstrengung musste ich mich erst einmal abkühlen. Später habe ich dann auf meinem Feldbett gelegen, ganz ruhig, ganz glücklich. Ich fühlte mich erleichtert, war völlig ohne Zweifel. Meine Zukunft lag deutlich vor mir. Jetzt stand fest, wie es mit mir weitergehen würde. Ich musste mir um meinen Weg keine Gedanken mehr machen.

# Afghanistan – Einsatz in einer anderen Welt

## Befehl ist Befehl

Wer einmal als Soldat im Ausland eingesetzt war, der hat gute Chancen auf einen zweiten Einsatz. Denn so eine Ausbildung kostet viel Geld, und die Erfahrung, die ein Soldat auf seinem ersten Auslandseinsatz gesammelt hat, macht ihn für eine zweite Mission doppelt wertvoll. Deswegen war auch mir, der ich inzwischen zum Stabsgefreiten aufgestiegen war, klar: Es wird noch einmal in die Ferne gehen. Wohin, das wusste ich lange Zeit nicht. Aber als es dann hieß: Afghanistan, musste ich dann doch ein wenig schlucken. Da schoss mir im ersten Moment durch den Kopf: »Hm, *das* könnte gefährlich werden, zweifellos um einiges gefährlicher als in Mazedonien …«

Doch genauso schnell, wie ich einen Kloß im Hals hatte, als ich den Einsatzort erfuhr, genauso schnell arrangierte ich mich innerlich mit dem Befehl. Ob es noch einmal der Kosovo gewesen wäre oder dann eben Afghanistan, das war letztlich Jacke wie Hose. Ich war Soldat, hatte zu gehorchen, und damit basta!

Die Vorbereitung auf den Einsatz verlief nach dem gleichen Muster wie bei meinem Mazedonientrip. Zunächst einmal hieß es wieder Theorie büffeln: Wir wurden über die Geschichte des Landes informiert, erfuhren das Wichtigste zur aktuellen politischen Lage, lernten einiges über die Kultur, bekamen ein paar Grundbegriffe aus dem Wortschatz mit auf den Weg, die man als Soldat häufig braucht.

Floskeln wie zum Beispiel »Guten Tag, wie geht's?« oder »Schön, Sie zu treffen«, aber auch »Halt, stehen bleiben!« und »Waffe ablegen!«. Wie das alles allerdings auf Paschtu, der in Afghanistan zusammen mit Dari am häufigsten gesprochenen Sprache, heißt, weiß ich heute nicht mehr. Man vergisst Dinge schnell, wenn man sie nicht regelmäßig anwendet.

Die jeweiligen »Trockenübungen« im eigenen Land sind immer auch schon an die Bedürfnisse des Einsatzes angepasst. Für Mazedonien war das unser Aufenthalt in Wildflecken gewesen. Zur Vorbereitung für Afghanistan wurden wir in die Nähe von Magdeburg geschickt. Der dortige Übungsplatz erinnert schon sehr an die Gegebenheiten der afghanischen Wüste. Sand, Sand, Sand – quasi ein wüster Übungsplatz. Und da die Vorbereitung mitten im Sommer stattfand, wurden wir nicht nur bezüglich des Geländes, sondern auch der Temperaturen auf das Bevorstehende eingestimmt.

Solch eine »Trockenübung« zieht sich alles in allem über ein halbes Jahr hin, allerdings nicht am Stück: mal da eine Woche und mal dort eine Woche, mal Theorie, mal Praxis. Dazwischen ist man immer wieder ein paar Tage lang damit beschäftigt, das Material, das man mitnimmt, vor- oder nachzubereiten.

Nach Afghanistan begab ich mich nicht mit meiner Heimatkompanie, dem zweiten Jägerbataillon, sondern wurde als Verstärkung zu einer anderen, der vierten Kompanie, befohlen, die allerdings ebenfalls in Donaueschingen stationiert ist. Deshalb lernte ich die Kameraden, mit denen ich nach Afghanistan flog, erst während der Einsatzvorbereitung kennen. Sie waren in Donaueschingen in einem völlig anderen Gebäude untergebracht, und während der bisherigen Dienstzeit hatte ich mit ihnen nichts zu tun gehabt.

Alle, die wir nach Afghanistan flogen, waren jedoch bereits im Ausland erprobte Soldaten. Darunter war keiner, der nicht schon von irgendwoher Einsatzerfahrung mitbrachte. Dass jeder wusste, wie ein solcher Einsatz ablief, hatte natürlich viele Vorteile. Es gab nichts wirklich Neues mehr für uns, da war viel Routine mit im Spiel. Dieses Wissen verlieh mir Sicherheit.

Und trotzdem war für mich *etwas* anders als in Mazedonien, und zwar *ganz* anders: Ich wusste: Wenn das hier vorbei war, dann war auch meine Zeit bei der Bundeswehr so gut wie abgelaufen. Und ich wusste, wohin ich danach wollte: ins Kloster!

Und so war ich, als ich nach Afghanistan ging, innerlich ein ganz anderer Frank Beha als der, der zwei Jahre zuvor seine Uniform auf dem Balkan getragen hatte. Ich sah die Welt jetzt mit anderen Augen, ganz abgesehen davon, dass die Welt in Afghanistan ohnehin eine völlig andere ist als unsere. Vor meinem Einsatz hatte ich von diesem Land vermutlich nicht mehr und nicht weniger Ahnung als die meisten anderen Deutschen auch.

## Was soll ich hier?

Also galt es für mich nun, mich mit meinem Auftrag zu beschäftigen. Während dieses halben Jahres in Afghanistan hatte ich hinreichend Zeit, darüber nachzudenken, weswegen ich überhaupt hier war, in diesem so weit von zu Hause entfernten Land, das eingebettet zwischen den Nachfolgestaaten der Sowjetunion, China, Pakistan und Iran liegt. Das sind alles Länder mit unterschiedlichen, aber großen politischen Spannungen, in die Afghanistan zwangsläufig mehr oder weniger verwickelt ist.

Geprägt durch die riesigen Bergzüge der Himalajaausläufer, ausgedehnte Salzwüsten und größere, nur im nördlichen Teil vorhandene Nutzflächen, verfügt dieses Land für seine etwa 25 Millionen Einwohner über vergleichsweise geringe landwirtschaftliche Erwerbsquellen. So erklärt sich auch, dass der Mohnanbau die überragende und stetig zunehmende Einkommensbasis bildet; er ist die Grundlage für etwa 90 Prozent der weltweiten Heroinproduktion und macht rund die Hälfte des Bruttosozialprodukts Afghanistans aus, das zu den ärmsten Ländern der Welt zählt.

Seit vielen Jahren befindet sich das Land im Kriegszustand. Richtig friedlich ging es in diesem Vielvölkerstaat ja sowieso nur selten zu. Spätestens seit dem Einmarsch sowjetischer Truppen im Jahr 1979 herrschen hier nahezu dauerhaft Krieg, Terror, Not und Elend. Gerade jüngere Afghanen kennen fast gar nichts anderes: Für sie ist das der Normalzustand, leider!

Nach den Anschlägen vom 11. September 2001 erklärten die Vereinigten Staaten von Amerika dem internationalen Terrorismus den Krieg. Einer der Einsatzschwerpunkte ist Afghanistan, wo unter der Führung der NATO die internationale Sicherheitsunterstützungstruppe ISAF, kurz Schutztruppe genannt, installiert wurde. Sie soll ein sichereres politisches Umfeld im Land schaffen, nicht zuletzt aus der Besorgnis vor einem Flächenbrand, der auf den Nachbarn, die Atommacht Pakistan, überzugreifen droht. Peter Struck, während meiner Bundeswehrzeit Verteidigungsminister, hatte bereits im Dezember 2002 gesagt, unsere Freiheit werde auch am Hindukusch verteidigt.

Nun war ich also einer dieser Verteidiger, der dazu beitragen sollte, den von den Taliban ausgehenden Gefahren für Freiheit und Sicherheit vor Ort zu begegnen. In den Religionsschulen der Gotteskrieger, so hatte man es mir beigebracht, würden junge Menschen indoktriniert und damit auch für uns in Europa zur Gefahr. Im Land selbst sei das Nationalbewusstsein nicht genügend ausgeprägt und die vielfältigen Einflüsse von außen seien zu stark, um diese Gefahren aus eigener Kraft abzuwehren. Wenn die NATO – und damit auch die Bundeswehr – Afghanistan verließe, drohe dem Land ein Rückfall in finsterste Zeiten.

Nun, ich denke, bis heute hat sich an dieser Einschätzung wenig geändert. Im Gegenteil: Die Lage hat sich in den letzten Jahren wieder zugespitzt, und nach dem zu urteilen, was man so liest, ist die Gefahr eines erneuten Bürgerkriegs größer denn je.

Meine Meinung ist: Was die Bundeswehr derzeit in Afghanistan und anderswo leistet, gilt auch ein klein wenig als ein Dankeschön dafür, wie uns Deutschen nach dem Zweiten Weltkrieg von den Westalliierten geholfen wurde, unser Land wiederaufzubauen. Ich halte daher die Bündnistreue innerhalb der NATO für sehr wichtig.

Ich bin auch grundsätzlich ein Befürworter friedenssichernder Einsätze der Bundeswehr. Deutsche Soldaten sollten allerdings nicht in Krisenherde wie Afghanistan geschickt werden, um dort *kämpfende* Truppen zu unterstützen. Unsere Jungs sollten in der Welt allein zum Friedensschutz eingesetzt werden. Aber deutsche *Kampftruppen* – nein danke, da bin ich strikt dagegen!

## Es wird ernst in Kabul

Im Oktober 2004 wurde es also ernst für mich. Zusammen mit rund 200 anderen Soldaten machte ich mich von Köln aus auf den rund 6200 Kilometer langen Weg. Zunächst wurden wir mit einem Airbus der Flugbereitschaft nach

Termez im Süden von Usbekistan transportiert. Dieser Flug dauert etwa sechs Stunden. In Termez hat die Bundeswehr aufgrund der idealen geographischen Lage der Stadt – die Grenze zu Afghanistan ist gerade einmal zehn Kilometer entfernt – einen Lufttransportstützpunkt errichtet, der ein Einsatzgeschwader der Deutschen Luftwaffe und der Heeresflieger beheimatet. Von hier aus liefen damals alle Truppen- und Nachschubtransporte für das deutsche und niederländische ISAF-Kontingent in Afghanistan. Das bedeutete für uns anderthalb Tage Aufenthalt, um umzuladen – eine nervige Warterei und Verteilungsgeschichte.

Wer niemals bei der Bundeswehr war, macht sich keine Vorstellungen, was dort für ein Bürokratieaufwand zu bewältigen ist. Dokumente ohne Ende, Vorschriften, die bis ins kleinste Detail gehen (etwa, in welcher Hosentasche Gehörschutz oder Verbandspäckchen aufzubewahren sind), lassen wenig Platz zum Improvisieren. Wir waren ja 200 Leute, und in eine Transall passen, nebst Gepäck, etwa 50 Personen. Das waren dann insgesamt vier bis fünf Flugzeuge. Die genaue Anzahl weiß ich nicht mehr.

Der Flughafen Termez ist selbstverständlich Sperrzone, was den zusätzlichen Nachteil hat, dass man von Land und Leuten nichts bemerkt – da kommt an diesen anderthalb Tagen keiner raus und keiner rein. Zwar könnte man auch direkt aus Deutschland nach Kabul fliegen, aber aus Sicherheitsgründen macht man diesen Umweg, da der Airbus A 310 – anders als der Transporthubschrauber CH 53 oder das Transportflugzeug Transall C-160D – nicht mit Raketenabwehrsystemen ausgestattet ist, weswegen er in Afghanistan nicht landen kann.

Der 550 Kilometer lange Flug von Termez nach Kabul ist für die Crews der Transall eine fliegerische Herausforderung und auch für die Passagiere alles andere als ein

Charterflug nach Mallorca. Dieses Flugzeug ist eigentlich eine Transportmaschine. Es schüttelt und wackelt und ist laut und ungemütlich. Die Sitze sind nicht viel mehr als bessere Stoffsäcke, da freut sich der Rücken! Ich habe mich lediglich darauf konzentriert, den Flug einigermaßen zu überstehen. Erstaunlicherweise ist keinem von uns schlecht geworden, was durchaus erwähnenswert ist, denn es gibt dort nicht einmal eine Bordtoilette!

Für die Piloten heißt es beim Anflug jedes Mal, mit der betagten Maschine die hohen Gipfel des Hindukusch zu überwinden und dann im Talkessel von Kabul zu landen. Die Ausläufer des knapp 2200 Meter hohen Berges Rawash erstrecken sich bis nahe an die Landebahn. Der Anflug erfolgt nach Sicht. Radar gibt es nicht. Zudem muss im Krisengebiet Afghanistan immer mit Beschuss gerechnet werden. Zur Sicherheit sind alle Transall, die nach Kabul fliegen, mit einer speziellen Schutzausstattung, sogenannten Flares, bestückt. Diese Flares werden im Falle eines Raketenbeschusses ausgestoßen und machen den Anflug sicherer, da sie der wärmesuchenden Munition ein Ersatzziel bieten.

Auch wenn wir in Ruhe gelassen wurden, kamen mir die knapp zwei Stunden in der Luft dreimal so lang vor. Von der Gegend unter uns sah ich nicht viel, denn die Maschine hat lediglich winzige Fenster und davon auch nur wenige. Der einzige Vorteil dieser Rüttel-Rallye war: Ich machte mir keine großen Gedanken, was mich bei der Ankunft in Afghanistan erwarten würde, da ich viel zu sehr damit beschäftigt war, den Wackelflug zu überstehen.

In Kabul gelandet, fühlte ich mich an Termez erinnert, nicht zuletzt, weil auch hier die Truppe total abgeschottet wurde. Der Flughafen ist in einen militärischen und einen zivilen Bereich unterteilt. Wir kamen selbstverständlich auf dem Militärflughafen an, der komplett isoliert ist. Dicke, hohe Mauern sollen davor schützen, dass auf die dort stehenden Flugzeuge geschossen wird. Bei einem Blick über diese Mauern ließen sich in der Ferne immerhin die Berge erkennen. Das war aber auch schon alles. Menschen und Material wurden schnell durchgeschleust.

Wir mussten sofort zu den Panzern, damit auf dem Weg ins Lager niemand abgeschossen wurde. Anfangs waren die Soldaten noch mit Bussen vom Flughafen ins Camp transportiert worden, doch als sich im Juni 2003 ein Selbstmordattentäter genau in dem Moment mit seinem Taxi in die Luft sprengte, als ein Bundeswehrbus vorüberfuhr, starben vier Soldaten, und 29 wurden zum Teil schwer verletzt. Seitdem erfolgt der Transfer in gepanzerten Fahrzeugen. In solch einen Transportpanzer Fuchs passen acht Leute. Aber weil auch der nur winzige Fenster hat, bekam ich während dieser Fahrt von der Umgebung genauso wenig mit wie während des Fluges.

Kabul, die dreitausend Jahre alte Stadt im Tal des Hindukusch, eines gewaltigen Gebirges in Zentralasien, hat ungefähr drei Millionen Einwohner. Die rund 1800 Meter hoch gelegene, von Bergen umgebene Stadt dehnt sich weit aus. Auch wenn es für einen Europäer recht ungewöhnlich scheinen mag, aber es gibt in dieser Riesenstadt so gut wie keine Hochhäuser. Die Gebäude sind maximal zwei Stockwerke hoch, lediglich der Präsidentenpalast und einige Hotels ragen über alle anderen Bauwerke hinaus. Ein Grund für diese Bauweise könnte sein, dass die Stadt ursprünglich aus verschiedenen Gärten und Parkanlagen bestand, die den Königen als Lustgärten und der Bevölkerung als Vergnügungsstätten dienten, und dass diese Anlagen nicht durch hohe Häuser verschandelt werden sollten. Die meisten dieser Gärten sind heute jedoch zerstört oder haben andere

Funktionen. Kaum zu glauben, aber ursprünglich war diese in einem Kessel gelegene Stadt für höchstens eine Million Einwohner konzipiert. Doch die Einwohnerzahl hat sich innerhalb weniger Jahre verdreifacht, und ich nehme an, die daraus resultierenden Probleme haben sich verzehnfacht.

## Camp Warehouse

Das Lager, in dem ich untergebracht war – das legendäre Camp Warehouse –, befindet sich rund zehn Kilometer östlich des Stadtzentrums in einem überschaubaren Talkessel. Es war hauptsächlich die Bundeswehr, die aus diesem früheren Industrielager (daher wohl der Name) eine Militärbasis errichtet hatte. Eine Basis, die heute von Soldaten aus aller Welt genutzt wird. Ich habe keine Ahnung, wie viele Länder in dieser »Kabul Multinational Brigade« vertreten waren, als ich eintraf: Ich habe die Flaggen und Uniformen nicht gezählt. Im Lager angekommen, habe ich umgehend meine Unterkunft bezogen und auch bald mein Bett gefunden.

Schon zu Hause waren wir darüber informiert worden, dass uns die ersten zwei Wochen in der neuen Umgebung gesundheitlich sehr zu schaffen machen würden. Ich weiß von keinem, der in den ersten Tagen im neuen Land nicht Dauergast auf der Toilette gewesen wäre. Jeder, der geschäftlich oder als Tourist Fernreisen unternimmt, kennt wahrscheinlich dieses Problem. So etwas ist wohl ganz normal. Aber nahezu unglaublich scheint, dass eine Drei-Millionen-Stadt wie Kabul keine Kanalisation besitzt, sieht man einmal von etwa 15 Zentimeter tiefen Gräben ab, die die Straßen durchziehen. Hier herrschen noch Bedingungen wie im Mittelalter: Fäkalien laufen aus Löchern in den

Hauswänden einfach auf die Straße in ebendiese Gräben. Darüber rollen dann die Autos und sorgen für eine »optimale« Weiterverbreitung. Was da alles an Bakterien und Viren, aber auch an Mücken und Fliegen in der Luft herumschwirrt – dagegen hat man keine Chance. Die Einheimischen sind natürlich längst immun und abgehärtet gegen diese Viecher jedweder Größe. Aber wer aus einem fernen Land kommt, den erwischt es dann. Und zwar jeden. Ganz abgesehen von dem bestialischen Gestank, der permanent in der Luft liegt.

Hinzu kam: Als Soldaten fuhren wir ja mit dem Panzer durch die Straßen, schauten aus unseren Luken heraus und boten damit, trotz Mundschutz, eine ideale Angriffsfläche für alle möglichen Biester. Ein solcher Mundschutz war nach einer Patrouillenfahrt vollkommen verschmutzt – als ob man ihn in Altöl getaucht hätte. Außerdem liegt Kabul unter einer dauerhaften Dunstglocke, ausgelöst von den Autoabgasen und den vielen offenen Feuern in der Stadt.

Dass bei alldem mein Körper rebellierte, war also kein Wunder. Dabei hatte ich noch sehr viel Glück, denn nach etwa einer Woche gab mein Magen-Darm-System wieder Ruhe. Da merkte man eben doch die robuste körperliche Konstitution eines Schwarzwälder Burschen, wie ich mir nicht ohne Genugtuung einredete. Manch anderer hatte doppelt so lange wie ich mit Anpassungsproblemen zu kämpfen. Wer Pech hatte, dem halfen da auch die besten Kohletabletten nichts.

Erfreulicherweise herrschten im Lager, selbst in hygienischer Sicht, beinahe europäische Verhältnisse. Es gab eine eigene Wasseraufbereitung, und viele Lebensmittel wurden eingeflogen. Außerhalb des Lagers kauften wir jedoch nichts, das sich nicht als absolut frisch erwies, so wie etwa Brot, das direkt aus dem Ofen kam. Am Straßenrand finden sich immer Bäcker, die Fladenbrot backen. Bei denen kauften wir gern. Das Brot war auch ausgesprochen lecker. Beeindruckt hat mich die ungeheuer freundliche Mentalität der Menschen dort. Man bekommt andauernd etwas angeboten. Bedenkenlos kann man auch Obst annehmen, das eine Schale hat und folglich gewaschen werden kann. Schwierig wird es allerdings, wenn einem halbgekochte oder rohe Speisen gereicht werden. Oder Saft. Da brauchte man sehr viel Fingerspitzengefühl, um freundlich abzulehnen. Die Leute wollten eine Ablehnung nämlich auch immer begründet haben. Manchmal griffen wir daher zu einer Notlüge, etwa in dem Sinne, dass es uns von der Militärführung verboten worden sei oder dass man eine Allergie habe oder so ähnlich.

Drei Kameraden von mir mussten es übel büßen, dass sie sich nicht an diese Empfehlungen gehalten hatten. Sie unterhielten sich auf einer afghanischen Polizeistation mit dem dortigen Chef, und wie es der Brauch ist, wurde ihnen Saft angeboten. Irgendwie schafften sie es nicht, dieses freundliche Angebot abzulehnen. Alle drei lagen danach auf der Krankenstation. Einer von ihnen musste sogar nach Deutschland ausgeflogen werden. Der einheimische Polizeichef, der vom gleichen Saft getrunken hatte, war wohlauf. Der war resistent – wogegen auch immer.

Nun will ich keineswegs unsere afghanischen Freunde anschwärzen. Denn als ich wieder in Deutschland zurück war, ereilte mich dasselbe Phänomen: Ich kam wieder zwei oder drei Tage nicht von der Toilette herunter. Das führe ich auf den Umstand zurück, dass sich der Körper einfach umgewöhnen muss. Käme dieser besagte afghanische Polizeichef nach Deutschland und würde bei uns einen Saft trinken, es würde ihm hier vermutlich nicht viel besser ergehen als uns bei ihm daheim.

Zum Glück hatte die Militärführung hier längst ein Einsehen. Oder, anders gesagt: Die Problematik ist im Laufe der Jahre erkannt worden, und man stellte sich auch darauf ein. Denn die ersten drei Wochen mussten wir Neuen nicht auf Patrouille gehen. Diese drei Wochen sind die Zeit des Übergangs: Die alte Einheit verabschiedet sich, die neue nimmt ihren Platz ein. Da ist die Truppe dann eben eine Zeitlang doppelt besetzt.

Standardmäßig waren wir vom Bund mit einer Tragetasche und einem Seesack ausgerüstet worden. Aber wer schon einmal im Einsatz war, weiß, dass das beileibe nicht ausreicht. Eine solche Sporttasche ist alles andere als stabil und somit völlig ungeeignet für wertvolle oder zerbrechliche Dinge wie zum Beispiel einen Laptop. Und wenn man weiß, wie die Kameraden beim Verladen mit dem Gepäck umgehen – du meine Güte! Hauptsache, das Zeug ist schnell im Flieger, da kann man keine Rücksicht auf Einzelschicksale nehmen. Deswegen habe ich mir im Baumarkt eine Seekiste aus Metall gekauft. Da passen ungefähr 80 Liter hinein. Ein derartiges Gepäckstück muss man sich zwar aus eigenen Mitteln besorgen, aber das hat sich auf alle Fälle gelohnt. Denn damit ging mir nichts kaputt.

Während wir mit dem Panzer befördert wurden, transportierte man unser Material per Lkw ins Lager. In dessen Mitte befand sich ein riesiger Warenumschlagplatz, er wirkte auf mich wie ein Basar. Dort holte man dann seine Sachen ab und schleppte sie in seine Unterkunft. Das war zwar immer noch anstrengend genug, aber durchaus machbar, denn die Wohncontainer und Zelte standen ja direkt um den Platz herum.

Als wir im Oktober in Afghanistan ankamen, herrschte dort noch Sommer: Wir hatten tagsüber 40 °C im Schatten. Auch die Nächte waren zu jener Zeit noch ganz angenehm. Im Januar allerdings wurde es dann richtig Winter, da konnte es schon mal bis zu −20 °C kalt werden. Am schwierigsten waren aus meiner Sicht die Übergangszeiten. Da waren es am Tag etwa 16 °C, was durchaus eine passable Temperatur ist, und des Nachts wurden es dann plötzlich *minus* 16 °C. Das waren dann rund 30 Grad Temperaturunterschied innerhalb von zwölf Stunden. Mit unserem mitteleuropäischen Klima ist das kaum zu vergleichen, denn das dortige Kontinentalklima lässt die Temperaturen viel intensiver erscheinen, als man das hierzulande gewohnt ist. Solange es ausschließlich heiß ist, kann ich das ganz gut aushalten. Wenn es klirrend kalt ist, ebenfalls, eigentlich mag ich das sogar noch lieber. Ich bin eben ein Typ, der eher an die Kälte gewöhnt ist, was vermutlich mit meiner Schwarzwälder Herkunft zu tun hat. Aber dem Thermometer zuzusehen, wie es steigt und fällt und steigt und fällt, das macht einen Mitteleuropäer wie mich doch ein wenig fertig. Die Übergangszeit in Afghanistan stellte deshalb an meine und meiner Kameraden Kondition und Kreislauf die höchsten Anforderungen.

Der Dienst am Hindukusch selbst unterschied sich formal wenig von dem in Mazedonien: Es gab die gewohnten drei Schichten à acht Stunden, und zwei Mann teilten sich eine Stube, also einen Wohncontainer. Es wurde natürlich auch wieder darauf geachtet, dass Leute gemeinsam in einem Raum untergebracht waren, die miteinander auf Patrouille gingen. Ich wohnte mit meinem Unteroffizier zusammen auf einer Stube. Mit dem habe ich mich gut verstanden; das passte also alles. Es gab auch noch zusätzliche Duschcontainer. In der Summe erwies sich das Ganze sogar als etwas komfortabler als in Mazedonien. Pro Zug gab es einen Wohnkomplex: Unterkünfte, Dusche, Betreuungseinrichtungen. Ein solcher Komplex war dann immer für

60 Leute gedacht. Wir hatten auch Aufenthaltsräume, in denen man sich zum Beispiel ausruhen konnte, wenn man Bereitschaft hatte – also fast so eine Art Wohnzimmer. Da konnte man dann etwas trinken, lesen oder sich ganz einfach nur entspannen.

Bereits in Mazedonien hatte ich die Rolle des Kompanieschneiders übernommen. Dort gab es nämlich keinen gelernten Schneider im Lager. Wenn da also etwas an der Kleidung kaputtging, hätte man erst ins Hauptquartier fahren müssen, um sich Ersatz zu beschaffen. Aber dorthin kam man nur etwa einmal im Monat. War also etwa ein Cut in der Hose eingerissen oder ein Reißverschluss defekt, dann habe ich das alles repariert und mir auf diese Weise ein kleines Zubrot verdient. Im Hauptquartier habe ich mir das entsprechende Material besorgt: Stoffe, Knöpfe, Reißverschlüsse. Zum Glück haben die nichts gekostet, weil so etwas zum Bundeswehrbestand gehört. Meinen Arbeitslohn habe ich dann nach dem Dienstgrad meiner Kunden berechnet. Ranghöhere verdienen selbstverständlich mehr, die können auch mehr bezahlen!

In Afghanistan hatten wir, anders als auf dem Balkan, eine separate Kleiderkammer, aber um den Kleinkram habe ich mich auch dort gekümmert. So habe ich etwa dafür gesorgt, dass die Kleidung zweckmäßig abgeändert wurde. Zum Beispiel habe ich, nachdem wir gemerkt hatten, wie heiß die Tage noch sind, die langen Ärmel der Feldblusen abgetrennt, weil die Bundeswehrschneiderei diese Aufgabe nicht übernehmen wollte.

Schneidern macht mir Spaß, schon immer. Deswegen habe ich aufgrund meiner Erfahrungen eine Nähmaschine nach Afghanistan mitgenommen. Die hat genau in meine Baumarktkiste hineingepasst. Den übrigen Platz in der Kiste habe ich mit Klamotten aufgefüllt. Worauf ich selbstverständlich bei keinem meiner Einsätze verzichtete, war ein alter Teddybär aus Kindertagen. Ich habe zu Hause eine recht große Teddybärensammlung und seit meiner Kindheit immer ein solches Kuscheltier mit im Bett. Und eines musste natürlich auch mit auf den Einsatz.

In Mazedonien hatte ich noch Zivilkleidung dabeigehabt – etwa zwei Hosen und zwei Pullover, vor allem auch Dinge, die mich an zu Hause erinnerten. Zumal ich wusste, dass man ja doch hin und wieder das Lager verlassen und »Mensch« sein konnte. Das war in Afghanistan nicht möglich. Dort läuft man ständig in Uniform herum. Aufgrund der unsicheren Situation war es nun einmal nötig, immer die Waffe dabeizuhaben. Hier macht die Uniform auch die Autorität aus. Gerade in einer patriarchalischen Gesellschaft wie der afghanischen darf man als Mann keine Schwäche zeigen – und schon gar nicht als Soldat. Da heißt es, Präsenz zu zeigen!

## Gastfreundschaft im Land des Streits

Mein Eindruck war, dass sich die Afghanen uns Deutschen trotz unserer Bewaffnung recht verbunden fühlten. Ohne Eigenlob erheischen zu wollen: Weil wir zu Hause gut vorbereitet worden waren, gingen wir deutschen Soldaten sehr respektvoll mit der einheimischen Bevölkerung um. Ich habe beobachtet, dass dies keine Selbstverständlichkeit ist, wobei ich keineswegs Kameraden anderer Länder denunzieren möchte. Selbst wenn es also Anschläge gab, von denen Deutsche betroffen waren, so glaube ich, dass sich das weniger gegen die deutschen Soldaten speziell richtete als vielmehr gegen die ISAF im Allgemeinen. Mit der wieder zunehmenden Stärke der Taliban scheint mir aber diese

Unterscheidung inzwischen leider aufgehoben zu sein. Jetzt gilt wohl die Gleichung: Fremder Soldat ist gleich Feind.

Während ich in Afghanistan war – also von Oktober 2004 bis Februar 2005 –, gab es keine besonderen Vorkommnisse, die ich persönlich miterlebt hätte. Vor und nach meiner Zeit war und ist die Situation wohl wesentlich prekärer. So hat es im Vorfeld der Präsidentenwahl, die im ersten Monat unseres Aufenthaltes stattfand, im Oktober 2004, einige Attentate gegeben. Bereits im Januar 2004 war die neue afghanische Verfassung ratifiziert worden, zehn Monate später, am 9. Oktober, hatte die Bevölkerung den vom Westen unterstützten Hamid Karsai zum neuen Präsidenten gewählt, der bereits seit Dezember 2001 Präsident einer Übergangsregierung gewesen war. 2002 hatte er mit Mühe ein Attentat überstanden und erst kürzlich, im April 2008, ein zweites. Keine Frage: Heute ist die Situation im Land um ein Vielfaches angespannter als während der Monate, in denen ich dort unten war. Ich kann wirklich sagen, dass es zu meiner Zeit in Afghanistan relativ friedlich war. Glück gehabt!

Die deutschen Soldaten wurden also durchaus von den Einheimischen akzeptiert. Sobald sie als solche erkennbar waren, griff man sie auch nicht an. Die beim Volk aus den unterschiedlichsten Gründen eher unbeliebten Amerikaner durchschauten diese Sachlage recht schnell und glaubten deshalb eine Weile, sie seien besonders clever und geschützt, wenn sie zumindest teilweise unter deutscher Flagge fahren würden. Allerdings merkten die Afghanen bald, dass ein HMMWV – besser bekannt als »Humvee« oder als zivile Version »Hummer« – kein »Dingo«, also kein deutsches Fahrzeug ist. Damit hatte sich der Trick der Amerikaner wieder erledigt.

Ob man nun Amerikaner, Deutscher oder Franzose ist oder von sonst woher kommt – als Fremder wird man von den orientalischen Einheimischen bei aller Freundlichkeit grundsätzlich erst einmal mit Skepsis beäugt. Wir hatten stets einen Dolmetscher dabei, da wir uns mit den Afghanen sonst nicht hätten verständigen können. Selbst Englisch sprechen die wenigsten. Solange man den Menschen gegenübersitzt, sind sie sehr höflich. Aber wenn man sich umdreht und man hat im Gespräch zuvor einen diplomatischen Fehler gemacht (was durchaus passieren kann), kann die Sache sehr schnell heikel werden. Das ist oft ein schmaler Grat, doch durch Zurückhaltung und Freundlichkeit kann man sich durchaus schützen.

Egal, welcher ethnischen Volksgruppe ein Afghane zugehörig ist: Jeder Angehörige dieses Landes, so habe ich es erlebt, begegnet Fremden zunächst einmal mit ausgesuchter Gastfreundschaft, wie es einfach von seinem Ehrenkodex verlangt wird. Man bewirtet Gäste mit Tee und Gebäck, und es ist wichtig, diese Gastfreundschaft zu akzeptieren oder, wenn dies, wie aus den bereits geschilderten hygienischen oder sonstigen Gründen, nicht möglich ist, ausgesprochen höflich abzulehnen. Denn egal, wie stichhaltig Begründungen, mit denen man ablehnt, auch sein mögen: Wenn man da nicht den richtigen Ton trifft, zeigt sich die andere Seite sehr schnell beleidigt. Man sollte im Orient unbedingt vermeiden, dass es zu einem solchen Konflikt kommt.

Im Grunde genommen besitzen die Afghanen – jedenfalls die einfachen Menschen – so gut wie nichts. Selbst im Herbst, wenn es schon ausgesprochen kalt ist, laufen die Kinder beispielsweise noch barfuß herum. Denn es fehlt ihnen einfach an Schuhwerk. Trotzdem haben die meisten Kinder, die ich getroffen habe, auf mich einen fröhlichen Eindruck gemacht. Die hatten einfach eine ganz positive Ausstrahlung. Die waren glücklich und zufrieden, lachten

*Oben:* Meine Taufe im Sommer 1980;
*rechts:* Im Kindergarten.

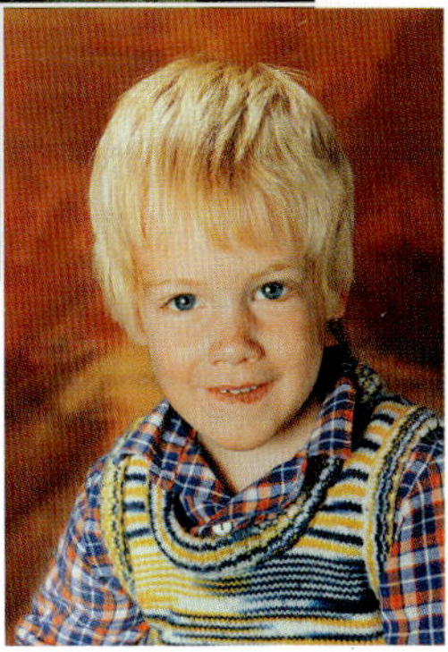

Meine Erstkommunion.

*Oben links:* Geburtstag; *rechts:* Bei der Jugendfeuerwehr;
*unten links:* Meine Katze Strolchi und ich.

BEAR
EUROPA-PARK

*Oben:* Kinderattraktion – Traktorrundfahrt auf unserem Hof mit dem alten »Güldner Deutz«-Schwungradschlepper.

*Links:* Mit Mama und Sandra im Europa-Park Rust.

*Oben:* In Mazedonien (vordere Reihe, Mitte).

*Links:* im Dingo auf Patrouillenfahrt; *unten:* im Wolf.

*Rechts oben:* Kriegszerstörte Moschee in Mazedonien.

*Rechts unten:* Auf Patrouille – unterwegs in Mazedonien im Wolf.

آلمان
REHA

*Oben:* Von den Afghanen bewundert, mein roter Bart. Auf dem Wachturm im Munitionslager beim Camp.

*Links oben:* In Afghanistan, Camp Warehouse, vor meinem Fahrzeug, dem Mungo.

*Links unten:* Begegnungen im Bergland um Kabul.

*Nächste Seiten:* Beuron, im Chorgestühl; das Bibliotheksgebäude.

*Oben:* Alle Räder stehen still, wenn ... Schaltzentrale in der Beuroner Elektrowerkstatt.

*Rechts:* Raritätenkabinett – meine Werkstatt.

Das neue Wasserkraftwerk.

Soldat Gottes und Pilger.

Beuron – das Kloster an der oberen Donau.

meist über das ganze Gesicht – das waren für mich, trotz aller Armut, einfach fröhliche Kinder. Ihr »Biscuit! Biscuit«, wenn sie uns sahen, klingt mir immer noch im Ohr.

Irgendwann ging mir auch durch den Kopf, welch positive Anstöße wir ausländischen Soldaten den Kindern im Land geben konnten. Durch das Zurückdrängen der Taliban durften Mädchen endlich wieder in die Schule gehen. Sie durften Lesen, Rechnen, Schreiben lernen. Was für einen Wahnsinn hatte diese Steinzeitregierung in all den Jahren zuvor praktiziert!

Was mir auffiel, war die generell positive Lebenseinstellung der einheimischen Bevölkerung. Die lebt zwar mehrheitlich in besseren Ruinen, aber sie steht dem Leben insgesamt trotzdem gelassen gegenüber. Ich denke, das geschieht nicht zuletzt aus ihrem tiefen Glauben heraus. Ich kann mir nicht vorstellen, dass es in diesem Land Depressionen oder eine hohe Selbstmordrate gibt. Diese Gelassenheit färbt einfach auf das ganze Leben ab. Mir hat die grundsätzliche Unbefangenheit der Menschen gut gefallen und dass sie nicht diesen ungesunden Ehrgeiz haben, der uns Mitteleuropäer zu eigen ist. Das Tempo aus dem Leben zu entfernen und alles etwas gemütlicher anzugehen, das entspricht sehr wohl auch meiner eigenen gelassenen Haltung.

Wenn man sieht, wie fleißig und optimistisch die Menschen sind, wie da alles immer wiederaufgebaut wird und wie friedlich es zugehen kann, wenn man als Soldat präsent ist, dann zeigt sich durchaus, wie sinnvoll solch ein Friedenseinsatz ist. Vor allem, wenn man dann, leider, merkt, dass die Einheimischen auch gleich wieder mit ihren internen Streitereien anfangen, sobald man ihnen den Rücken zuwendet.

Natürlich erkenne ich durchaus den Widerspruch in meinen Schilderungen: Einerseits befindet sich hier ein Land im jahrzehntelangen Kriegszustand, andererseits findet man darin scheinbar glückliche und ausgesprochen freundliche Menschen. Positiv und optimistisch ist der Einzelne, wenn man ihm persönlich begegnet. Aber leider schaffen es die Menschen nicht, dieses Verhalten im Umgang miteinander umzusetzen. Das ist zum einen historisch bedingt, zum anderen sind die Menschen im Orient einfach viel impulsiver als wir im Westen. Das führt dann in der Regel zu dauerhaften Konflikten. Ein falsches Wort, ein falscher Blick, ein Missverständnis – und schon drohen Mord und Totschlag. Ob Südeuropa, Balkan, Naher Osten oder eben am Hindukusch – in diesen Regionen kann man mit Worten und Gesten oft viel mehr Unheil anrichten als im gemäßigten Mitteleuropa. Dessen müssen wir uns immer bewusst sein.

Manchmal dachte ich mir: Durch unsere Präsenz müssten die Leute erkennen, dass es doch eigentlich besser ist, wenn man friedlich miteinander umgeht und zusammenlebt. Aber eine solche Friedensperiode kann sich nur tragen, wenn sie eine geraume Zeitlang andauert. Das unterscheidet Afghanistan beispielsweise nur wenig vom Balkan. Aus meiner Sicht brauchen diese heißblütigen Menschen Schiedsrichter von außen. Man stelle sich nur vor: Niemand in Afghanistan, der jünger ist als 30, kennt etwas anderes als Krieg. Wer soll denen denn ein friedliches Miteinander beibringen? Dieser jungen Generation kann meiner Meinung nach nur von außen vermittelt werden, dass es auch anders, nämlich friedlich geht. Aber machen wir uns nichts vor: Dieser Prozess wird sehr, sehr lange dauern. Ich fürchte, Generationen.

## Smalltalk über die Gretchenfrage

Eines der beliebtesten Smalltalk-Themen in Afghanistan ist, ganz anders als bei uns, die Religion. Hierzulande sind Religion und Politik Themen, die man beim Gespräch unter Freunden eher meiden sollte. Dabei kann man so richtig schön in Streit geraten. Die Gefahr, sich in Glaubensfragen zu zanken, besteht natürlich auch im Orient jederzeit. Doch die Gretchenfrage – also wie man es mit der Religion hält – wird dort durchaus gestellt. Und man sollte sich ihr auch aussetzen. 99 Prozent der Afghanen sind Moslems, davon 80 Prozent Sunniten und 20 Prozent Schiiten.

Der Islam ist mehr als eine Religion, er ist auch ein System, in dem es um Rechte und Werte geht. Die Scharia, das islamische Recht, betrifft sämtliche Bereiche des Lebens. Eine Trennung von Staat und Religion wäre deshalb in vielen islamischen Ländern undenkbar. Auch in Afghanistan. Fünfmal am Tag ruft der Muezzin zum Gebet. Gepflogenheiten wie Fasten oder Pilgerfahrten bestimmen das Leben der Gläubigen. Mit wunderschönen Kacheln verzierte Moscheen zeugen auch äußerlich vom alles beherrschenden Islam. Mich hat diese Religiosität von Anfang an in ihren Bann gezogen. Diese unbedingte, zweifelsfreie Klarheit im Glauben, vor allem unter den einfachen Menschen, empfinde ich als etwas Faszinierendes.

Meine Erfahrung war: Sobald ein afghanischer Muslim das Gefühl hat, sein Gesprächspartner sei ungläubig, hat er absolut keine Achtung mehr vor ihm. Solange mein Gesprächspartner aber spürt, ich habe selbst einen Glauben, egal welchen, dann wird das akzeptiert, auch wenn man sich als Christ zu erkennen gibt. Damit bin ich zwar nach seiner Auffassung nicht rechtgläubig, aber immerhin auch nicht ungläubig.

Was ein Muslim hingegen gar nicht verstehen kann, ist, dass jemand an überhaupt nichts glaubt. Die Hauptsache für einen gläubigen Muslim ist, man hat einen Gott, dem man sich verbunden fühlt. Diese Denkweise hatte uns die Militärführung schon in der Heimat mit auf den Weg gegeben, und auch Kameraden, die mit Religion »nichts am Hut hatten« – und das waren eine ganze Menge –, wurden eindringlich gemahnt, ihre Einstellung nicht an die große Glocke zu hängen, sondern wenigstens so zu tun, als ob sie gläubig wären.

Die klaren religiösen Bekenntnisse der Afghanen haben mir schon sehr imponiert, wenngleich sie in eine völlig andere Richtung gehen als meine eigenen. Die erste Erfahrung mit der islamischen Haltung machte ich gleich bei meiner ersten Patrouillenfahrt. Dabei besuchten wir auch eine einheimische Polizeistation. Dort stellten wir uns als »die Neuen« vor – und eines der Themen, über die wir sofort miteinander ins Gespräch kamen, war der Glaube. Natürlich blieb das ganze Gespräch halbwegs an der Oberfläche, denn zum einen lief alles über den Dolmetscher ab, und zum anderen hatte ich das Gefühl, unsere afghanischen Polizeifreunde kannten sich im Christentum auch nicht besser aus als wir uns im Islam.

In dieser Hinsicht fiel es mir während meines halben Jahres am Hindukusch zum Glück relativ leicht, denn mein Glaube war inzwischen einigermaßen gefestigt. Und ich vertrat ihn offensiv und sachlich. Nach meinem Eindruck konnte ich damit bei meinen Gesprächspartnern durchaus punkten. Jemand, der in Glaubensdingen eher indifferent ist, tut sich da vermutlich schwerer. Ich schätze, die Einheimischen merken sehr schnell, ob einer »echt« ist.

Und dann hatte ich noch einen anderen, kaum zu unterschätzenden äußerlichen Vorteil gegenüber all meinen

Kameraden: Ich habe einen kräftigen Bartwuchs. Da sich meine Haut beim Rasieren leicht entzündet, erhielt ich vom Militärarzt eine Rasurbefreiung, denn normalerweise ist ein Vollbart wie der meine bei der Bundeswehr nicht unbedingt zulässig. Doch diese äußeren Umstände verschafften mir bei den Einheimischen ein besonderes Ansehen. Weil bei den Muslimen Bartträger eher die Regel als die Ausnahme sind, war ich bald von einem durchschnittlichen Afghanen kaum mehr zu unterscheiden. Und mein Bart leuchtet auch noch herrlich rot. Was für ein Glück! Roter Bart und rote Haare gelten in Afghanistan als Zeichen der Frömmigkeit. Wenn die Muslime auf Pilgerfahrt gehen, färben sie ihr Haar oft extra rot. Das ist im Islam ein Symbol tiefer Gläubigkeit. Da stand ich mit meinem roten Vollbart natürlich im Blickpunkt. Wenn wir auf Patrouille an einen Ort kamen, an dem man uns noch nicht kannte, sind die Honoratioren immer erst zu mir gekommen, weil sie mich für den Anführer hielten.

Unser Zugführer, der glattrasiert war, sah das relativ gelassen, da ihm schnell klar war, dass wir dadurch stark im Vorteil waren. Jemand mit rotem Vollbart gilt dort eben als Chef, ihm erweist man Respekt. Denn wenn das Gespräch auf den Glauben kam, hatte ich bei uns im Zug ohnehin die besten Karten. Die anderen Jungs waren ganz froh, wenn die Einheimischen sich mich als Gesprächspartner heraussuchten, denn sie wussten: Ich bin halbwegs bibelfest. Wir hofften nur, dass unsere Dolmetscher dies auch entsprechend vermitteln konnten. Den freundlichen Reaktionen nach zu urteilen, dürfte das aber wohl der Fall gewesen sein.

Beispielsweise wurde ich von den Einheimischen des Öfteren gefragt, ob ich denn bei uns zu Hause ein religiöser Führer sei. Auch im Islam gibt es eine mönchische Bewegung. Und für so etwas Ähnliches hielt man mich dann wohl. So viel Eindruck machte mein Bart! Es war schon witzig, wie nahe sie der Sache kamen, auch wenn es noch eine Zeitlang dauern sollte, ehe aus dieser Vermutung – für mich – Wirklichkeit wurde. Aber schmunzeln musste ich schon darüber, dass man mich mehr als einmal für einen Geistlichen hielt. Denn meine Klosterzukunft hatte ich ja bereits im Hinterkopf.

Wenn ich heute darüber nachdenke, dann haben Situationen wie diese durchaus dazu beigetragen, mein von Natur aus nicht allzu ausgeprägtes Selbstvertrauen weiter zu festigen. Mit Sicherheit bin ich aus Afghanistan psychisch gestärkt nach Hause zurückgekehrt. Selbstbewusstsein war etwas, das mir seit meiner Kindheit gefehlt hat. Ich war immer ein wenig schüchtern, hatte – vielleicht auch wegen der Scheidung meiner Eltern – Minderwertigkeitskomplexe. Da haben mir die Einsätze im Ausland sehr geholfen. Denn als Soldat muss man einfach entschieden und bestimmt auftreten. Mit »vielleicht« und »hätte, wenn und aber« kommt man in patriarchalischen Gesellschaften wie in Afghanistan oder Mazedonien nicht weit, denn denen bedeuten Hierarchien alles. Die merken sofort, wenn jemand unsicher ist.

In dieser Zeit suchte ich auch das Gespräch zu meinem Militärpfarrer. Als ich ihm erzählte, dass ich nach meiner Militärzeit ins Kloster gehen wollte, zeigte er sich begeistert und wollte natürlich auch vieles erfahren: etwa, wie ich überhaupt auf diesen Gedanken gekommen sei, welche Erfahrungen ich in Glaubenshinsicht bereits gemacht hätte, wie ich mir meinen weiteren Weg vorstellte.

Im Laufe der Zeit war es auch in der Kompanie durchgesickert, dass ich vorhatte, nach meiner Militärzeit Mönch zu werden. Mein kirchliches Engagement war auch schon allein deswegen ein offenes Geheimnis, weil ich immer wieder die Werbetrommel für Lourdes gerührt hatte, damit mehr Kameraden an der Soldatenwallfahrt teilnehmen. In all den Monaten in Afghanistan hatte ich auch per E-Mail Kontakt zu meinem Militärpfarrer und geistlichen Begleiter in der Heimat. Diese Brücke nach Hause war mir sehr wichtig.

Eine eigene Bibel hatte ich nicht dabei. Aber die konnte man sich beim Militärpfarrer ausleihen, was ich auch hin und wieder tat. Einerseits dachte ich in Afghanistan schon intensiv über meine Zukunft im Kloster nach. Aber andererseits war es nun auch nicht so, dass ich mich ständig in Gedanken mit dem Thema »Glauben« beschäftigt hätte. Ich habe also keineswegs andauernd in der Bibel geblättert, sondern mich vielmehr voll und ganz auf meinen militärischen Job konzentriert, das Religiöse lief nur nebenher.

Alles in allem war in unserem Lager der Glaube sowieso nur ein Randthema. Das erkannte man schon daran, dass die sonn- und feiertäglichen Feldgottesdienste eher spärlich besucht waren. Die Gottesdienste waren für das gesamte Lager vorgesehen, also auch für die Sanitäter, die Verwaltung und die Mitarbeiter von der Instandsetzung, kurzum: für alle, die daran Interesse hatten. Anfangs war ein Unterkunftszelt zur Kapelle umgebaut worden. Im Laufe der Zeit entstand allerdings eine richtige Kapelle aus Stein. Kurz vor unserem Rückflug wurde sie feierlich eingeweiht. Ich habe gehört, dass es inzwischen sogar eine Glocke gibt.

Ich will nicht verschweigen, dass im Durchschnitt gerade einmal zwei Dutzend der Kameraden die Gottesdienste besuchten. Zwei Dutzend von etwa 2500 – das ist in etwa ein Prozent. Für diesen schwachen Besuch gibt es aus meiner Sicht mehrere Gründe. Ich schätze einmal, dass ein Drittel der Soldaten aus den östlichen Bundesländern kam, wo der Glaube natürlich keine allzu große Rolle spielt. Hinzu kommt, dass der eine oder andere Protestant den Gottesdiensten fernblieb, weil der Militärgeistliche katholisch war, auch wenn die Andachten ökumenisch ausgerichtet waren.

Die sonntäglichen Andachten sah ich als Stütze und Ausgleich für den ganzen Stress, für den einerseits eintönigen und andererseits doch auch gefährlichen Job. Ich jedenfalls war doch recht froh, dass es dieses religiöse Angebot fernab der Heimat gab. Und ich denke, ich war nicht der Einzige. Ich war allerdings, soweit ich es überblicken konnte, der einzige *einfache* Soldat meines Zuges, der sich bei diesen Gottesdiensten blicken ließ. Der Rest waren Offiziere und eine Handvoll Unteroffiziere, was heißen soll: Viele der Gottesdienstbesucher gehörten zur militärischen Führung, die zum Ausgleich des physischen und psychischen Drucks geistliche Begleitung suchten. Dass vor allem die höheren Dienstgrade die Feldgottesdienste besuchten, führe ich überdies darauf zurück, dass es sich dabei auch um die älteren Semester handelte.

Die Mannschaften sind jung, die haben mit dem Glauben weniger zu tun. Die älteren Soldaten sind vielleicht noch mehr durch ihre religiöse Erziehung geprägt. Man hat ihnen angemerkt, dass sie zu den Gottesdiensten gehen, weil sie wirklich im Glauben verwurzelt sind. Und nicht nur, weil es eben die Tradition verlangt, so wie es hierzulande oft der Fall ist. Das war in Afghanistan anders. Wer in den Gottesdienst ging, dem war es ein echtes Bedürfnis: Er holte sich sonntags gewissermaßen Nahrung für die Seele.

Ich glaube aber schon bemerkt zu haben, dass auch die Kameraden, die nicht in die Kirche gingen, während dieser Monate in Afghanistan angefangen haben, intensiver über das Leben nachzudenken. Sicher: Es gibt auch solche, die gehen auf Auslandseinsatz, weil sie den guten Verdienst gerne mitnehmen – immerhin fast hundert Euro pro Tag als Gefahrenzulage zusätzlich zum normalen Sold –, und der Rest interessiert sie dann herzlich wenig. Aber meiner Beobachtung nach handelt es sich hierbei um eine Minderheit. Ich gehe davon aus, dass der Militärpfarrer in den Gottesdiensten so manch einen begrüßen konnte, den er zu Hause in Deutschland vermutlich nie zu Gesicht bekommen hätte. Und ich glaube auch, wer einen Feldgottesdienst besucht, tut dies zunehmend aus einem echten Bedürfnis heraus statt aus Langeweile, jedenfalls dann, wenn er erst einmal lang genug von zu Hause weg ist.

Dienstags war immer Kirchenchorprobe. Dort habe ich mich gern engagiert, wobei der Begriff »Kirchenchor« ein klein wenig hochgegriffen ist. Wir waren gerade einmal fünf Leute, die den Gottesdienst musikalisch begleiteten. Deshalb wäre »Vorsängergruppe« vielleicht der passendere Ausdruck. Aber Spaß gemacht hat es auf jeden Fall. Jeder von uns stammte aus einer anderen Abteilung. Das brachte leider mit sich, dass unsere zusammengewürfelte Sängertruppe privat nur wenig Kontakt untereinander hatte, weil die Dienstzeiten einfach zu unterschiedlich lagen und wir schon froh sein konnten, wenn wir uns zu den Proben und den Gottesdiensten sahen. Auf diese Weise fand bedauerlicherweise auch kaum ein Austausch darüber statt, wie der Einzelne in dieser ungewöhnlichen Situation dachte und fühlte. So etwas habe ich vermisst.

## Auf Patrouille

Obwohl ich nur als Fahrer eingesetzt war, gewann ich, wie geschildert, aufgrund meiner äußeren Erscheinung im Laufe der Zeit eine bestimmte Bedeutung in meiner Einheit.

Denn normalerweise spricht nur der Zugführer mit den Einheimischen. Bei den Gesprächen ist prinzipiell immer auch ein Dolmetscher mit dabei. Das sind speziell von der Militärführung ausgesuchte Afghanen, wobei meist Englisch die Grundsprache ist. Der Dolmetscher begleitete uns stets, wenn wir zu Fuß auf Patrouillengang waren. Nur in seltenen Fällen – etwa bei Patrouillenfahrt über Land, wenn nicht damit zu rechnen war, Menschen zu begegnen – wurde auf einen Übersetzer gelegentlich verzichtet. Einige der Dolmetscher lebten bei uns im Lager.

Es gab zwei Arten von Patrouillen: Solche, bei denen wir nur in unseren »Dingos« oder »Mungos« herumfuhren. Und solche, bei denen wir auch zu Fuß unterwegs waren, vornehmlich in Kabul. Das war keine ganz ungefährliche Geschichte; wir wussten, was da alles passieren konnte, trugen deswegen auf alle Fälle eine schusssichere Weste und hofften natürlich, dass alles gutgehen möge. Oft sprach man uns auf der Straße an, schon allein, weil wir als Soldaten zu erkennen waren. Solche Kontakte waren von unserer Seite auch beabsichtigt. Denn es ging ja darum, Präsenz zu zeigen. Man hatte uns gesagt, wir sollten auch durchaus die Leute selbst ansprechen – die sollten ruhig wissen, wer wir sind, was wir tun und warum wir es tun. Und es ging auch darum, Informationen zu gewinnen und an unsere Führung weiterzugeben. Dazu gehörten Fragen wie: Wie ist die Stimmung unter den Leuten? Kriselt es? Stehen sie uns positiv oder negativ gegenüber? Unsere Zugführer waren dahingehend sensibilisiert, dass sie Stimmungsschwankungen bei Unterhaltungen gut wahrnahmen und entsprechend einordnen konnten.

Als einfacher Soldat, von denen ich einer war, hatte man die Aufgabe, den Führern Rückendeckung zu geben und zu erkennen, ob eine Situation brenzlig werden könnte.

Ich erinnere mich an einen, aber wirklich nur an einen einzigen Fall, in dem solch ein Patrouillengang beinahe eskaliert wäre. Da kam plötzlich aus einer Seitenstraße ein recht fanatisch wirkender Typ auf uns zu. Zum Glück war das kein Selbstmordattentäter, denn so einer lässt sich nicht aufhalten oder wenn, dann nur mit absolut roher Gewalt. Dieser emotional sehr aufgeheizte Mensch trug seine Waffe einfach offen bei sich. In solchen Fällen schrillen dann bei uns alle Alarmglocken, so etwas hatten wir oft genug geübt. Unser Zugführer forderte den Mann mit Hilfe unseres Dolmetschers sofort höflich, aber bestimmt auf, seine Waffe abzulegen. Aber der weigerte sich, dem Befehl Folge zu leisten, und zeterte laut herum.

Die Waffe ist in vielen Ländern der Dritten Welt ein Statussymbol, so auch in Afghanistan. Und auch wenn es verboten ist, in der Öffentlichkeit bewaffnet zu sein, so wirkt die Tradition doch stärker als ein Verbot, das noch dazu von Fremden erlassen worden war. Schon allein der Stolz verhindert, nachzugeben. Das würde einen Gesichtsverlust bedeuten. Auch hier steckt man als ausländischer Soldat, noch dazu ohne konkrete Befehlsgewalt, in einer außerordentlichen Zwickmühle.

Waffenbesitz ist in Afghanistan überdies nicht prinzipiell verboten. Man kann davon ausgehen, dass sehr viele Leute eine Waffe haben – entweder daheim im Schrank oder verborgen unter dem Kaftan. Aber es ist eigentlich nicht zulässig, sie offen zu tragen. Dass dieser Mann es trotzdem tat, hat uns alarmiert. Da greift dann ein Automatismus: Der Griff zur Waffe wird fester, der Blutdruck steigt. Wie man sich in einem derartigen Fall verhalten muss, geht einem aufgrund der Ausbildung in Fleisch und Blut über.

Aber der Vorfall mit unserem renitenten »Freund« erledigte sich rasch: Wir waren fünf Mann und er nur einer, und anhand unserer Übermacht erkannte er seine aussichtslose Lage dann doch recht schnell, vor allem, als er feststellen musste, dass wir ihn ins Laservisier nahmen. Das war dann wirklich die Alarmstufe Rot. Denn um das Visier zu aktivieren, muss man die Waffe auch entsichern. Sonst funktioniert es nicht. Dem Mann war also relativ schnell klar, dass wir hier keinen Spaß verstanden.

Letztlich haben wir die afghanische Polizei alarmiert, und die hat ihn schließlich festgenommen. Ich habe aber keine Ahnung, was mit ihm dann weiter passiert ist. Vielleicht haben sie ihn ins Gefängnis gesteckt, vielleicht aber auch an der nächsten Straßenecke schon wieder laufen lassen. Die deutschen Soldaten selbst haben keinerlei Polizeifunktion inne, dürfen also auch niemanden verhaften. Sie unterstützen die Polizei nur in der Sicherung.

Ein Kapitel für sich waren die Fahrten über Land. Das war Abenteuer pur. Fahrspuren außerhalb Kabuls sind nur in ganz groben Zügen erkennbar. Lediglich die Hauptverbindungswege sind als solche zu erahnen, denn die sind einigermaßen festgefahren. Das sind dann nach afghanischen Verhältnissen fast schon Autobahnen. Normalerweise fährt man einfach dort, wo es einem gerade passt. Geteerte Straßen gibt es nur rund um das Regierungsviertel. Der Rest besteht aus Schotterpisten, wenn überhaupt.

Die Staubwolken, die unsere »Mungos« und »Dingos« hinterließen, waren meist meilenweit zu sehen. Die »Mungos«, die zu jener Zeit ganz neu in Afghanistan erprobt wurden, erwiesen sich jedoch als für diesen Einsatz untaugliche, weil viel zu anfällige Fahrzeuge und wurden inzwischen wieder abgezogen.

Relativ eindeutig sind in Afghanistan die Verkehrsregeln. Regel eins lautet: Der Stärkere hat immer Vorfahrt. Wer zuerst an eine Kreuzung kommt oder wer der Mutigere ist, der gibt Gas. Wobei Mut und Selbstüberschätzung manchmal sehr nah beieinanderliegen. Ich habe es selbst erlebt, als wir einmal zu einem Unfall gerufen wurden, bei dem sich ein Einheimischer mit einem kanadischen Panzer angelegt hatte. Der Panzer hatte im Prinzip Vorfahrt, aber der andere hat einfach nicht gebremst: eine seltsame Art des Kräftemessens. Ergebnis: Die Motorhaube des afghanischen Fahrzeugs war völlig platt. Wir waren es ebenfalls angesichts des Größenwahns.

Die Besonderheit einer Überlandfahrt hat auch einmal ein General der Luftwaffe, der zu uns auf Inspektion kam, kennenlernen dürfen. Mit dem sind wir auf Patrouille gefahren, normales Tempo, 20 bis 30 Stundenkilometer. Das war dem hohen Herrn allerdings viel zu langsam. Unseren Konvoi führte ein »Dingo« an, dahinter folgte ich mit meinem »Mungo« und dem General hintendrauf. Hinter uns fuhr ein weiterer »Dingo« mit Personenschützern. Der General hatte Funkverbindung zu den »Dingos« und gab allen die Anweisung, schneller zu fahren. Nun denn! Der Fahrer vor mir drückte also aufs Gas, es staubte auf, und ich sah keine fünf Meter mehr weit. Aber wenn der Herr General befiehlt, dann hat man zu gehorchen. Wie gesagt: Befehl ist Befehl.

Irgendwie hatte ich aber auch Mitleid, weniger mit dem »hohen Tier« als mit seinen Leuten, denn die bekamen auf der Ladefläche sämtliche Staubwolken ab. Die Personenschützer waren wirklich am ärmsten dran, denn die hatten bei der Hitze auch noch schwere, kugelsichere Jacken an und saßen auf den äußerst unkomfortablen Blechsitzen der »Dingos«, während der General nur eine leichte, schusssichere Weste trug. Trotzdem rasten wir dann auf besonderen Wunsch dieses einzelnen Herrn mit 60 bis 70 Sachen über die Schotterpiste. Ich dachte mir, der Meister wird sich schon äußern, wenn ihm das Ganze zu viel wird. Als wir dann wieder zu Hause waren, sahen alle aus, als wären sie frisch in Mehl getaucht worden. Doch der General schwieg still. Musste er wohl auch, denn ansonsten hätte er sich nur blamiert. Nun ja: Befehl und Gehorsam …

Als wir einmal in Camp Warehouse zusammen mit mazedonischen Kameraden Wache schoben, wurde mir die Bedeutung des Spruches »Die Welt ist ein Dorf« so richtig plastisch vor Augen geführt. Die Verständigung internationaler Truppen erfolgt ja überall in der Welt auf Englisch. Wer von uns spricht schon Finnisch, Rumänisch oder Mazedonisch? Jedenfalls kamen wir mit den Kameraden vom Balkan ins Gespräch, und dabei erzählte einer der mazedonischen Soldaten, dass er für diesen Afghanistan-Einsatz in seiner Heimat von deutschen Soldaten ausgebildet worden sei. Deutsche Soldaten? Wir rechneten nach und kamen zu dem Ergebnis, dass einer dieser »deutschen Soldaten« ich gewesen sein musste. Denn die Ausbildung dieses Kameraden fiel exakt in den Zeitraum, in dem ich in Mazedonien war – und er selbst befand sich genau in der Kompanie, die wir ausgebildet hatten.

Ich erinnerte mich noch gut an diese Ausbildung, denn die lief zum Teil recht abenteuerlich ab. So haben wir uns beispielsweise mit Bettlaken als Afghanen verkleidet, um die Situation so realistisch wie möglich zu gestalten. Auch wenn der Soldat und ich uns damals nicht persönlich kennengelernt hatten (oder zumindest waren wir uns dessen nicht mehr bewusst), so waren wir uns auf einem ganz anderen Flecken dieser Erde doch tatsächlich schon einmal begegnet.

Obwohl es mit den Mazedoniern also nur eine Verständigung auf Englisch gab, fanden wir eine kurzweilige Möglichkeit, die langen gemeinsamen Nächte der Wache aufzulockern: Wir erzählten uns Witze. Das ist schwieriger, als es sich anhört. Denn ein Witz muss so ins Englische übersetzt werden, dass der andere trotz der fremden Sprache die Pointe versteht. Nun basieren Witze aber häufig auf Wortspielen, Doppeldeutigkeiten und anderen sprachlichen Feinheiten. Das kann man demnach teilweise gar nicht übersetzen, wenn man nicht zufällig ein absoluter Englisch-Profi ist. Und einen solchen hatten wir leider nicht dabei. Also kam es bei den Pointen notgedrungen zu Missverständnissen – aber die waren oft wiederum derart komisch, und wir hatten dabei so viel Spaß, dass die Nachtwachen wie im Flug vergingen.

## Von der Angst

Gefährliche Situationen erlebte ich bei meinen Auslandseinsätzen in Mazedonien oder Afghanistan einige, doch Angst hatte ich nie. Angst blockiert die Sinne. Und genau die müssen, wenn es brenzlig wird, ganz besonders geschärft sein. Andererseits: So *ganz* »cool« war ich auch wiederum nicht. Der Adrenalinspiegel ist automatisch dauerhaft höher als zu Hause, der Selbsterhaltungstrieb spielt eine wesentlich andere Rolle als in Deutschland. Ich würde das, was ich während meiner Einsätze empfand, »Respekt« nennen. Respekt vor der Aufgabe, Respekt aber auch vor den Menschen.

Traumatische Erlebnisse während meiner Auslandseinsätze blieben mir zum Glück erspart, in jedem der beiden Länder. Ich gebe gern zu: Da war wohl auch eine Menge Glück mit im Spiel. Als ich mich in Mazedonien oder Afghanistan befand, waren die Zeiten dort zufälligerweise verhältnismäßig ruhig. Aber ich weiß durchaus um die

Ängste und Probleme, die viele meiner Kameraden zu bewältigen hatten und immer noch haben, und möchte das keinesfalls schönreden.

Eine der wenigen unerwarteten Situationen, an die ich mich diesbezüglich erinnere, war der Vorfall mit einer Handgranate, die gleich am dritten Tag meines Einsatzes in Afghanistan auf unseren Panzer zuflog. Aber eine Handgranate gegen einen Panzer – das ist lächerlich. Der Kamerad an der Luke hatte allerdings ein paar Tage lang ein Knalltrauma. Natürlich erschrickt man in einer derartigen Situation, aber das gibt sich gleich wieder. Mit solchen Dingen umzugehen – darauf wurden wir bei der Bundeswehr geschult. Solch ein Vorfall hat sich glücklicherweise während meiner Zeit auch nie wiederholt.

Auf absolut extreme Situationen im Leben, in denen es um Leben oder Tod geht, kann man sich natürlich nicht vorbereiten. In solch einem Moment reagiert jeder anders. Wer vermag schon zu sagen, was dann eine »normale« Reaktion wäre? Aber: Ich kann hier keinen sensationellen Fall schildern, einfach, weil ich keinen erlebt habe.

Wie auch immer: Ich war fünf Jahre Soldat, und eine solche Zeit hinterlässt viele Erinnerungen. Es gibt genügend Leute, die die Bundeswehr oder ihre Wehrdienstzeit negativ darstellen. Mag sein, dass ich da parteiisch bin, aber es ist mir sehr wichtig, auch das Positive an unserer Armee hervorzuheben. Manchmal träume ich sogar von der Bundeswehr, noch heute. Es sind positive Träume. Ich fühle mich meinem alten »Laden« immer noch ein wenig verbunden und freue mich jedes Mal, wenn in unserem Kloster Soldatenexerzitien stattfinden. Diese Haltung wird sich, schätze ich, erst verlieren, wenn ich doch noch sehr viel länger im Kloster bin, als ich beim Militär war. Wenn überhaupt. Und wenn nicht, wäre es auch nicht schlimm.

Trotzdem bleibt die Frage: Wovor habe ich Angst? Denn Angst gehört natürlich zum Menschsein mit dazu. In erster Linie fürchte ich mich vor der Einsamkeit, vor einem Alleinsein, das ich mir nicht selber aussuchen kann. Im Kloster bin ich ebenfalls viel alleine, aber ich habe die Erfahrung gemacht, dass ich in der Gemeinschaft meiner Mitbrüder geborgen bin. Einsamkeit ist etwas anderes als Alleinsein. Die Vorstellung, vor die Tür gesetzt zu werden, nichts zu haben und nirgendwohin zu gehören – so etwas macht mir Angst. Einfach auf der Straße zu stehen. Nicht zu wissen, was man mit seinem Leben anfangen soll, keine Lebensalternativen zu haben, keinen Ausweg aus einer schwierigen Lage zu sehen – das ist schlimm, das würde mir Angst machen.

Gefühle des Zweifelns und der Leere gibt es immer und überall im Leben. Ob in Afghanistan oder im Kloster. Auch hinter Klostermauern fragt man sich hin und wieder einmal, ob es denn draußen nicht besser wäre. In solchen Fällen führe ich vor meinem geistigen Auge eine Pro- und Kontra-Liste. Bis jetzt habe ich dann immer die Erfahrung gemacht, dass die Pro-Seite überwog. Das hilft mir wieder, bessere Laune zu bekommen. Und es zeigt mir auch, dass ich letztendlich ein Optimist bin, dass ich versuche, meistens die guten Seiten zu sehen. Denn ich glaube, alles hat seine guten Seiten. Es gibt nichts, was nur schlechte Seiten hat. Etwas Positives findet man immer, wenn man nur will. Und das sollte man suchen.

## Nach Hause und dann?

Im Februar 2005 ging es wieder zurück nach Hause. Der Frühling kündigte sich an, als wir begannen, das Lager zu räumen. Die letzten Tage zogen sich hin wie Kaugummi.

An der Stimmung in der Truppe merkte man: Alle wollten heim. Zugegeben: Heimweh spielte wohl für jeden von uns immer mal wieder eine gewisse Rolle, nicht zuletzt für einen heimatverbundenen Menschen wie mich. Besonders sah man das jenen Kameraden an, die, anders als ich, eine Freundin zu Hause hatten. Die konnten es kaum erwarten, wieder heimzukommen.

Doch auch ich hatte Heimweh nach der Familie und nach unserem schönen Hof. Ich freute mich, dass es wieder Richtung Deutschland ging, und war glücklich darüber, dass während meines Einsatzes in Afghanistan nichts Schlimmes geschehen war. Meine Seekiste wurde gepackt. Ich erwarb für die Lieben daheim ein paar Souvenirs. Im Lager gibt es einen kleinen Basar, auf dem afghanische Händler ihre Waren feilbieten. Für mich selber erstand ich ein schönes Schachbrett aus Stein, ein edles Teil mit Figuren aus Alabaster und Speckstein. Mein Vater hatte mir das Schachspiel bereits beigebracht, als ich noch ein Kind war, und wir hatten so manch heiße Partie gegeneinander ausgetragen.

Besonderen Spaß machte auf dem Basar das Feilschen. Wenn ein Orientale einen Preis nennt und man akzeptiert den sofort, dann ist der regelrecht beleidigt. Der will heruntergehandelt werden. Wir konnten in Afghanistan sogar mit Euro zahlen, denn das afghanische Geld selbst ist nicht viel wert. Für dieses schöne Schachbrett habe ich letztlich aus unserer Sicht läppische 20 Euro bezahlt. Für den Afghanen war das vermutlich ein Vermögen. Das Brett steht jetzt bei meinem Vater zu Hause.

Meiner Schwester brachte ich ein paar schöne orientalische Stoffe mit. Für so etwas hat sie ein Faible. Mein Schwager ist ebenfalls ein Globetrotter, woran zu Hause so manches Souvenir erinnert. Der war mit meiner Schwester schon in Indien, wo die beiden übrigens geheiratet haben und auch gleich ihre Hochzeitsreise verbrachten.

Zurück ging es wieder über Usbekistan. Das war eine furchtbar langweilige Angelegenheit, denn bis alles wieder verladen war, steckten wir zwei Tage lang in Termez fest. Eine solche Verlegung strapaziert die Nerven und zählt fast zu den anstrengendsten Angelegenheiten eines derartigen Einsatzes. Vor allem deswegen, weil man nur untätig herumsitzt und doch hofft, so schnell wie möglich zu Hause zu sein. Wer die Warterei auf dem Flughafen kennt, wenn er nach einem schönen Urlaub wieder heimfliegen muss, der weiß sicher, was ich meine. Ach, wie freute ich mich wieder auf mein eigenes Bett!

In Termez löste sich die Einsatzkompanie auf. Nun hieß es, Abschied zu nehmen von den Leuten, mit denen man eine so lange und intensive Zeit verbracht hatte. Die Rückflüge verteilten sich, je nach Standort der Kameraden. Für mich ging es über Leipzig nach Stuttgart. Dort wurden wir – insgesamt waren fünf Leute übrig geblieben – mit einem Bundeswehrbus abgeholt.

Glich die Ankunft in Afghanistan mit all dem Müll, Dreck und der Armut bereits einem Kulturschock, so war dieser Schock bei unserer Rückkehr fast noch größer. Alles war plötzlich so grün, so sauber, so ordentlich! Da mussten wir uns schon verwundert die Augen reiben.

An der Kaserne wartete mein Vater bereits auf mich. Ich war so müde, dass ich keine Lust hatte, mich hinter das Steuer meines tiefer gelegten Allrad-Flitzers zu setzen. Und das sollte schon etwas heißen! In der Regel liebe ich es, durch die kurvigen Straßen meiner Schwarzwälder Heimat zu brausen. Aber heute überließ ich es gerne meinem Vater, mich nach Hause zu fahren.

Dennoch war es ein phantastisches Gefühl, nach so langer Zeit wieder einmal in einem richtigen Auto zu sitzen. Ein halbes Jahr lang war ich ja nur Panzer gefahren. Da musste ich stets erst einmal zwei Stufen hochsteigen, ehe ich im Fahrzeug saß. Die Frontscheibe war nicht viel mehr als ein kleines Guckloch – gerade einmal einen Meter breit und einen halben Meter hoch. Bei meinem sportlichen Renner dagegen dachte ich, ich säße auf dem Boden. Und dann dieser Panoramablick, unglaublich! Das waren einfach zwei ganz unterschiedliche Welten.

Nach wenigen Kilometern auf der Bundesstraße bat ich meinen Vater, doch nicht so schnell zu fahren: »Du rast doch sonst auch nicht so! Wir haben doch alle Zeit der Welt!«

Ausgerechnet ich, der ich alles andere als ein gemütlicher Fahrer bin. Vater sah mich nur verdutzt an und entgegnete: »Wieso? Ich rase doch gar nicht!« Ich warf einen Blick auf den Tacho und staunte nicht schlecht: Vater fuhr gerade einmal 70 Stundenkilometer! Mir kam das vor, als würde er mit 200 Sachen über die Autobahn jagen. Was für ein Unterschied zu den afghanischen Schotterwegen, auf denen bereits 30 Stundenkilometer ein Höllentempo sind! Alles andere kann durchaus schon einen Wirbelsäulenschaden verursachen.

Warum ich das erzähle? Nun, das Tempo auf der Straße lässt sich durchaus auf die gesamte Lebensgeschwindigkeit in den beiden Ländern übertragen. An das deutsche Tempo und die deutschen Regeln musste ich mich erst langsam wieder gewöhnen. Ich musste mich wieder daran erinnern, dass nicht der Stärkere automatisch recht hat, sondern dass rechts vor links gilt, dass es Ampeln gibt …

Zu Hause blieb mir gerade einmal eine Woche zum Ausruhen und Entspannen. Da nahm dann Vater auch Rücksicht darauf, dass ich auf dem Hof jetzt nicht allzu viel mithalf. Normalerweise hieß es nämlich: »Wenn du daheim bist, wird geschafft!« Aber jetzt nahmen wir uns auch die Zeit, ein wenig miteinander zu plaudern. Und ich genoss es vor allem, endlich einmal auszuschlafen.

Nun stand noch die Nachbereitung an, inklusive der Truppenfreizeit, in der wir alles noch einmal untereinander besprachen. Noch einmal unternahm ich einen halbherzigen Versuch, beim Bund zu verlängern. Mir war aber klar, dass dies vergeblich war. Eigentlich stand für mich inzwischen absolut fest: Meine Zukunft liegt im Kloster.

# Beuron – Klostertore öffnen sich

## »Auf Probe« im Kloster

Der »Kulturschock«, den ich nach meiner Rückkehr aus Afghanistan erlebte, führte auch dazu, dass ich eine kleine Zwischenbilanz meines Lebens zog. Ich war jetzt knapp 25 Jahre alt, hatte eine abgeschlossene Berufsausbildung und fast fünf Jahre Bundeswehr hinter mir, hatte an zwei Krisenherden dieser Welt meinen Dienst verrichtet. Und ich war gerade im Begriff, mein Leben komplett umzukrempeln. In diesen Tagen gingen mir immer wieder zwei Zeilen von Hermann Hesses Gedicht »Stufen« durch den Sinn:

> »Und jedem Anfang wohnt ein Zauber inne,
> der uns beschützt und der uns hilft, zu leben.«

Meine Rückkehr nach Deutschland stellte einen solchen Anfang dar. Ich wusste, dass meine Tage bei der Bundeswehr gezählt waren, und richtete mein ganzes Denken auf meine Zukunft aus. Und die lag, da war ich mir nun sicher, im Kloster. Wenige Tage nachdem ich im Februar 2005 vom Hindukusch heimgekehrt war, bot Kloster Beuron erneut Soldatenexerzitien an.

Selbstverständlich war ich mit von der Partie und ergriff die Gelegenheit, meinem geplanten Neuanfang weiteren Schub zu geben. Ich fasste mir ein Herz und erzählte dem damaligen Gästepater Landelin von meiner Absicht, ins Kloster einzutreten. Der war zwar überrascht, hörte mir aber aufmerksam zu und verwies mich freundlich an Pater Tutilo, damals Magister und heute Prior von Beuron, der dort für solche Belange zuständig ist. Auch der heutige Prior zeigte sich von meinem Wunsch durchaus angetan, riet mir aber, die ganze Sache langsam angehen zu lassen. Ich nahm mir vor, diesen Ratschlag zu beherzigen, aber ich spürte auch meine innere Ungeduld.

Die Dinge nahmen nun ihren Lauf, und letztlich kam alles so, wie ich es mir insgeheim gewünscht hatte. Im Mai 2005 wurde ich aus der Bundeswehr entlassen. Ich hatte ein halbes Jahr lang Anspruch auf Übergangsgeld, das jemandem, der als Soldat auf Zeit vier Jahre lang verpflichtet ist, zusteht. Während dieser sechs Monate soll man sich einen Job suchen. Ich meldete mich also zunächst arbeitslos. Auf Vermittlung des Arbeitsamtes, aber auch aus versicherungstechnischen Gründen nahm ich für einen Monat eine Tätigkeit bei einer Zeitarbeitsfirma als Leiharbeiter an. Pro forma schrieb ich außerdem diverse Bewerbungen und bekam sogar ein paar Zusagen – zum Beispiel als Elektriker bei einer großen Hausmeisterfirma in Freiburg.

Aber das alles kam für mich nicht mehr wirklich in Frage, meine Ziele lagen ganz woanders. Trotzdem war es kein ganz schlechtes Gefühl zu wissen, dass ich auf dem freien Markt eine Chance gehabt hätte. Eine Alternative wäre zum Beispiel auch gewesen, wieder als Betriebselektriker zu arbeiten. Doch auf den Bau zurück wollte ich auf keinen Fall mehr, denn, auch wenn ich gerne an der frischen Luft bin: im Sommer wie im Winter im Freien, egal bei welchem Wetter – das musste in dieser Härte wirklich nicht mehr sein. Selbst, wenn mich das Kloster nicht genommen hätte, wäre ich nicht in meinen alten Beruf zurückgegangen. Doch an einen solchen negativen Gedanken verschwendete ich keine Sekunde mehr.

Vielmehr führte mich mein Weg in der folgenden Zeit alle zwei Monate für jeweils zwei Wochen nach Beuron – zum einen, um mich immer wieder selbst zu prüfen und zu bestätigen, zum anderen aber auch, um allen zu zeigen, wie ernst mir mein Anliegen war und dass ich wirklich hierherwollte. Ich nahm am Chorgebet teil, las in der Bibel, entspannte mich zwischendurch, ließ die Seele baumeln. Dies war die entscheidende Zeit, um mir darüber klarzuwerden, ob das hier wirklich das Richtige für mich war. Und je öfter ich hierherkam und je länger ich hier weilte, wurde mir immer deutlicher: Ja, genau das wollte ich: ein Mönch werden!

Verglichen mit dem Haus, das ich lange Zeit mit meinem Vater renoviert hatte, würde ich es so beschreiben: Das Fundament hatte ich in den vergangenen Jahren gelegt – jetzt begann ich, langsam die ersten Steine aufeinanderzusetzen. Ich denke, der Prozess, der mit der Fundamentlegung begann und der letztlich dazu führte, dass ich ins Kloster ging, dauerte etwa anderthalb bis zwei Jahre, von meiner ersten Wallfahrt nach Lourdes an gerechnet. Diese Tage in Südfrankreich hatten eine Tür einen ganz kleinen Spalt geöffnet, hinter der ich, sehr zu meiner eigenen Verwunderung, entdecken durfte, dass in mir Anlagen vorhanden waren, mich im Glauben weiterzuentwickeln und diese Anlagen zu meiner Berufung zu machen. Ich war dabei, einen noch recht unbekannten Weg zu beschreiten, einen Weg, von dem ich – genau genommen bis heute – nicht weiß, wo er hinführen wird. Doch seit jener Zeit hat mich dieser Gedanke an eine intensive Reise zu mir selbst, ausgerichtet auf Gott, nicht mehr losgelassen. Er hat mich bis heute begleitet und zunehmend gefestigt.

Ich nutzte die Zeit nach meinem Abschied von der Bundeswehr, um noch einmal einen wirklich schönen Urlaub zu verbringen, zweieinhalb Wochen lang. Es wurde mein letzter Urlaub vor dem Eintritt ins Kloster, was ich damals zwar noch nicht definitiv wusste, aber was sich doch in gewisser Weise für mich abzeichnete. So machte ich mich Ende Mai 2005 mit meinem Auto auf den Weg nach Skandinavien. Auf dem Hinweg ließ ich mir sehr viel Zeit. Zunächst ging es erst einmal in einem Stück bis nach Dänemark, dann mit der Fähre nach Norwegen, weiter mit dem Auto die Küste hoch bis Trondheim, die Fjorde entlang, und schließlich die schwedische Küste wieder herunter.

Ich erlebte ungeheuer schöne Landschaften, die mich sehr inspirierten und mir halfen, Abstand zu gewinnen, auch von der anstrengenden Zeit in Afghanistan. Da, wo es mir gefiel, schlug ich mein Zelt auf. Selbst das Wetter spielte großartig mit – es war frühsommerlich warm und trocken. Nach dem stressigen halben Jahr davor genoss ich jetzt die Stille, das Alleinsein, so wie ich es mein Leben lang getan hatte, wann immer es nur irgendwie möglich war. Die Verbindung mit der Natur, die Ruhe – in dieser Zeit war ich ganz und gar eins, vollkommen zufrieden mit mir. Es waren Tage der Entspannung, des Abschaltens. Und Tage der Vorfreude auf das, was kommen würde.

## Die Reaktion meiner Familie

Wieder zurück aus dem hohen Norden, führte mich mein Weg ein weiteres Mal nach Beuron. Und wieder fragte ich: »Wie sieht es denn aus mit meinem Eintritt?« Die Antwort fiel positiv aus: Man war bereit, mich ab November aufzunehmen. Das war eine wunderbare Nachricht! Bis zu diesem Zeitpunkt war ich aufgrund des Übergangsgeldes vom Bund finanziell versorgt, und danach brauchte ich mir keine finanziellen Sorgen mehr zu machen. Denn als Klosterbruder ist man zwar arm wie eine Kirchenmaus, aber auf der anderen Seite erhält man alles, was man zum Leben braucht: Es lief optimal für mich.

Spätestens nach meinem Marscherlebnis war ich bereit, für mein neues Ziel nach außen einzustehen und es offensiv zu vertreten. Auch vielen Kameraden in Afghanistan hatte ich von meinen Plänen berichtet. Und selbstverständlich sprach ich auch mit meiner Familie darüber, wenn auch zu unterschiedlichen Zeiten. Als ich das zweite Mal von Lourdes zurückgekommen war, also Ende Mai 2004, vertraute ich mich als Erstes meiner Schwester an. Ich erinnere mich, dass sie mich mit großen Augen ansah und zunächst wohl nicht so recht wusste, was sie antworten sollte. Ihr Blick schien zu sagen: »Wie??? Ins Kloster? Du?« Doch das dauerte nur ein paar Sekunden. Dann lächelte sie mich an und sagte mit fester Stimme: »Warum eigentlich nicht? Das passt irgendwie zu dir!«

Sie war also sofort mit meinem Plan einverstanden, aber ehrlich gesagt: Ich hatte es auch nicht anders erwartet. Wenig später sagte ich es dann meinem Vater, und auch der war von meinem Plan durchaus angetan. »Es ist dein Leben, und du machst es schon richtig«, war der Tenor seiner Reaktion. Beide standen also von Anfang an vollkommen hinter mir. Das hat mir sehr geholfen, aber ich wäre auch ins Kloster gegangen, wenn sie nicht uneingeschränkt damit einverstanden gewesen wären oder es für Spinnerei gehalten hätten. Nur hätte das natürlich »im Hinterkopf« schon eine gewisse Belastung für mich bedeutet, die durch ihr wohlwollendes Verhalten aber, Gott sei Dank, wegfiel. Nachdem mein Entschluss für mich feststand, war mir zwar weitgehend egal, was andere darüber dachten oder sagten. Doch ist es zweifellos viel angenehmer, solch eine Entscheidung mit Zustimmung der Menschen zu treffen, die einem am nächsten stehen, und zu wissen, dass sie den gewählten Weg gutheißen.

Als ich Ende Mai 2005, also genau ein Jahr später, von meinem Skandinavienurlaub zurückgekehrt war und den positiven Bescheid vom Kloster erhalten hatte, galt es nun auch, meine Mutter von meiner Entscheidung zu informieren. Das war für mich nicht ganz so einfach, also machte ich es möglichst kurz und schmerzlos. Ich stattete ihr eines Abends einen überraschenden Besuch ab und rückte ohne Umschweife mit den – für mich – eigentlich nicht mehr ganz so neuen Neuigkeiten heraus: »Übrigens, im Herbst gehe ich ins Kloster!«

Ihr skeptischer Blick sagte mir, dass sie mit meinem Entschluss nicht einverstanden war. Unsere Unterhaltung dauerte auch nur einige wenige Minuten, denn ich hatte keine Lust auf eine Diskussion. Ich glaube, ich habe sie nach wenigen Sätzen abrupt stehen gelassen und bin wieder gegangen. Ich wurde einmal gefragt, ob es denn nicht hätte sein können, dass meine Mutter schon vorher über Dritte von meinen Plänen erfuhr. Ich habe mir darüber keine besonderen Gedanken gemacht und denke, sie hat es damals von mir genau zu dem Zeitpunkt erfahren, an dem ich es für richtig gehalten habe. Falls sie es schon gewusst hatte, hat sie dieses Wissen jedenfalls gut verborgen. Heute spielt das alles ohnehin keine Rolle mehr.

Meine Mutter hat lange nicht verstanden, warum ich ins Kloster gegangen bin. Sie ist ein sehr weltlich ausgerichteter Mensch. Es hat einige Zeit gedauert, bis sie meinen Weg akzeptieren konnte, doch heute haben wir uns längst miteinander arrangiert, und ich bin sehr froh darüber, dass wir inzwischen ein entspanntes Verhältnis zueinander haben. Und was mich besonders freut: Heute finde ich in vielen Belangen eine gute Unterstützung durch meine Mutter. Ich bin eben doch ihr Sohn, und daher liegt ihr auch mein Wohlergehen am Herzen. Ich denke, sie hat sich inzwischen mit meiner Entscheidung nicht nur abgefunden, sondern steht jetzt auch voll und ganz hinter ihr. Es hat allerdings rund ein Dreivierteljahr gedauert, ehe sie mich das erste Mal in Beuron besucht hat. Bei dieser ersten Begegnung haben wir anfangs doch ein wenig gefremdelt. Ein Kloster scheint kein Ort zu sein, an dem sich meine Mutter besonders wohl fühlt.

Ich kann mir allerdings in etwa vorstellen, was in ihr vorging, bei ihrem ersten Besuch plötzlich nicht ihren »gewohnten« Sohn Frank, sondern Bruder Longinus vor sich zu haben – nicht in Jeans und T-Shirt, sondern im Habit. Denn während meines Postulats, also meiner Probezeit vor der Einkleidung, hat sie mich ja nicht zu Gesicht bekommen.

Unser erstes Gespräch nach so langer Zeit habe ich als sehr positiv in Erinnerung. Mutter konnte mir gut zuhören, so gut wie lange nicht mehr. Wir haben miteinander geplaudert und gelacht, und ich denke, dass dies der Moment war, in dem sie meine Entscheidung endgültig akzeptiert hat. Dass ich inzwischen ihre volle Unterstützung habe, ist mir sehr wichtig. Es ist einfach schöner und leichter so. Wahrscheinlich für uns beide.

Inzwischen besucht mich Mutter etwa jedes halbe Jahr einmal, zwischendurch telefonieren wir auch miteinander. Ich freue mich jedes Mal, wenn sie mich besucht, und ich glaube, dass sie sich inzwischen auch mit mir freut und dass sie erkannt hat, wie glücklich ich über meinen Weg bin.

Was das Telefonieren angeht: Ich habe ein Handy mit Kartenanschluss, das mir hier im Kloster gute Dienste leistet. Als Elektriker, der ich hier bin, wird man ständig irgendwo im Kloster gebraucht – und da ist es ganz gut, immer übers Handy erreichbar zu sein. Meine Prepaid-Karte wird von meiner Mutter gesponsert. Kurz bevor die Karte leer ist, rufe ich Mutter an, und sie lädt die Karte dann wieder für mich auf. Denn als Mönch habe ich kein eigenes Geld.

## Warum ich ins Kloster gehe

Am 1. September 2005 fuhr ich erstmals für einen ganzen Monat nach Beuron. Ich lebte probehalber in der Klausur mit, dem abgegrenzten, nicht öffentlichen und nur den Mönchen vorbehaltenen Bereich des Klosters, und machte ein sogenanntes Probepostulat. In diesem Monat war ich komplett in den Alltag der Brüder und Patres eingebunden, betete von morgens bis abends im Chor mit und aß mit den anderen im Speisesaal, dem sogenannten Refektorium.

Nach diesem Probemonat fand ein Gespräch mit Pater Tutilo statt, der für die Novizen zuständig war, in dem beide Seiten ein erstes Fazit zogen. Ein Außenstehender mag jetzt vielleicht meinen, dass man in einem solchen Gespräch mit einem so wichtigen Mann des Klosters, in dem es ja um die weitere gemeinsame Zukunft geht, unter erheblichem Druck steht. Aber so war es überhaupt nicht. Wir haben ganz ungezwungen im Büro Pater Tutilos zusammengesessen, ich habe ein wenig aus meinem Leben erzählt und kurz noch einmal begründet, weshalb ich ins Kloster möchte. Nach etwa einer Viertelstunde sagte er zu mir: »Jetzt gehen Sie noch einmal nach Hause und werden sich klar darüber, ob Sie das hier wirklich wollen. Lassen Sie sich einen Monat Zeit.« Ich nickte, aber wenn es nach mir gegangen wäre, hätte ich auf diesen »Wartemonat« genauso gut verzichten können. Ich wäre am liebsten gleich ganz hiergeblieben. Aber diese Denkpause war sicher für beide Seiten sinnvoll.

Mir wurde in diesem Gespräch klar: Die Entscheidung für Beuron lag letztlich nicht in meinem Ermessen, sondern vor allem in dem der Klosterführung und der Gemeinschaft der Brüder. Dass man hier schließlich »Ja« zu mir gesagt hat, ist für mich ein großer Glücksfall, zumal ich mehr als einmal drastisch erfahren musste, wie ein »Nein« meinen Lebensweg ganz wesentlich beeinflusst hat, und das nicht immer im gewünschten Sinne.

Warum also will ich nun eigentlich ins Kloster? Das wurde ich immer und immer wieder gefragt, und nicht nur von meinen Mitbrüdern – und die Frage ist für mich bis heute nicht mit wenigen Worten und für Außenstehende klar ersichtlich zu beantworten. Ist es die Suche nach dem Sinn des Lebens, ist es die Suche nach Gott, den ich hier finden will? *Meine* vorläufige Antwort darauf lautet: Weil ich einfach glaube, dass es für mich der richtige Weg ist. Vielleicht in dem Sinne, dass der Weg hier das Ziel ist? Ist Glaube nicht immer ein lebenslanges Suchen? Ins Kloster gehen bedeutet für mich das Zurücklassen von Bindungen und Einflüssen, um zu mir selbst zu finden. Das Suchen fernab vom Trubel der Welt öffnet mich für die Welt und für Gott. Und zu diesem Leben der Gottsuche fühle ich mich berufen. Ich gehe ins Kloster, weil ich mich dazu berufen fühle.

Warum wird jemand Soldat? Lehrer? Journalist? Handwerker? Die Entscheidung für einen Beruf bedeutet in aller Regel eine wesentliche Weichenstellung fürs Leben. Doch wenn man denjenigen fragt, weshalb er sich für diesen und nicht für jenen Weg entschieden hat, wird man längst nicht immer eine eindeutige Antwort bekommen. Auch mir fällt es schwer, meine eigene Berufung zu beschreiben oder zu begründen. Aber sie hat viel mit meiner geistlichen Entwicklung zu tun, wie ich hier schon habe anklingen lassen.

Wohlgemerkt: Ich spreche von meiner geistlichen Entwicklung, weniger von der geistigen. Manchmal frage ich mich, ob diese geistliche Entwicklung etwas mit meiner Familie zu tun hat – etwa mit meiner Großtante, der Schwester Barbara, und meinem Uronkel, dem Bruder Lazarus. Beide, von denen ich schon erzählt habe, waren ja Ordensleute. Doch auch wenn ich damals meine Tante als eine außerordentlich interessante Frau erlebt habe – etwa auch aufgrund ihres schwarz-weißen Habits mit ihrem Schleier, der sie zu etwas Besonderem machte –, so gab es damals nichts, was meine Berufung angedeutet hätte. Als Kind war der Glaube noch nicht so bedeutsam für mich. Die Ordensleute in meiner Familie waren zwar immer präsent, aber mehr auch nicht. Vorbilder im eigentlichen Sinne waren sie mir damals nicht.

Es waren wohl zunächst meine allerersten Gottesdiensterlebnisse am Standort Donaueschingen mit dem damaligen Standortpfarrer, die mich für eine ernsthafte Auseinandersetzung mit der christlichen Botschaft langsam geöffnet haben, zunächst unbewusst und aus einem Gefühl des Respekts vor diesem Mann. Meine geistliche Entwicklung baute sich dann nach und nach auf. Da gibt es nichts Spektakuläres, keine einschneidenden Erlebnisse, wenn man einmal von meinen Wallfahrten nach Lourdes oder dem Marscherlebnis absieht. Meine Entscheidung für das Kloster war zuerst eine Gefühls- und erst dann eine Verstandessache. Doch wie kann man solche Gefühle Außenstehenden vermitteln? Tut mir leid, ich tue mir schwer damit.

Natürlich gibt es Zeiten, in denen ich darüber nachdenke, was ich machen würde, wenn ich nicht hier wäre. Die Spielchen »Was wäre, wenn ...« spielt ja wohl jeder Mensch immer wieder einmal. Wäre ich dann vielleicht ein Familienvater mit zwei Kindern? Ich glaube, in meinem jetzigen Alter – ich bin noch keine 30 – eher noch nicht. Ich kann mir zwar gut vorstellen, dass ich eine Freundin hätte, aber ich glaube, für eine Familie wäre ich noch nicht so weit. Ich bin da eher ein Spätentwickler. Langsam, aber sicher, das ist meine Devise.

Nach dem, was ich heute von meinen Mitbrüdern weiß, glaube ich, dass jeder, der ins Kloster geht, eine ähnliche Geschichte wie ich von meinem Marsch erzählen kann. Jeder hat sein ganz persönliches Aha-Erlebnis. In groben Zügen kenne ich die Vorgeschichten der Brüder, vor allem die der jüngeren. Von den älteren weiß ich in dieser Beziehung eher wenig. Der Grund, warum jemand ins Kloster gegangen ist, rückt auch im Laufe der Jahre in den Hintergrund, so wie jemand nach einer gewissen Zeit sich auch nicht mehr Rechenschaft darüber ablegt, warum er diesen Beruf oder jenen Partner gewählt hat. Zumindest wenn er mit seiner Entscheidung glücklich ist und nicht damit hadert.

In der Summe ist wohl bei jedem von uns eine längere Entwicklung dafür verantwortlich, die ihn zum Eintritt ins Kloster veranlasst hat, auch wenn einzelne äußere Umstände dabei oft einen letzten, entscheidenden Anstoß gegeben haben. Ich hatte kein »Damaskuserlebnis«, ich bin nicht vom Saulus zum Paulus geworden. Ich empfinde nicht einmal die Begebenheit aus Hiltzingen als eine solche Offenbarung. Hätte ein anderer Baustein gefehlt, wäre ich trotz meines Marscherlebnisses eben nicht im Kloster gelandet. Zu diesen Bausteinen gehören etwa Lourdes, Afghanistan, die Bedeutung des Glaubens im Leben der Menschen dort, die mir imponiert hat; dann der Militärpfarrer, mein Aufwachsen und vielleicht noch ein paar Dinge, die mir nicht bewusst sind. Das alles ergibt ein Gesamtbild.

Meine Entscheidung, ins Kloster zu gehen, hat sicher auch damit zu tun, dass ich mich hier von Anfang an aufgehoben fühlte. Beuron – das ist der Platz, wo ich hingehöre, wo ich die Möglichkeit bekomme, mich zu entwickeln, wo ich angenommen werde. Ich habe auch nie ein anderes Kloster in Betracht gezogen. Getreu dem Motto: Warum in die Ferne schweifen, denn das Gute liegt so nah! Möglicherweise habe ich auch sehr schnell gefühlt, dass diese Gemeinschaft hier genau die richtige Größe für mich hat. Denn die Anzahl der Brüder von Beuron entspricht seltsamerweise ungefähr der eines Einsatzzuges bei der Bundeswehr, nämlich rund 60 Leute. Ein größeres Kloster wäre mir vermutlich auf Dauer zu unübersichtlich, ein kleineres zu persönlich, zu intim.

Was mir sofort an diesem Orden gut gefiel, war die Tatsache, dass er kontemplativ ausgerichtet ist. Ich halte mich ja nicht für sonderlich geeignet für einen sozialen Beruf wie Krankenpfleger oder Lehrer. Ich bin eher introvertiert und zurückhaltend. Hätte ich mich zum Seelsorger berufen gefühlt, wäre ich vielleicht gleich nach meinem Abschied von der Bundeswehr den Weg eines Weltpriesters gegangen, hätte versucht, das Abitur nachzumachen und als Spätberufener Theologie zu studieren. Aber nach meinen Persönlichkeitsanlagen zu urteilen, dürfte ein Kloster wie Beuron genau das Richtige für mich und meine geistliche Entwicklung sein. Was nicht bedeutet, dass ich vielleicht später nicht doch noch einmal eine Ausbildung zum Seelsorger für mich in Betracht ziehen würde.

Mir war auch sehr bald bewusst: Das Leben im Kloster bietet in mehrerlei Hinsicht ein einfacheres Leben als das Leben »draußen«. Jemand wie ich hat hinter Klostermauern weniger Schwierigkeiten als in der »freien Wildbahn«. Ich muss mich nicht mit Geld herumschlagen, muss mir keine Sorge um meinen Arbeitsplatz machen, mich nicht um die ganzen Alltagsprobleme kümmern, die man »draußen« hat. Nicht dass ich Sorge hätte, in meinem gelernten Beruf nicht genug zu verdienen oder mein Auskommen zu finden. Aber Fragen wie diese haben nicht mehr die Bedeutung. All diese Dinge werden mir abgenommen. Und wenn ich ganz ehrlich bin: Ich empfinde das als ausgesprochen angenehm.

Das Kloster ist allerdings kein Rückzugsort für Drückeberger oder solche, die im Leben draußen nicht zurechtkommen. Denn es braucht im Gegenzug auch eine große seelische Stabilität, wenn man ins Kloster geht. Vordergründig verzichtet man auf alles Materielle. Man hat keine persönliche Habe mehr. Alles gehört allen. Sobald man die ewigen Gelübde abgelegt hat, löst man als Letztes sogar sein Konto auf, das ist ein Schritt, der einem noch einmal bewusst macht, dass man mit der bürgerlichen Welt abgeschlossen hat.

## Ich bleib dann mal da

Der Oktober 2005, also der letzte Monat zu Hause bei meinem Vater, ehe es dann wirklich an den Umzug ins Kloster ging, erfüllte mich mit Ungeduld. Natürlich machte sich so etwas wie Abschiedsstimmung breit. Denn es bedeutete für mich auch, mich von vielem zu trennen. Vom Vater, von der Schwester und ihrer Familie, vom Hof, auf dem ich groß geworden war, aber auch von mir ans Herz gewachsenen materiellen Dingen wie zum Beispiel meinem heißgeliebten Motorrad, das ich künftig nur noch im Urlaub würde fahren können. Auch meine Trekkie-Sammlung ließ ich zu Hause zurück, ebenso Bücher, CDs, DVDs und was sich eben all die Jahre an persönlichen Dingen angehäuft hatte.

Aber so richtig hart kam mich dieser Verzicht nicht an, denn ich bin kein sonderlich materiell eingestellter Mensch. Freunde oder gar eine Freundin, die ich als echten Verlust hätte bezeichnen müssen, besaß ich zu jener Zeit auch nicht. Und so überwog die Vorfreude auf mein neues Leben bei weitem die Trauer. Die Unterstützung der Familie spielte hierbei eine wesentliche Rolle. Ich hatte das Gefühl, alle freuten sich mit mir. Das tat gut. Ich glaube, ich konnte wirklich ins Kloster gehen, ohne dass mir irgendwelche Altlasten den Blick auf die Zukunft versperrt hätten.

Im November 2005 zog ich dann »auf Probe« ins Kloster ein. Der zeitliche Weg, der mir bevorstand, war mir natürlich längst hinreichend bekannt: Das erste halbe Jahr im Kloster nennt man das sogenannte Postulat. Während dieser Zeit ist man bereits vollständig ins Klosterleben integriert; sie dient dem gegenseitigen Kennenlernen. Sind die sechs Monate vorbei, erfolgt die Einkleidung und, was ich besonders spannend finde, man legt seinen bürgerlichen Namen ab und bekommt einen neuen, geistlichen. Anschließend folgt das einjährige Noviziat, dies ist dann gewissermaßen die Ausbildung.

In diesen zwölf Monaten wird der Novize geprüft, ob er in der Lage ist, in der klösterlichen Gemeinschaft zu leben. Kommt er mit den Ordensgelübden – Gehorsam, Armut, Keuschheit – klar? Ist seine grundsätzliche Entscheidung, ins Kloster zu gehen, richtig oder nicht? Das Jahr dient beiden Seiten – dem Novizen und der Klosterführung – dazu, diese Fragen zu beantworten.

Dem Noviziat schließen sich die zeitlichen Ordensgelübde an, sie werden auch zeitliche Profess genannt. Damit verspreche ich, mich der Ordensregel zu unterwerfen und nach den klösterlichen Regeln zu leben. Diese zeitlichen Gelübde habe ich im Juni 2007 abgelegt. Frühestens nach drei weiteren Jahren erfolgt die ewige Profess, die ewigen Gelübde, mit der ich mich für immer an den Orden und das Kloster binde. Wenn alles gutgeht, werde ich die ewigen Gelübde im Sommer 2010 ablegen.

# Die ersten Monate hinter Klostermauern

## Zurück auf die Schulbank

Als ich an einem grauen Novembertag des Jahres 2005 mit meinem kleinen Koffer durch die Klosterpforte schritt, schoss mir durch den Kopf: »Jetzt gehöre ich dazu! Jetzt bin ich Mönch!« Und ich bin seitdem fest entschlossen: »Hier bleibe ich!« Mein Lebensweg ist nun einmal so verlaufen, dass ich den Eintritt ins Kloster als vollkommen folgerichtig empfinde. Zu Gast im Kloster zu sein oder an Exerzitien teilzunehmen ist allerdings etwas völlig anderes, als für immer ins Kloster zu gehen. Während es sich bei dem Projekt »Kloster auf Zeit«, wie der Name schon sagt, um eine vorübergehende Begegnung handelt, bedeutet der Eintritt in einen Orden eine Entscheidung fürs Leben, gerade so, als ob man heiraten würde.

»Jetzt bist du Mönch!« – Ganz so einfach, wie es klingt, ist es aber nicht. Und das meine ich nicht nur im übertragenen Sinne. Selbst wenn es verwunderlich klingen mag: Klosterbrüder erhalten eine regelrechte Ausbildung. Während der ersten anderthalb Jahre in Beuron fühlte ich mich manchmal sogar fast wie in der Schule. Während dieser Zeit, dem sogenannten halbjährigen Postulat und dem anschließenden, ein Jahr dauernden Noviziat, hat man nämlich Unterricht, die sogenannten Konferenzen. Das klingt zwar in gewissem Maße hochwertiger als »Unterricht«, bedeutet im Prinzip aber dasselbe. Erst in der dritten Phase vor der ewigen Profess, die rund drei Jahre dauert, fällt die

Theorie weg, und man verrichtet tagsüber die Arbeit, die einem zugewiesen wird. Die einzige Einschränkung in dieser Zeit besteht dann nur noch in dem fehlenden Stimmrecht, etwa bei der Wahl des Abts. Im Übrigen wird man als vollwertiger Mitbruder angesehen.

Für die Novizen gibt es einen regelrechten Stundenplan, der sich allerdings auch danach richtet, wie unsere Lehrer gerade Zeit haben. Die Anzahl der Kursteilnehmer an diesen Konferenzen schwankt. Am Anfang waren wir zu viert, später schied einer von uns aus, weil er das Kloster verließ. Zu den Fächern, die ein junger Mönch belegen muss, zählen Klosterkunde, Bibelgeschichte, Gregorianische Choräle in Theorie und Praxis und die Regel des heiligen Benedikt sowie, wenn auch freiwillig, Latein. Glaubenslehre, also ein Themengebiet, das in Richtung Theologie geht, wird nicht unterrichtet. Wer daran interessiert ist, muss es sich selbst erarbeiten.

Im Fach Latein erhält man Einzelunterricht, denn diese Sprache muss man wie jede andere lektionenweise lernen. Da kann man nicht quer einsteigen, wie das in anderen Fächern möglich ist. Dieses Angebot nahm ich gerne an, denn ich will den Inhalt meiner Lieder- und Gebetstexte auch verstehen. Und wer weiß: Vielleicht werde ich später noch einmal studieren. Und dann sind Lateinkenntnisse allemal sinnvoll.

In anderen Fächern, wie zum Beispiel Kirchengeschichte, ist es kein Problem, mittendrin einzusteigen. Das gilt auch für die benediktinische Regel. Die muss man übrigens selbst als Benediktiner nicht wortwörtlich auswendig kennen, aber natürlich sollte man im Prinzip wissen, was in ihr steht und wie sie zu deuten ist. Der Unterricht am Vormittag dauert zwei volle Stunden, also nicht 45 Minuten wie in der Schule. Der Nachmittag bleibt dann der normalen Arbeit vorbehalten, die parallel, neben der Lehrunterweisung, zu erledigen ist. Vor meinen Lehrern habe ich bis heute höchsten Respekt. Das war, wie ich mich erinnere, früher in der Schule nicht immer so. Doch dort bin ich auch längst nicht immer derartigen Persönlichkeiten begegnet wie zum Beispiel Pater Benedikt, der ursprünglich Neutestamentler war und mit seinen 86 Jahren einer der ältesten Patres im Kloster ist. Trotzdem hält er immer noch Konferenzen, und zwar außerordentlich beeindruckende.

Anlässlich einer solchen Unterrichtsstunde überraschte er uns junge Brüder mit der Aussage, ihm sei jetzt während der Vorbereitung beim Lesen der Bibel wieder etwas völlig Neues aufgegangen. Dabei strahlten seine Augen, als hätte er soeben etwas ganz besonders Wertvolles geschenkt bekommen. Ich wollte es kaum glauben: Noch jetzt lernt Pater Benedikt dazu! Mit weit über 80! Dadurch wird mir klar: Man lernt nie aus! Man kann einen Text vielleicht zehnmal lesen, ohne dass er einen berührt. Und beim elften Mal wird man wie vom Blitz von einer Erkenntnis getroffen.

Auf kein Buch trifft diese Erfahrung deutlicher zu als auf die Bibel. Diese Beobachtung finde ich unendlich faszinierend und lehrreich. Und da Pater Benedikt als Soldat im Zweiten Weltkrieg in Russland war, bin ich ihm auch noch auf andere Weise verbunden. Denn schließlich hat auch er wie ich, wenn ich das so sagen darf, die Uniform gewechselt, um nach dem Krieg ins Kloster einzutreten. Allerdings hatte er vorher bereits Theologie und Archäologie studiert. Brüder wie er sind mir Vorbild, und ich wünsche mir anlässlich solcher Begegnungen, dass das Klosterleben auch für mich noch viel bereithält und ich meine Neugier nie verliere.

Denn ich bin neugierig und will ständig etwas dazulernen. Das gilt nicht nur für mein Leben als Mönch. So koche ich beispielsweise auch gern, habe aber, wie mir gesagt wurde, einen etwas außergewöhnlichen Geschmack. Mit Vorliebe mische ich Zutaten, die auf den ersten Blick so gar nicht zusammenzupassen scheinen. Als wir nun einmal bei der Bundeswehr auf Übung waren, sah ich mich gezwungen, zu improvisieren. Zwar hatte ich in meinem Tornister jede Menge Belag gehortet: Wurst, Käse, Fisch, Marmelade – aber leider nur ein einziges Brötchen. So habe ich dann eben die gesamten Beilagen auf dieses eine Brötchen gestapelt. Und siehe da: Wider Erwarten schmeckte mir der Fisch mit Marmelade. Wer jetzt skeptisch das Gesicht verzieht, dem sage ich: »Probiere es doch erst einmal aus, ehe du sagst: ›Es schmeckt nicht!‹ Du kannst höchstens sagen: ›*Ich glaube*, es schmeckt nicht!‹ Oder: ›Das sieht aber merkwürdig aus!‹ Aber niemand sollte definitiv sagen: ›Es schmeckt nicht!‹, wenn er es nicht wenigstens einmal probiert hat.« Also immer neugierig bleiben, dann hält das Leben überraschende Erfahrungen bereit.

Im Schwäbischen wird übrigens »Es schmeckt« gern für »Es passt« oder »Es gefällt« gebraucht. So sagen wir Badener zum Beispiel: »Es schmeckt mir die Arbeit«, und meinen damit: »Diese Arbeit gefällt mir.« Dieses Synonym finde ich sehr passend, und ich hoffe, dass man nicht nur in Süddeutschland versteht, was ich damit meine:

Mir schmeckt das Kloster! Verstanden? Na also!

## Die Spielregeln des heiligen Benedikt

Jedenfalls merkte ich schon nach wenigen Tagen, dass mir die Konferenzen »schmeckten«. In ihnen lernte ich zunächst einiges über das Mönchtum im Allgemeinen, über die Geschichte meines Ordens und die des Beuroner Klosters. Natürlich muss sich ein Benediktiner auch mit der Frage befassen, wer dieser Benedikt von Nursia überhaupt war. Ich habe mich bereits seit meinen ersten Exerzitien mit ihm, seiner Regel und der Geschichte der Benediktiner auseinandergesetzt. Ich wollte wissen: Wo liegen die Wurzeln dieses Ordens? Was für Leute sind diese Mönche? Was machen die überhaupt?

Nun, von Benedikt selbst sind, wie ich schnell erfuhr, nur wenige gesicherte Daten überliefert. Vieles, was über ihn geschrieben wird, ist Legende. Was wir von ihm wissen, stammt vorwiegend von Papst Gregor dem Großen, der um 600 eine Heiligenvita über Benedikt verfasste, die sogenannten »Dialoge«. Gregors Ziel war es, Italien eine Identifikationsfigur zu geben und damit einen Nationalheiligen, wie es zum Beispiel Martin von Tours für Südgallien, dem heutigen Südfrankreich, war.

Nach Gregors Berichten lebte Benedikt von circa 480 bis 547 nach Christus. Er war der Sohn einer wohlhabenden christlichen Familie aus dem heutigen Norcia bei Perugia in Umbrien/Italien. Seine Zwillingsschwester Scholastika wird ebenfalls als Heilige verehrt. Der junge Mann wurde von seinen Eltern nach Rom geschickt, um zum Staatsdiener ausgebildet zu werden. Doch das Leben in der pulsierenden, aber auch verrohten Stadt gefiel ihm überhaupt nicht, und so beendete er sein Studium der Rhetorik und Rechtswissenschaft und beschloss, sein Leben von Grund auf zu ändern. Zu diesem Zweck ließ er sich als Einsiedler in Subiaco nieder, etwa 70 Kilometer östlich von Rom. Es heißt, er habe dort drei Jahre lang in einer Höhle gelebt. Im 12. Jahrhundert wurde über dieser Höhle das Kloster San Benedetto gegründet.

Benedikts Einöde entwickelte sich zusehends zu einem Anziehungspunkt für Menschen, die seinen Worten lauschten, seinen Lebenswandel bewunderten und sich ihm anschließen wollten. Im Laufe der Zeit entstanden unter seiner Führung rund ein Dutzend Klostergemeinschaften. Im fortgeschrittenen Alter von vermutlich über 50 Jahren legte ihr Gründer mit seinen geistlichen Brüdern den Grundstein zum Mutterkloster des Benediktinerordens: Monte Cassino, das heute noch existiert und zwischen Rom und Neapel liegt. Es wurde zu einem der bedeutendsten geistlichen Zentren des Mittelalters. Für diese Gemeinschaft schrieb Benedikt auch seine Regel, einfach deshalb, um für das Zusammenleben der Mönche »Spielregeln« vorzugeben. Dabei griff er unter anderem auch auf bereits bekannte ältere Mönchsregeln zurück.

Bis heute gilt sein 73 Kapitel umfassendes Regelwerk als Grundlage für die Lebensordnung des Benediktinerordens. Aber auch andere Gemeinschaften, wie etwa die Zisterzienser, richten sich nach ihm. Wir finden darin alles Wesentliche, was heute noch von einem Benediktinermönch verlangt wird: Gehorsam gegenüber dem Abt, Schweigsamkeit, Beständigkeit und Demut. Der größte Teil des Tages soll dem gemeinsamen und persönlichen Gebet gewidmet sein oder in Stille, mit Meditation und geistlicher Lektüre verbracht werden. Der Tagesablauf der Mönche gliedert sich, wie bereits erwähnt, durch den Gottesdienst, dem nichts vorgezogen werden darf. Nach der Regel werden alle 150 Psalmen der Reihe nach gebetet, und zwar stets innerhalb von einer Woche.

Doch sie legt auch ganz praktische Dinge fest wie den Umgang mit kranken Mitbrüdern, den Eigenbesitz der Mönche, ja sogar den Küchendienst, aber auch Strafen und Bußordnungen im Falle von Verfehlungen. Benedikt verordnete, dass seine Mönche von handwerklicher Arbeit lebten, als Ausgleich zum Gebet. Daher stammt die berühmte

Aufforderung »ora et labora« (bete und arbeite), die allerdings in der Benediktsregel nicht wörtlich zu finden ist.

Ich persönlich sehe die Regel als eine Art Ehrenkodex, so wie es früher einen Ritterkodex gab. Sie ist so etwas wie ein Gesetzbuch, sie regelt das Klosterleben, sie ist dessen Hausordnung. Durch sie wird der Umgang, das Fairplay der Brüder untereinander definiert. Die Benediktsregel unterscheidet sich von vielen ähnlichen und heute meist vergessenen Klosterregeln wohl vor allem dadurch, dass sie Ge- und Verbote relativ mild, kurz und präzise regelt. Wörtlich legt Benedikt etwa dem Abt ans Herz, dem alle anderen ihren Gehorsam erweisen sollen: »Immer wisse er zu unterscheiden und Maß zu halten, eingedenk der weisen Mäßigung des heiligen Jakob, der sagte: ›Wenn ich meine Herden auf dem Marsch überanstrenge, gehen sie alle an einem einzigen Tag zu Grunde.‹«

Zudem legte Benedikt, was neu für seine Zeit war, keine Standesunterschiede beim Eintritt fest, sondern bestimmte die Rangfolge der Mönche bis auf wenige Ausnahmen, die der Abt zu entscheiden hatte, lediglich durch ihr Eintrittsalter. Nun konnten auch Menschen von sozial niedrigem Stand durch einen Klostereintritt gesellschaftlich aufsteigen, wodurch der Ordensgründer einen regelrechten Kloster-Boom auslöste.

Die für ihre Zeit relativ liberale Handhabung und die verständliche Wortwahl der Regel machte anderen Klöstern über Monte Cassino hinaus eine problemlose Übernahme möglich, weswegen Benedikts Weisungen bald von Missionsmönchen auch über die Grenzen Italiens hinausgetragen wurden. Im 8. Jahrhundert etwa gründete der heilige Bonifatius Benediktinerklöster in zahlreichen deutschen Orten. Was insgesamt zu jenem Zeitpunkt noch fehlte, war ein übergreifender und einender Ordensgedanke.

Jedes Kloster lebte für sich und war nur mit sich selbst beschäftigt.

Erst ein paar Jahrzehnte später, unter Karl dem Großen und seinem Sohn Ludwig dem Frommen, wurde das Mönchstum vereinheitlicht. Jetzt übernahmen Klöster auch die Aufgabe, in noch wenig kultivierten Gegenden »Entwicklungshilfe« zu leisten. So entstanden beispielsweise Klosterschulen und Klosterbibliotheken. Die Gemeinschaft betrieb fortan Seelsorge, Schuldienst und Mission, also Einrichtungen, in denen wir Benediktiner noch heute aktiv sind.

In allen Gästezimmern von Beuron liegt übrigens eine Benediktsregel aus, und bereits zu meiner Zeit als Gast stellte mir der Gästepater Landelin eine solche Regel für meinen persönlichen Gebrauch zur Verfügung. An manchen Abenden während der Einkehrtage habe ich mich darin vertieft, und was ich dort vorfand, hat mich sehr angesprochen. Das meiste fand ich plausibel und sinnvoll. Vieles schien mir seltsam vertraut: Es erinnerte mich an meine Zeit als Soldat und an das straffe Reglement der Truppe. Deshalb konnte ich mir sehr gut vorstellen, nach dieser Regel zu leben.

Es waren keine einzelnen, keine speziellen Passagen, die mich faszinierten, sondern eher Gesamteindruck und Ton, die mich von dieser Schrift überzeugten. Ich sehe die Benediktsregel als ein konkretes Lebensmodell, das sich aus dem Evangelium herleitet. Da jeder Christ nach seinen Möglichkeiten versuchen sollte, sein Leben an der Heiligen Schrift auszurichten, zeigt diese Regel *eine* von vielen Varianten auf, diesen Weg zu gehen.

*Zielgruppe* der Regel, um einmal dieses moderne Wort zu gebrauchen, sind zwar Mönche. Aber die Regel kann meiner Meinung nach auch vielen anderen Menschen von heute etwas sagen, wenn man bereit ist, sie auf die eigenen Lebensbedingungen hin zu interpretieren. Wenn etwa Benedikt mahnt, die Arbeit solle bei Tageslicht verrichtet werden, dann ist das eine Weisung, konzentriert zu arbeiten und nicht zu trödeln. Aber man kann das ganz zeitgemäß auch unter dem Aspekt »Energiesparen« sehen. Oder wenn wir die Weisung finden: »An die Pforte des Klosters stelle man einen weisen älteren Bruder, der Bescheid zu empfangen und zu geben weiß und den seine Reife daran hindert, sich herumzutreiben«, dann könnten viele Firmen dies als Empfehlung lesen, ihren Empfang, ihre Telefonzentrale oder ihr Call-Center selbstkritisch hinsichtlich Servicequalität und Einstellungspraxis zu überdenken. Und so lassen sich auch noch manch andere Aussagen finden, die wir mit etwas Phantasie auf die heutige Zeit und die Welt »draußen« beziehen könnten.

## Die Mönche hier sind Koinobiten

In seiner Regel gibt Benedikt auch eine Definition des Mönchstums. Darin heißt es: »Wir kennen vier Arten von Mönchen. Die erste Art sind die Koinobiten: Sie leben in einer klösterlichen Gemeinschaft und dienen unter Regel und Abt. Die zweite Art sind die Anachoreten, das heißt Einsiedler. Nicht in der ersten Begeisterung für das Mönchsleben, sondern durch Bewährung im klösterlichen Alltag und durch die Hilfe vieler hinreichend geschult, haben sie gelernt, gegen den Teufel zu kämpfen.« Nach dieser Einteilung zählen wir Benediktiner von Beuron, wie wohl die meisten Mönche heute, zu den Koinobiten. Daneben gab es noch zwei Sorten von Wandermönchen, die ein schlechtes Image hatten. Es waren bessere Landstreicher.

Mönche der dritten und vierten Art kenne ich nicht, aber ich möchte der guten Ordnung halber dennoch zitieren, wie Benedikt sie beschreibt: »Die dritte Art sind die Sarabaiten, eine ganz widerliche Art von Mönchen. Weder durch eine Regel noch in der Schule der Erfahrung wie Gold im Schmelzofen erprobt, sind sie weich wie Blei. In ihren Werken halten sie der Welt immer noch die Treue. Zu zweit oder zu dritt oder auch einzeln, ohne Hirten, sind sie nicht in den Hürden des Herrn, sondern in ihren eigenen eingeschlossen: Gesetz ist ihnen, was ihnen behagt und wonach sie verlangen. Die vierte Art der Mönche sind die sogenannten Gyrovagen. Ihr Leben lang ziehen sie landauf, landab und lassen sich für drei oder vier Tage in verschiedenen Klöstern beherbergen. Immer unterwegs, nie beständig, sind sie Sklaven der Launen ihres Eigenwillens und der Gelüste ihres Gaumens. In allem sind sie noch schlimmer als die Sarabaiten.« Auch da möchte ich es mit Benedikt halten, der sagt: »Lassen wir sie also beiseite und gehen wir mit Gottes Hilfe daran, der stärksten Art, den Koinobiten, eine Ordnung zu geben.«

In unserem Kloster lebten in Spitzenzeiten bis zu 300 Mönche, aktuell ist es jedoch nur zu rund einem Fünftel besetzt. Nun mag man sich fragen, weshalb in einem derart abgelegenen Ort wie Beuron ein solch imposantes Kloster steht. Größenwahn? Fehlkalkulation? Machtdemonstration? Nein, nichts von alledem! Denn als um das 11. Jahrhundert viele Klöster, so auch Beuron, gegründet wurden, war das Mönchtum eine regelrechte Massenbewegung. Nach strengen Regeln wollten viele Menschen ihr Leben in den Dienst Gottes stellen, weswegen – wie ich in einer Abhandlung gelesen habe – »im 11. Jahrhundert die Klöster die Gläubigen anzogen wie heutzutage Fußballspiele ihre Fans«.

Heute sieht das leider anders aus. In unserer klösterlichen Gemeinschaft leben momentan 59 Brüder, davon haben 52 die ewige Profess abgelegt, sieben sind Novizen. An der Spitze von allen steht der von den Patres und Brüdern gewählte Abt. Da Beuron als Mutterhaus der Beuroner Benediktinerkongregation eine Erzabtei ist, steht uns sogar ein Erzabt vor, mit dem ein Novize im Alltag allerdings nur wenig zu tun hat. Mein direkter Vorgesetzter ist vielmehr der Novizenmeister, an den man sich wendet, wenn man ein Anliegen hat. Persönliche Gespräche mit dem Erzabt stehen nur zu besonderen Anlässen an, zum Beispiel anlässlich von Einkleidung, Namensfindung oder Profess. Die Abtwürde können nur studierte Priester, also Patres, erlangen.

Beuron zählt 15 Patres. Jeder von ihnen hat eine spezielle Aufgabe. Da gibt es zum Beispiel den Gästepater, ein anderer ist für die Verwaltung zuständig, wieder ein anderer für den berühmten Beuroner Kunstverlag und so weiter. Vier der sieben Novizen haben wie ich bereits die zeitlichen Gelübde abgelegt. Zwei von ihnen studieren, einer in Rom, der andere in Salzburg, ein weiterer unterstützt Pater Landelin im Gästebereich, und ich kümmere mich um die Elektrik des Klosters.

Zu unseren Brüdern zählt übrigens auch ein Einsiedler, also nach Benedikts Definition ein Anachoret, wenn auch einer der besonderen Art: Seit etwa anderthalb Jahrzehnten wohnt in der etwa 16 Kilometer entfernten Klause St. Benedikt bei Großschönach unser Bruder Jakobus. In seiner Einsiedelei, einem der letzten Reste der Burg der Grafen und Ritter von Ramsberg aus dem 11. Jahrhundert, findet sich sogar ein Internetanschluss, da der Bruder einen Teil seiner Zeit für die Exerzitienbegleitung und gelegentlich auch für das Schreiben von Fachbeiträgen oder Büchern verbringt. Und da es häufig etwas im Kloster zu besprechen gibt, fährt er auch ein Auto, das ihm – weil wir Mönche ja keinen Besitz haben dürfen – von einem Wohltäter zur Verfügung gestellt ist.

Schließlich lebt mit uns auch noch Urban, ein Oblate. Der Begriff stammt aus dem Lateinischen und bedeutet »Hingegebener«. Oblate werden kann beispielsweise jemand, der nach dem benediktinischen Geist leben will, aber seinen Beruf und seine Familie nicht aufgeben möchte, oder aber geschieden ist oder getrennt lebt und für den daher ein kirchliches Eheband besteht, das ein Mönchsleben unmöglich macht. Es gibt zwei Arten von Oblaten: Weltoblaten, die spirituell ihrem Kloster verbunden sind, und Klaustraloblaten – wie eben unseren Bruder Urban, der in unsere Gemeinschaft vollständig eingebunden ist, aber wie alle, die als Laien und ohne Profess im Kloster leben, einige Rechte weniger besitzt. Zwar sind auch für ihn die gemeinsamen Gebetszeiten verpflichtend, aber die Anbindung ans Kloster ist nicht so stark wie bei einem Mönch. So hat der Oblate kein Stimmrecht bei der Abtwahl oder bei sonstigen anderen Entscheidungen, die die Gemeinschaft betreffen. Dafür kann er uns zum Beispiel jederzeit ohne größere Umstände wieder verlassen.

## Michael, Basilius, Paulus – wie soll ich bloß heißen?

Mein erstes halbes Jahr im Kloster, das Postulat, neigte sich im Frühjahr 2006 dem Ende zu, und große Ereignisse warfen ihre Schatten voraus: Trug ich bis dahin noch meine Zivilkleidung, so erhielt ich nun bald meinen Habit, meine Ordenstracht. Und ich würde einen neuen Namen erhalten, einen Ordensnamen. Ein paar Wochen vor diesem wichtigen Termin empfing mich, mitten in der Karwoche, mein Erzabt Theodor Hogg. Wir sprachen lange und in herzlicher Atmosphäre darüber, wie mir die ersten Monate im Kloster gefallen hatten. Er fragte mich, ob ich bleiben wollte oder ob es Probleme gäbe. Meine Entscheidung für Beuron stand nach wie vor felsenfest. Deswegen war der Termin beim Vater Erzabt für mich ein regelrechtes Vergnügen.

Nun bekam ich die Gelegenheit, ihm drei Namen vorzuschlagen, von denen ich glaubte, dass sie zu mir passen würden. Ich wusste aber, dass der Erzabt auch einen völlig anderen für mich auswählen konnte. Aber Hand aufs Herz: Welcher Mensch hat schon die Möglichkeit, im erwachsenen Alter noch einmal einen neuen Namen zu erhalten, der auf ganz besondere Weise mit ihm verbunden ist? Ich war zwar mit meinem bürgerlichen Vornamen Frank durchaus immer einverstanden, er hatte mich nie gestört oder gar behindert, er war mir vielmehr immer recht sympathisch. Doch wenn man wie ich ein völlig neues Leben anfangen wollte, so fand ich es durchaus konsequent, dies auch mit einem ganz anderen Namen zu tun und mein bürgerliches Vorleben damit hinter mir zu lassen.

Da ich mich nach wie vor sehr der Bundeswehr verbunden fühlte, suchte ich mir einen Namen aus, der etwas mit meiner soldatischen Vergangenheit zu tun hatte. Und so sagte ich auch meinem Vater Erzabt, dass ich mir den Namen eines Soldatenheiligen wünschte. Es gibt ja eine ganze Reihe Heiliger, die einstmals Soldaten waren. Am berühmtesten ist der heilige Martin von Tours. Sein Name, der »Sohn des Mars«, also Sohn des Kriegsgottes bedeutet, verweist bereits auf das Militärische. Aber auch Ignatius von Loyola, der Gründer des Jesuitenordens, war Soldat, ebenso die Heiligen Georg, Romanus oder Marcellus, um nur einige zu nennen.

Für die Namenswahl gibt es bestimmte Kriterien. So wird zum Beispiel kein Name doppelt vergeben. Deswegen fiel Martin für mich leider schon aus, denn in Beuron gibt es bereits einen Pater Martin. Und Ignatius und all die anderen Genannten, so fand ich, passten nicht zu mir. Schließlich kamen für mich nach langem Abwägen drei Namen in die engere Wahl. Da war zunächst Michael, der Erzengel, der zwar kein Soldat im engeren Sinne ist, aber als streitender Engel das Schwert Gottes führt, was ihn mir durchaus sympathisch macht. Ebenfalls in Betracht zog ich den heiligen Basilius, der die bis heute gültige Mönchsregel der orthodoxen Kirche verfasst hat, von der die Benediktsregel stark beeinflusst ist. Als Dritten suchte ich mir Paulus aus, ein Eiferer für Gott, der unter anderem auch mit dem Schwert dargestellt wird.

Voller Eifer legte ich Vater Erzabt meine Wahl vor. Aufmerksam hörte er mir zu, aber ich entnahm seiner Haltung keine rechte Begeisterung. Anscheinend sagten ihm, so verriet mir mein »Bauchgefühl«, diese drei Heiligen nicht so ganz zu – jedenfalls nicht in Verbindung mit mir. Weil un-ser Treffen kurz vor Ostern stattfand, lenkte er das Gespräch auf die letzten Tage Christi. Und dabei – ich glaube nicht ganz zufällig – erinnerte er mich daran, dass am Kreuz des Herrn ja auch ein Soldat namens Longinus gestanden habe: Jener römische Centurio, der Jesus nach dessen Tod eine Lanze in die Seite gestochen und später Zeugnis dafür abgelegt haben soll, dass Jesus Gottes Sohn ist.

Fast beiläufig eröffnete mir Vater Erzabt, er habe schon darüber nachgedacht, ob denn dieser Name nichts für mich wäre. Wenn ich ehrlich bin, zog ich Longinus bis dahin nicht in die engere Wahl, denn der Name ist selten und heute kaum noch bekannt. Ich jedenfalls kenne niemanden, der so heißt, weder als Mönch noch im zivilen Leben.

»Denken Sie doch einmal darüber nach!« Mit diesen Worten beendete Vater Erzabt unser Gespräch. Ein wenig verwirrt begab ich mich in meine Kammer. In dieser Nacht konnte ich lange nicht einschlafen. Longinus, nun ja … Der Name klang ungewöhnlich, aber nicht unsympathisch. »Warum eigentlich nicht?«, überlegte ich. Aber ganz schlüssig war ich mir nicht darüber, ob er wirklich zu mir passte. Andererseits konnte ich mir ausmalen: Wenn der Erzabt diesen Namen genannt hatte, dürfte die Sache für ihn beschlossen sein. Oder?

Bald würde ich es erfahren.

Die Ungewissheit, wie ich denn wohl künftig heißen würde, zehrte schon ein wenig an den Nerven. Alle Brüder kennen dieses Gefühl. Denn seinen neuen Namen erfährt man wirklich erst im Moment der Einkleidung. Bis zu diesem Zeitpunkt wird vom Vater Erzabt ein großes Geheimnis daraus gemacht. Aber natürlich ergingen sich die Brüder in Mutmaßungen. Als ich im Kreis der Novizen vom Gespräch mit unserem Klostervorsteher berichtete, war die Meinung einhellig: Longinus? Nie und nimmer! Dieser Name war so ausgefallen, an den glaubte keiner der anderen.

Doch als Erzabt Theodor sein Geheimnis im Rahmen einer kleinen Rede anlässlich der Einkleidung lüftete, war die Überraschung groß, bei den anderen noch mehr als bei mir, der ich ja insgeheim mit dieser Entscheidung bereits gerechnet hatte: Ab sofort war ich tatsächlich Bruder Longinus!

Des Vaters Begründung ließ keine Fragen offen: Mein Wunsch sei es gewesen, den Namen eines heiligen Soldaten zu erhalten. Und mit meinem neuen Namen wolle er auch noch eine Verbindung zu Kloster Weingarten herstellen, das zu unserer Kongregation gehört und dem er zu jener Zeit sogar vorstand.

Diesen Zusammenhang muss ich kurz erklären: Im Frühjahr 2006 war unser Erzabt Administrator jenes Klosters, das etwa 75 Kilometer von Beuron entfernt in der Nähe von Ravensburg liegt. Da sich die dortige Gemeinschaft bei der Wahl ihres neuen Abtes nicht auf einen gemeinsamen Kandidaten einigen konnte, musste jemand von außen so lange die Amtsgeschäfte führen, bis das Problem gelöst war. So wurde unser Erzabt für drei Jahre gewählt.

Kloster Weingarten ist durch seinen Blutritt sehr berühmt. In Weingarten gibt es auch eine legendäre Heilig-Blut-Reliquie. Und die wiederum ist mit meinem neuen Namen verbunden. Das wusste ich, seit ich mich nach dem Treffen mit dem Erzabt in der Bibliothek »vergraben« hatte, um mich ein wenig mit meinem möglichen neuen Namen zu beschäftigen, der nun für mich zur Gewissheit geworden war. So las ich, dass der Legende nach der Hauptmann, der unter dem Kreuz bekannt haben soll: »Wahrlich, dieser ist Gottes Sohn gewesen«, Longinus geheißen habe. Allerdings wird er in keinem der vier Evangelien, die das Ereignis selbst mehr oder weniger wortgleich erwähnen, namentlich genannt.

Longinus habe die Lanze in Jesu Seite gestoßen und sei durch das Blut von einem Augenleiden genesen, heißt es in der Legende. Schließlich habe der Hauptmann mit seinen Soldaten am Grab des Herrn Wache gestanden und die Auferstehung erlebt, woraufhin er und zwei seiner Soldaten sich taufen ließen. Longinus soll später auch Bischof gewesen sein, zunächst in Mantua und dann in seiner Heimat Kappadokien in der heutigen Türkei, wo er erfolgreiche

Missionsarbeit betrieben habe. Angeblich hat ihn Pilatus dort hinrichten lassen.

Auf mysteriöse Weise seien seine Reliquien nach Rom gelangt. Seine Lanze wurde früher im Petersdom bei der Longinus-Statue von Bernini gezeigt. Teile der Reliquien, so erfuhr ich weiter, seien schließlich über recht komplizierte Umwege in den Besitz Judiths von Flandern gekommen, der Witwe eines englischen Adligen. Als sie 1094 starb, habe sie diese Kostbarkeit dem Kloster Weingarten vermacht. Daran erinnert also jener berühmte Blutritt, zu dem jedes Jahr etwa rund 3000 Reiter und 30000 Wallfahrer erwartet werden.

Nun war ich also der erste Longinus von Beuron, der allererste überhaupt, den dieses Kloster je gesehen hat. Das hat für mich den Vorteil, dass der Name weder positiv noch negativ besetzt ist. Mit anderen Worten: Es gibt keinen Bruder oder Pater vor mir, mit dem er in Verbindung gebracht werden kann. Mir fällt in diesem Zusammenhang die Geschichte unseres Bruders Markus ein, des heutigen stellvertretenden Magisters. Der wurde, wie er selbst erzählte, bei der Namensvergabe augenzwinkernd gebeten, nicht unbedingt seinem Namensvorgänger nachzueifern. Der nämlich muss, was man so hört, ein etwas eigenwilliges Original gewesen sein, das seinen Mitbrüdern nicht nur Freude bereitete.

Grundsätzlich ist es ja so, dass mit einem Namen immer auch bestimmte Vorstellungen verbunden werden – in Bezug auf Aussehen oder Charakter. Da hat man dann gleich ein konkretes Bild vor Augen. Mit vielen Namen assoziiert man ein Image, im Guten wie im Schlechten, das ist nicht nur im Kloster so. Ich habe nun die Chance erhalten, einem uralten, aber auch durchaus unberührten Namen einen Ruf zu verschaffen. Und ich wünsche mir, dass, sollte es in ferner Zeit nach mir wieder einmal einen Longinus in Beuron geben, dieser Name mit einer positiven Vorstellung verknüpft wird. Das wäre doch schön, oder?

Longinus ist zweifelsohne ein seltener lateinischer Name, der übersetzt »der Lange« bedeutet. Dieser Name wurde im Gegensatz zu vielen anderen lateinischen Namen nie eingedeutscht, so wie etwa aus Martinus ein Martin oder aus Petrus ein Peter wurde, und er wurde auch nicht annähernd so populär. Auf Anhieb wüsste ich keinen prominenten Zeitgenossen, der sich mit diesem Vornamen schmückt, und auch aus der Geschichte fällt mir nicht wirklich eine herausragende Persönlichkeit ein. Schon allein weil er tatsächlich etwas Besonderes ist, gefällt mir mein neuer Name.

Doch auch wenn er mir – rein theoretisch – nicht zugesagt hätte, wäre es mir kaum möglich gewesen, ihn abzulehnen. Denn: Man erfährt seinen Namen ja erst mit der Einkleidung. Und dann zu sagen: »Hallo, ehrwürdiger Vater Erzabt! Bitte einen anderen Namen! Dieser hier gefällt mir nicht!«, etwas Derartiges ist absolut unvorstellbar! Schon allein aufgrund der benediktinischen Regel von Befehl und Gehorsam geht das nicht. Mir jedenfalls ist kein Fall einer solchen Ablehnung bekannt. Aber Vater Erzabt hatte meinen Geschmack schließlich voll und ganz getroffen.

Longinus also – der Lange! Ich finde, dieser Name passt zu mir, auch wenn ich mit 1,78 m Körpergröße nicht gerade ein Riese bin. Mir gefällt der Klang des Namens, und mir gefällt die Heiligenlegende. Denn wer war dieser Heilige letztendlich? Er war wie ich Soldat, er kam wie ich in nicht mehr ganz jungen Jahren zum Glauben. Und er leistete, so erzählt die Legende, seinen Militärdienst wie ich ganz normal bis zum Ende der Dienstzeit ab, ehe er sich vollständig Gott verschrieb …

## Kostümwechsel

Es war ein kühler, leicht regnerischer Frühsommertag, dieser 29. Mai 2006, an dem ich auch äußerlich in die Gemeinschaft der Mönche von Beuron aufgenommen wurde. Denn an diesem Tag, einem Montag, erhielt ich meine Ordenstracht, meinen Habit. »Haltung« bedeutet das aus dem Lateinischen stammende Wort. Und genau darum geht es: Auch durch sein Äußeres seine Haltung zu Gott und seinem Orden zu zeigen. Ich war nicht der Einzige, der eingekleidet wurde. Sven, ein weiterer Novize und einige Jahre jünger als ich, teilte sich mit mir diesen bedeutungsvollen Tag. Er sollte fortan den Namen Bruder Christophorus tragen.

Dieses Ereignis fand im Kapitelsaal des Klosters in einem internen klösterlichen Rahmen ohne Gäste statt. Wir beiden Novizen waren festlich, aber zivil gekleidet. Zum letzten Mal trug ich zur Feier des Tages ein Sakko, an dessen Revers ich meine Bundeswehrauszeichnungen für die Einsätze in Mazedonien und Afghanistan geheftet hatte.

Wir zogen unsere Schuhe und Socken aus, um die würdevolle Zeremonie der Fußwaschung zu empfangen. Diese Handlung erinnert daran, dass Jesus beim Letzten Abendmahl seinen Jüngern, wie es das Johannesevangelium beschreibt, nacheinander die Füße wusch und sie mit dem Tuch trocknete, das ihn umgürtete. Mit diesem Beispiel wollte er sie daran erinnern, dass auch sie bereit sein müssten, einander zu dienen. Im Orient gilt die Fußwaschung bis heute als ein wichtiges Symbol der Gastfreundschaft.

Nachdem Vater Erzabt jedem von uns beiden Novizen einen Fuß gewaschen hatte, ging der ganze Konvent an uns vorbei, kniete vor uns nieder und küsste den gewaschenen Fuß als Zeichen der Zuwendung. In dem Moment, als die

Mitbrüder an mir vorbeizogen, kam ich mir reichlich komisch vor, besonders, als mir die Älteren, die sich zum Teil kaum noch bücken konnten, die Füße küssten. Sie taten mir in diesem Moment richtiggehend leid, als ich miterleben musste, wie sie sich anstrengten. Unwillkürlich fragte ich mich: »Muss das sein?«

Aber auf der anderen Seite spürte ich, wie bedeutsam diese Handlung war, und ich fühlte mich auch sehr geehrt. Mir war in diesem Moment vollkommen bewusst, dass Jesus selbst als Gottes Sohn diese Handlung an den ihm untergebenen Jüngern vorgenommen hatte. »Was ihr dem geringsten meiner Brüder getan habt, das habt ihr mir getan.« Indem er die Hierarchie auf den Kopf stellte, wollte er ein deutliches Zeichen setzen. So hatte diese Geste der Zuneigung und Demut auch für mich etwas sehr Anrührendes und Erhabenes.

Nach der Fußwaschung entfernte ich die Orden von meinem Jackett, zog mein Sakko aus und streifte damit symbolisch den alten Menschen ab. Dies war nun also der Moment, in dem aus Frank Beha endgültig Bruder Longinus geworden war! Mir ging der frohe Gedanke durch den Kopf: »Jetzt hast du einen ersten Schritt geschafft!« Ich fühlte mich wie nach einer bestandenen wichtigen Prüfung oder einer Beförderung bei der Bundeswehr, vielleicht, ach was: *ganz sicher* noch eine Spur erhabener.

Nun warf mir Vater Erzabt den Habit über. Es war ein zwiespältiges Gefühl, ihn zum ersten Mal zu tragen. Dieses Kleidungsstück symbolisierte mir: »Nun gehöre ich dazu!« Und dann, ganz unvermittelt, wurde mir bewusst: »Hey, jetzt trägst du ja ein Kleid! Einen Rock!« Unwillkürlich musste ich schmunzeln. Aber letztendlich überwog der Stolz. Es war meine Freude, dass ich nun auch nach außen als Mönch erkennbar war. Dass ich wirklich und wahrhaftig dazugehörte zu dieser Gemeinschaft, der ich mich schon so lange verbunden fühlte. Das war mir wichtig, und das gab mir ein gutes Gefühl der Geborgenheit. Meine äußere Erscheinung war nun etwas ganz Neues für mich – und diese Errungenschaft wollte ich natürlich auch nach außen hin zeigen, so wie eine neue Brille oder ein neues Auto, eben wie ein Statussymbol. Und doch bedeutete es mir viel mehr …

Ich, der ich von Natur aus ein schüchterner Mensch bin und nicht gerne im Mittelpunkt stehe, würde also nun künftig als Mönch schon allein aufgrund meines Äußeren auffallen, würde mich durch meinen Habit von den meisten anderen Menschen abheben. Und ich fand das zu meinem eigenen Erstaunen gut und völlig in Ordnung! Plötzlich stellte ich an mir ein völlig neues Selbstvertrauen fest. Aber ich würde, wie es im Laufe der Zeit mit allem Neuen so geht, die Erfahrung machen, dass auch das Tragen des Habits zu einer Selbstverständlichkeit werden sollte, die den Reiz des Besonderen nach und nach verlor.

Genau genommen, bekommt man als Mönch zwei Habite: einen Sonntags-Habit, der neu geschneidert wird, und einen schon ein wenig älteren, meist abgeänderten, den Werktags-Habit. Die Ordenstracht hat sich aus der Arbeitskleidung der oberitalienischen Bevölkerung des 6. Jahrhunderts entwickelt, es handelt sich also um die traditionelle Kleidung aus der Zeit Benedikts. Der Habit besteht aus verschiedenen Teilen: der Tunika, also dem Unterkleid, dem Zingulum, das ist der Ledergürtel, und dem Skapulier, dem Schurz oder Überwurf nebst Kapuze. Ursprünglich diente das Skapulier als Schutz für die Tunika, damit die sich nicht so schnell abnutzt. Heute ist es eher umgekehrt: Wenn man arbeiten muss, zieht man das Skapulier aus, um es zu schonen, und zieht einen ganz normalen Schurz an, was ich in meiner Werkstatt täglich tue.

Kopfbedeckungen sind bei uns in Beuron nicht zwingend vorgeschrieben, anders als früher, da Mönche noch eine Tonsur hatten und deswegen in der kalten Jahreszeit wohl stark am Kopf froren. Ich finde aber eine solche Kopfbedeckung (der lateinische Name lautet Pileolus, von »Pileus« für Hut, Mütze) recht hübsch. Bereits bei einem früheren Besuch in Beuron fiel mir ein alter Mitbruder auf, der ein solches Scheitel- oder Brüderkäppchen trug. Bald nach meiner Einkleidung habe ich mir gesagt: So eins möchte ich auch haben – und siehe da: Sofort haben auch einige der jüngeren Mitbrüder mitgemacht.

Es gibt, wie ich gelesen habe, eine ungeheure Vielfalt an Formen und Farben dieser Käppchen. Das hängt von den verschiedenen Orden, aber auch vom Rang des jeweiligen Trägers ab. Die Benediktiner tragen ihren Pileolus in schlichtem Schwarz, Bischöfe in Violett, Kardinäle in Scharlachrot und der Papst in Weiß. Aber das nur am Rande …

Doch zurück zur Einkleidung: Während der gesamten Zeremonie verhielt ich mich selbst absolut passiv. Aber genauso ist es auch vorgeschrieben. Alles, was in diesen Minuten geschah, wurde *mit* mir gemacht. In manchen Augenblicken hatte ich das Gefühl, als würde ich dies alles nur träumen. Ich nahm nicht wahr, was es für ein Tag war. War es draußen kalt oder warm? Schien die Sonne oder war es bewölkt? Ich verbrachte diesen Tag wie in Trance. Ich denke, fast jeder Mensch kennt solche Tage. Ob Firmung, Konfirmation, Schulentlassung, Hochzeit, runder Geburtstag und so weiter: Meist bemerken die, die im Mittelpunkt stehen, am wenigsten von dem, was um sie herum geschieht. Heute weiß ich: Es war vom Wetter her ein eher grauer Frühsommertag, doch in meinem Herzen strahlte die Sonne …

## Die zeitlichen Gelübde

Ein weiteres derartiges bedeutendes Ereignis war der Tag meiner Professfeier, also der Tag, an dem ich die zeitlichen Gelübde ablegte. Diese Feier fand etwa ein Jahr nach der Einkleidung statt, ich war nun also seit einem Jahr Novize. Da wir nach einem schönen, passenden Termin für die Feier gesucht hatten, wurden es genau genommen sogar dreizehn Monate, die ich als Novize in Beuron verbrachte. Denn der Termin für meine Profess fiel auf das Fest von Johannes dem Täufer, auf den 24. Juni. Somit endete mein Noviziat am 23. Juni 2007.

Die Feier an diesem sonnigen Sonntag wurde eigentlich nur durch *einen* Umstand getrübt: Sie fand für mich allein statt. Denn Sven, der junge Bruder, der mit mir zusammen eingekleidet worden war und den Namen Christophorus bekommen hatte, hatte leider bereits wenige Monate nach dieser ersten Zeremonie das Kloster wieder verlassen. Ich bedauerte das aus mehreren Gründen: Zum einen hatten wir uns gut verstanden, zum anderen richtete sich nun das ganze Augenmerk auf mich allein, was mich im Vorfeld zunehmend nervöser machte.

Doch auch von diesem Tage bekam ich, ähnlich wie von dem der Einkleidung, so gut wie nichts mit. Ich war so sehr mit mir selbst beschäftigt, dass ich für das Geschehen um mich herum weder Augen noch Ohren hatte. Meine ganze Konzentration richtete sich darauf, nichts falsch zu machen. Denn die Professfeier fand diesmal, anders als die Einkleidung, in aller Öffentlichkeit statt, im Rahmen einer normalen Sonntagsmesse. Erst im Nachhinein, in den Wochen danach, wurde mir bewusst, was das für ein großer Tag war.

Als der Gottesdienst begann, hielt ich mich zunächst wie gewöhnlich zusammen mit den anderen Brüdern und Patres im Chor auf. Vor der Gabenbereitung wurde ich zu einem Tisch gerufen, auf dem meine Urkunde bereitlag. Diese Urkunde mit der Professformel hatte ich selbst ausgestellt, handschriftlich, mit Tusche, auf schönem Pergamentpapier, so wie es die Benediktsregel verlangt. Lange hatte ich auf normalem Papier geübt, bis ich mir sicher war, es gut zu können. Erst dann machte ich mich an die Reinschrift. Denn diese Urkunde will natürlich besonders schön geschrieben sein. Ich unterschrieb mit Ort, Datum, Kloster-, Tauf- und Familiennamen, hob die Urkunde hoch, zeigte sie Vater Erzabt, dann den Mitbrüdern und las schließlich den Inhalt der ganzen Gemeinde laut vor. Die Professformel, die ich nun zu sprechen hatte, lautet:

*»Im Namen unseres Herrn Jesus Christus, Amen.*
*Ich, Bruder Longinus, Frank Josef Beha aus Unterkirnach im Erzbistum Freiburg, gelobe für drei Jahre Beständigkeit, klösterlichen Lebenswandel und Gehorsam nach der Regel des Heiligen Vaters Benedikt und den Bestimmungen der Beuroner Kongregation im Kloster des heiligen Martin zu Beuron vor Gott und seinen Heiligen, vor dem Abt dieses Klosters, Herrn Erzabt Theodor Hogg, in Gegenwart der Mönche und aller, die hier versammelt sind. Zur Bestätigung meines Gelöbnisses habe ich diese Urkunde eigenhändig ausgestellt.«*

Der Text der ewigen Profess unterscheidet sich von der zeitlichen übrigens lediglich darin, dass das Gelöbnis nicht für »drei Jahre«, sondern »feierlich« – und somit für immer – gelobt wird. Ich legte das Papier auf den Altar, kniete nieder und stimmte den Psalm an, der bei jeder Profess gesungen wird. Meine Urkunde würde ich danach nie wieder sehen – sie ist Eigentum des Klosters und wird zusammen mit allen anderen gut verwahrt.

Die Gelübde bestehen aus drei Teilen: Als Erstes gelobt man den klösterlichen Lebenswandel, der Ehelosigkeit und Armut mit einschließt; zweitens den Gehorsam gegenüber dem Abt als Stellvertreter Christi im Kloster sowie gegenüber der Gemeinschaft; und drittens die Beständigkeit in der Treue zum klösterlichen Dienst und zu der jeweiligen Gemeinschaft.

Armut ist so zu verstehen, dass man gegenüber niemandem Forderungen stellen darf. Man hat als Benediktiner persönlich keinen Besitz, aber wenn man etwas geschenkt bekommt, darf man sich freuen, darf es – nach Rücksprache mit der Klosterleitung – annehmen, es nutzen, aber nicht festhalten wollen. Die Grundhaltung lautet: Ich habe kein Anrecht auf diese und jene Dinge. Wenn ich jemanden treffe, der etwas nötiger braucht als ich, dann soll ich das Meine weitergeben. Ich soll mich nicht am irdischen Besitz festklammern. All das findet sich auch in der Benediktsregel.

Gehorsam heißt: die Älteren respektieren und die Jüngeren lieben. Der Gehorsam gilt also nach oben und nach unten. Benedikt lehrt auf diese Weise auch die Älteren, gegenüber der Jugend offen zu sein und nicht, zumindest sinngemäß, die Einstellung an den Tag zu legen: »Weil du jung bist, bedeutest du nichts.«

Was die Beständigkeit betrifft, so gilt für die Mönche der Beuroner Kongregation, lebenslang an diese Gemeinschaft gebunden zu sein. Man wird aus ihr nicht herausgerissen, um beispielsweise in ein anderes Kloster oder in die Mission geschickt zu werden. In der Vergangenheit kam es zwar mehrfach vor, dass die Brüder aus ihrem Kloster vertrieben wurden, aber dann verließen sie es auch alle gemeinsam. Nicht die Örtlichkeit ist also entscheidend für die Beständigkeit, sondern die Gemeinschaft.

Beständigkeit ist sehr schwer zu geloben, denn man hat es letztlich nur zum Teil selbst in der Hand, wie das Leben verläuft. Man gelobt dieses Ziel zwar, aber ob man es dauerhaft einhalten kann, das weiß man nicht. So mancher Klosteraustritt zeugt vom Gegenteil. Doch ohne Beständigkeit wären sowohl die Gemeinschaft als auch der Einzelne gefährdet. Sie bietet Sicherheit und Geborgenheit. Dies ist mir im Laufe der Monate mehr und mehr bewusst geworden, und auch als ich hier vorn vor dem Altar kniete, gingen mir solche Überlegungen durch den Kopf.

Die größte praktische Herausforderung an diesem Tag stand mir jedoch noch bevor: das Singen des Psalmverses. Denn den musste ich solo anstimmen, ehe dann die Mitbrüder einstimmten. Ganz allein also sang ich nun! Jetzt, so dachte ich für einen kurzen Augenblick, wäre es gut, wenn wir zu mehreren wären! Doch die lateinischen Worte, die ich anzustimmen hatte, rissen mich aus meinen Wunschträumen:

*Suscipe me domine*
*secundum eloquium tuum,*
*et vivam;*
*et non confundas me*
*ab exspectatione mea.*
*Gloria Patri et Filio,*
*et Spiritui Sancto.*
*Sicut erat in principio,*
*et nunc, et semper,*
*et in saecula saeculorum.*
*Amen.*

Das heißt auf Deutsch:

*Nimm mich auf, o Herr,*
*gemäß Deinem Wort,*
*und ich werde leben!*
*Und beraube mich nicht*
*meiner Hoffnung!*
*Ehre sei dem Vater und dem Sohn*
*und dem Heiligen Geiste.*
*Wie es war im Anfang,*
*so auch jetzt und alle Zeit*
*und in Ewigkeit.*
*Amen.*

Zum Glück kniete ich mit dem Rücken zum Volk, ich glaube, sonst hätte ich das nicht geschafft. Mein Herz schlug bis zum Hals. Ich war so unendlich nervös! Glücklicherweise singe ich, seit ich im Kloster bin, sehr gern, und ich denke, ich singe auch recht gut, wenn ich mich konzentriere. Wenn ich heute an diese Momente zurückdenke, so glaube ich, mein Solo ist mir ganz gut gelungen. Allerdings weiß ich auch, dass ich mindestens einen Ton falsch gesungen habe – und zwar geriet mir der erste Ton vom zweiten Teil der Antiphon, also des Wechselgesangs, ein wenig zu tief. Ich gehe aber davon aus, dass es außer mir selbst niemand bemerkt hat. Denn so häufig wird dieser Psalm auch wieder nicht gesungen. Und ich denke, kaum jemand wird sich an diesem Tag über die Sangeskünste von Bruder Longinus aufgeregt haben.

Als äußeres Zeichen meines neuen Status warf mir Vater Erzabt nach diesem Gesang und direkt vor der Gabenbereitung die Kukulle über, den Chormantel. Dieses faltenreiche, mantelähnliche, aber zunächst ärmellose Übergewand trägt man nur im Chor. Anlässlich der ewigen Profess werde ich, wenn alles seinen guten Gang geht, eine Kukulle mit weiten Ärmeln erhalten.

Die Kirchenbänke waren vollbesetzt, und auch meinen Vater, meine Mutter und meine Schwester, die ich selbstverständlich alle eingeladen hatte, wusste ich unter den Besuchern des Gottesdienstes. Während Schwester und Vater vorn saßen, hielt sich meine Mutter relativ weit hinten auf. Mein Vater wusste nichts von der Anwesenheit meiner Mutter, ich hatte es ihm absichtlich nicht gesagt. Vermutlich, so überlegte ich später, war es seit ihrer Trennung wohl das erste Mal, dass sie sich zur selben Zeit in einer Kirche aufhielten. Dass dies mir zu Ehren geschah, rechne ich beiden hoch an, selbst wenn mein Vater davon keine Kenntnis hatte. Ich denke aber, er wäre selbstverständlich trotzdem gekommen, hätte sich aber vielleicht nicht im gleichen Maß auf diesen wunderbaren Tag einlassen können.

Leider ging meine Mutter gleich nach der Messe wieder, so dass ich sie nicht einmal begrüßen konnte. Das tut mir im Nachhinein leid. Ich weiß aber auch, wie unmöglich es gewesen wäre, dass meine Eltern beim anschließenden gemeinsamen Mittagessen miteinander an einem Tisch gesessen hätten. Eigentlich schade! Aber letztlich war es dann doch besser so, denn dass an diesem meinem Ehrentag »dicke Luft« herrschte, hätte vermutlich niemand gewollt. Ich fand eine, wie ich finde, akzeptable Lösung: Das Mittagessen mit meiner Mutter holte ich am folgenden Tag nach. Und somit wurde die ganze Feier auch für mich eine runde Sache.

Meine Schwester und ihr Mann kennen diese Familienproblematik und sind ihr bei ihrer Hochzeit aus dem Weg gegangen: Sie hatten ja Urlaub in Indien gemacht und dann gleich dort geheiratet, damit war das Thema »Familienfeier« erledigt. Ich denke, im Zeitalter der Patchwork-Familien sind verzwickte Überlegungen, wie man bei Feierlichkeiten alle Verwandten unter einen Hut bringt, durchaus keine Seltenheit.

Was meine Professfeier betrifft, so hatte ich noch ein paar weitere Einladungen verschickt. Und fast alle kamen: mein Militärpfarrer, mein Heimatpfarrer, mein Spieß aus meiner Zeit in Mazedonien, ein paar Kameraden von der Bundeswehr. Da es sich jedoch »nur« um die zeitliche und nicht um die ewige Profess handelte, hielt sich das Fest doch vergleichsweise im Rahmen. Dies wird seitens des Klosters auch so gewünscht.

Ein besonders nettes Geschenk bekam ich von einer Angestellten des Gästeflügels: Jeden Monat durfte ich mir bei ihr ein Päckchen Gummibärchen abholen – ein ganzes Jahr lang! Damit machte sie mir eine große Freude, denn ich liebe diese kleinen Süßigkeiten sehr. Und so wurde ich für lange Zeit immer wieder auf sehr angenehme Art an diesen schönen Tag erinnert.

# Alltag im Kloster

## Wie mein Tagesablauf aussieht

In der Früh um 4.30 Uhr! Der Wecker klingelt. Ich recke und strecke mich, ziehe mir noch einmal die Decke über den Kopf und gähne herzhaft. Bis zur Morgenhore bleiben mir noch ein paar Minuten. Die beginnt »erst« um fünf Uhr. Pünktlich allerdings sollte man schon sein. Am besten sogar fünf Minuten früher kommen, damit man nicht auf den letzten Drücker in seine Bank schlüpft. Einen Tag in Hektik zu beginnen ist immer ein wenig unangenehm.

Jeder Morgen beginnt mehr oder weniger gleich, egal ob sonntags oder werktags, denn die gemeinsamen Gebete, die dem Tag Struktur geben, sind Pflicht. Nach ihnen richtet sich alles Weitere. So habe ich es von Anfang an im Kloster erlebt, und so finde ich es – zugegebenermaßen nach einer gewissen Eingewöhnungszeit – gut. Zum Glück bin ich seit jeher Frühaufsteher, deswegen macht mir die frühe Morgenstunde meistens nichts aus.

Trotzdem kenne natürlich auch ich Tage, an denen ich einfach nur einmal ausschlafen möchte, oder Abende, an denen ich mir sage: »Heute stelle ich einfach den Wecker nicht!« Einmal, nach einem besonders anstrengenden Tag, habe ich das glatt auch in die Tat umgesetzt, habe prompt verschlafen und bin erst zur Terz um halb acht eingetrudelt. So etwas kann schon einmal vorkommen, das passiert anderen Ordensbrüdern auch. Aber allzu oft sollte es sich nicht wiederholen. Doch wenn man alle halben Jahre mal zu spät kommt, dann wird schon einmal ein Auge zugedrückt.

Nach der einstündigen Morgenhore bleibt mir ein wenig Zeit für mich selbst, Zeit zu einem kurzen Gebet, zum Dösen, Nachdenken, aber auch zu solch profanen Dingen wie Körperpflege. Anschließend gehe ich zum Frühstück, danach habe ich erneut etwas Zeit für ein persönliches Gebet. Die Terz, das zweite gemeinsame Gebet des Tages, steht um 7.30 Uhr auf dem Programm. Anschließend, gegen acht, beginnt für die jungen Novizen die Unterrichtszeit, für die anderen Brüder die Alltagsarbeit.

Um 11.15 Uhr fängt das Hochamt an, die tägliche Messe, der Mittelpunkt des Tages. Unsere Mittagshore beginnt eine Stunde später. Praktischerweise findet sie nicht in der Kirche, sondern im Kapitelsaal statt, der sich unweit des Refektoriums befindet, also des Speisesaals. Anschließend wird nämlich zu Mittag gegessen.

Die Mittagshore besteht in Beuron aus der Sext und der Non. Das macht jedes Kloster ein wenig anders. In manchen Orden werden Terz, Sext und Non zu einer Tageshore zusammengefasst, vor allem in Klöstern, in denen die Patres in den örtlichen Schulbetrieb eingebunden sind, da ansonsten die Gebetszeiten mit dem Unterricht kollidieren würden. Meines Wissens ist dies vor allem in Bayern und Österreich der Fall.

Zur nächsten Gebetszeit, der halbstündigen Vesper um 18 Uhr, werden die Psalmen in Latein gesungen. Anschließend, gegen 18.45 Uhr, gibt es Abendessen. Beim Essen ist eine feste Sitzordnung vorgeschrieben, die sich nach dem Eintrittsalter der Brüder ins Kloster richtet. Die Tische im geräumigen Speisesaal sind U-förmig ausgerichtet. Am Kopfende sitzen Altabt, Erzabt und Prior, an den Seiten die Brüder und Patres. Die, die am längsten zum Kloster gehören, sitzen dem Vater Erzabt am nächsten; je kürzer einer bei uns ist, desto weiter entfernt von ihm befindet sich sein Platz.

Darüber hinaus gibt es, ein wenig abseits, noch Gästetische. Wir haben immer mal wieder Besuch beim Essen, Mönche aus anderen Klöstern, Gäste auf Exerzitien oder solche, die das Angebot »Kloster auf Zeit« nutzen, darunter manchmal sogar ganze Schulklassen.

Mittag- und Abendessen werden stillschweigend eingenommen, während uns ein Bruder von einer Empore aus etwas vorliest. Diese Tischlesung wird schon in der Regel Benedikts erwähnt, wo es heißt: »Beim Essen der Brüder soll die Lesung nicht fehlen.« Deren Inhalte – Gelehrtes, Wissenswertes, Nachdenkliches – werden vom Erzabt ausgesucht und sind meist geistlicher, manchmal aber auch ganz profaner Natur. Sie stehen oft in einem Bezug zum jeweiligen Tag. Da kann es zum Beispiel um den Heiligen gehen, dessen Namenstag gefeiert wird, oder aber um ein historisches Ereignis. Stets wird auch der Todestage verstorbener Mitbrüder gedacht, und es kommen sonstige Besonderheiten zur Sprache. Das Ganze hat etwas von einer vorgetragenen Lokalzeitung, die speziell auf uns zugeschnitten ist.

In seiner Regel hat Benedikt vorgeschrieben, wie diese Lesung zu handhaben ist. Über den wöchentlichen Dienst des Tischlesers heißt es: »Doch soll nicht der Nächstbeste nach dem Buch greifen und lesen, sondern der vorgesehene Leser beginne am Sonntag seinen Dienst für die ganze Woche. Wer den Dienst antritt, erbitte nach der Messe und der Kommunion das Gebet aller, damit Gott den Geist der Überheblichkeit von ihm fernhalte. Daher beten alle im Oratorium dreimal folgenden Vers, den der Leser anstimmt: ›Herr, öffne meine Lippen, damit mein Mund dein Lob verkünde.‹ So erhält er den Segen und beginnt dann seinen Dienst als Leser. Es herrsche größte Stille. Kein Flüstern und kein Laut sei zu hören, nur die Stimme des Lesers. Was sie aber beim Essen und Trinken brauchen, sollen die Brüder einander so reichen, dass keiner um etwas bitten muss. Fehlt trotzdem etwas, erbitte man es eher mit einem vernehmbaren Zeichen als durch ein Wort. Niemand nehme sich heraus, bei Tisch Fragen über die Lesung oder über etwas anderes zu stellen, damit es keine Gelegenheit zum Unfrieden gibt.« An diesem Gebot hat sich bis heute nichts geändert.

Erst wenn Vater Erzabt oder, falls er nicht da ist, sein Stellvertreter ein Zeichen gibt, beginnen die Brüder mit dem Essen. Es ist auch der Erzabt, der die Tafel aufhebt und als Erster das Refektorium verlässt. Jeder von uns hat abwechselnd Tisch-, Küchen- oder Spüldienst. Während die einen die Teller verteilen und das Essen auftragen, sind die anderen mit Geschirrspülen dran. Drei Brüder sind gemeinsam zum Spüldienst für den Konvent und die Gäste eingeteilt. Zwar gibt es bei uns selbstverständlich eine moderne Spülmaschine, trotzdem bleibt es nicht aus, dass das eine oder andere Geschirr auch von Hand vorgespült werden muss, zum Beispiel große Töpfe und Pfannen.

Wie in einer Wohngemeinschaft gibt es bei uns im Kloster auch einen Putzplan. Der gilt etwa für die Flure, Duschen oder WCs. Da ist dann jede Woche jeweils ein anderer an der Reihe. Im Gang hängt ein Schwarzes Brett. Daran können sich die Patres orientieren, wann sie Gottesdienst halten müssen, und die Brüder, wann sie welche Dienste erfüllen müssen: Spüldienst, Tischdienst, aber auch Ministrantendienste während der heiligen Messe. Dazu steht in Benedikts Regel: »Die Brüder sollen einander dienen. Keiner werde vom Küchendienst ausgenommen, es sei denn, er wäre krank oder durch eine dringende Angelegenheit beansprucht; denn dieser Dienst bringt großen Lohn und lässt die Liebe wachsen.« Wie recht er hat!

Die Zeit zwischen dem Abendessen um Viertel vor sieben und der Komplet um Viertel vor acht, also dem Nachtgebet, ist dem gesellschaftlichen Leben im Kloster gewidmet: Man nennt sie die gemeinsame Rekreation. Diese Erholungsphase dauert unter der Woche eine halbe Stunde, am Sonntag ein wenig länger, da hier schon um halb sieben zu Abend gegessen wird. Diese Zeit erinnert mich ein wenig an die gemeinsamen Abende zu Hause, wenn ich mit meinem Vater und meiner Schwester im Wohnzimmer saß und wir den Tag Revue passieren ließen.

Nach der Komplet, dem letzten Gebet des Tages, gehen wir auf unsere Zimmer. Für viele mag es seltsam klingen, dass wir im Kloster bereits ab etwa 20 Uhr Nachtruhe halten. Wie können erwachsene Männer schon so früh schlafen gehen? Doch es ist wirklich so: Nach einem harten Arbeitstag, der ja meist schon gegen halb fünf begonnen hat, fällt man oft todmüde ins Bett und schläft auf der Stelle ein.

Freilich: Es gibt auch durchaus gemütliche Tage, die so langsam dahinschleichen und an denen man deswegen abends noch relativ munter ist. Das sind dann die Abende, die ich gerne zum Lesen nutze oder zum Schreiben. Manchmal höre ich auch ein wenig Musik – ich habe einen MP3-Player mit Kopfhörer, denn ich will die anderen ja nicht stören.

Im Laufe der Zeit stellt sich die innere Uhr auf diesen Tagesablauf ein, zum Glück ist der menschliche Körper lernfähig. Einige der älteren Mitbrüder tun sich allerdings mit dem frühen Aufstehen etwas schwer. Doch Bruder Marian, unser Bäcker, muss noch zeitiger aus den Federn. Für den ist nach der Komplet dann aber wirklich Feierabend, will er am nächsten Morgen nicht wie gerädert aufwachen. Wenn wir anderen schläfrig zur Morgenhore schreiten, hat er bereits einen Teil seines Tagwerks hinter sich.

Trotz des frühen Aufstehens erhält uns unser Tagesablauf jung und gesund. Ordensleute werden im Durchschnitt älter als die sonstige Bevölkerung. Unser emeritierter Erzabt Hieronymus Nitz etwa feierte im Jahr 2008 seinen 80. Geburtstag. Und so manch anderer schafft es sogar bis hoch in die Neunziger. Im Sommer 2006 zum Beispiel starb rund ein halbes Jahr vor Vollendung seines 99. Geburtstags Bruder Paulin, der zu jenem Zeitpunkt älteste Mönch der Beuroner Kongregation, der sage und schreibe im 74. Jahr der Profess stand. Die beiden ältesten Brüder sind derzeit Timotheus mit 90 und Pater Benedikt, einer meiner Lehrer in den Konferenzen, mit 86 Jahren.

Etwa ein halbes Dutzend unserer älteren Brüder leben mehr oder weniger dauerhaft in unserer Krankenstation, und nehmen am Klosterleben nur noch partiell teil. Sie haben ihre eigenen Gebets- und Essenszeiten. Das Hochamt wird zu ihnen per Lautsprecher übertragen, damit sie am geistlichen Leben Anteil haben können. Selbstverständlich besuchen wir anderen Mönche diese Älteren auch zwischendurch, trinken mit ihnen Kaffee, plaudern ein wenig. Auch das finde ich wirklich schön am Kloster: Man ist im Alter nicht einsam und wird nicht abgeschoben, sondern die Gemeinschaft kümmert sich um einen. Bis zuletzt ...

## Wunderland Beuron

Während der ersten Monate gab es in meiner neuen Umgebung viel zu entdecken. Die Gegend rund um das Kloster erinnert mich stark an die Umgebung meines schönen Elternhauses im Schwarzwald, wo ich ebenfalls jede freie Minute durch die Felder und Wälder streifte. Stundenlang kann man auf den idyllischen Wegen des Naturparks

»Obere Donau« spazieren gehen, dessen Herz Beuron ist.

Mit staunenden Augen begann ich, die Erzabtei und alles, was damit zusammenhängt, zu erforschen. Wer noch nie in einem Kloster war, wird sich vielleicht fragen, wie es denn hinter den Kulissen solcher altehrwürdigen und dicken Mauern aussieht. Denn zu den meisten Klosterräumlichkeiten haben Außenstehende normalerweise keinen Zutritt. Schließlich kommt der Begriff »Kloster« nicht von ungefähr vom lateinischen »claustrum«, was man mit »verschlossener Ort« übersetzen könnte. Und so sind beispielsweise Refektorium (der Speisesaal, hier gibt es allerdings Ausnahmen, etwa für männliche Gäste), Dormitorium (die Schlafräume), Klosterkapitel (der Versammlungsraum), unsere Aufenthaltsräume sowie die Gärten Örtlichkeiten, die trotz Einrichtungen wie »Kloster auf Zeit« oder Exerzitien nur uns Mönchen vorbehalten bleiben.

Die Novizen wohnen in einem eigenen Gebäude. Allerdings zog ich vor kurzem in eine neue Zelle oberhalb der Bibliothek, weil im Noviziatsgebäude das marode Dach renoviert und Leitungen neu verlegt werden mussten. Jedes Novizenzimmer bekam eine eigene Sicherung, was bisher nicht der Fall war. Da waren dann wieder meine Fähigkeiten als Elektriker gefragt.

Mein neues Zimmer befindet sich weit oben im siebten Stock, von dort habe ich einen wunderschönen Ausblick aufs malerische Donautal. Meine Zelle ist etwa vier mal sechs Meter groß, ausgerüstet mit Bett, Kleiderschrank, Schreibtisch, Bücherregal und einer Waschgelegenheit für die kalte Katzenwäsche. Eine Warmwasserdusche gibt es auf jeder Etage. Auch wenn das alles nicht gerade großen Luxus bedeutet, finde ich meine Behausung doch ganz gemütlich, zumal ich in solchen Dingen sowieso nicht allzu anspruchsvoll bin. Wichtiger als eine Edelherberge sind mir ein Zimmer nur für mich und somit eine Rückzugsmöglichkeit, wann immer ich sie brauche.

Mehr Komfort als zu Zeiten Benedikts habe ich allemal: Neulich handelte die Lesung, also der Text, der uns immer mittags und abends während des Essens vorgelesen wird, von der »Nachtruhe der Mönche« aus der Benediktsregel. Darin heißt es unter anderem: »Jeder soll zum Schlafen ein eigenes Bett haben. Das Bettzeug erhalten die Brüder, wie es der Lebensweise von Mönchen entspricht und wie der Abt es ihnen zuteilt. Alle schlafen wenn möglich in einem Raum; lässt die große Zahl es aber nicht zu, ruhen sie zu zehn oder zwanzig mit den Älteren, die für sie verantwortlich sind. In diesem Raum brennt ständig eine Lampe bis zum Morgen. Die Brüder schlafen angekleidet und umgürtet mit einem Gürtel oder Strick. Ihre Messer aber haben sie während des Schlafes nicht an der Seite, damit sie sich nicht etwa im Schlaf verletzen.«

Vieles, was Benedikt hier fordert, mag uns heute reichlich antiquiert erscheinen. Doch aus damaliger Sicht betrachtet, ergibt es durchaus Sinn: Früher besaß jeder Mönch als Teil des Essbestecks ein Messer, das er stets bei sich trug und das ein kostbares Gut für ihn war, denn es war eines der wenigen Dinge, die ihm gehörten. Da dieses Messer eine feststehende Klinge hatte, bestand jedoch durchaus Verletzungsgefahr.

Auch die Forderung, dass mehrere Brüder zusammen in einem Raum schlafen und die jüngeren ihr Bett neben den älteren haben sollten, war nicht dumm gedacht. Denn schließlich gab es damals keinen Wecker, und nicht jedem fällt das frühe Aufstehen leicht, da war es sinnvoll, einander zu unterstützen. Nicht zuletzt gaben die Älteren den Jungen Sicherheit und auch psychischen Halt. Man darf auch nicht vergessen, dass im frühen Mittelalter sogar Kinder und Jugendliche im Kloster lebten, auf die natürlich besonders geachtet werden musste.

Ebenfalls ein wenig skurril mag uns heute der Satz erscheinen, dass jeder Mönch sein eigenes Bett haben solle. Doch auch den muss man aus der Zeit heraus verstehen, als Betten keinesfalls eine Selbstverständlichkeit waren und man oft mit dem Vieh auf dem Boden schlief. Zum Glück ist das inzwischen anders. Vermutlich würde Benedikt heute jedem Bruder sein eigenes *Zimmer* und nicht nur ein eigenes Bett zugestehen. An Platz herrscht in Beuron und wohl auch in den meisten anderen Klöstern kein Mangel.

Aus praktischen Gründen steht bei uns kein Flügel völlig leer. Damit verhindern wir zum Beispiel, dass ein Trakt, der nicht genutzt ist, feucht wird und deswegen Schaden am Gebäude entsteht. Auf diese Weise finden sich in allen Gebäudeteilen relativ gleichmäßig verteilt Büros, Werkstätten, Archive oder Räume, in denen etwa alte Möbel und sonstige nicht oder kaum genutzte Gegenstände aufbewahrt werden. Im Erdgeschoss sind grundsätzlich keine Wohnräume, sondern beispielsweise die Küche, der Speisesaal für Gäste, das Refektorium, der Kapitelsaal und Büros untergebracht. Die wenigsten Probleme mit der Auslastung bereitet der Gästeflügel; der ist oft komplett belegt, da wir sehr viele Exerzitien oder Gastaufenthalte haben, pro Jahr zählen wir bis zu 8000 Gäste. Manchmal besuchen uns auch Brüder aus befreundeten Klöstern, die dann bei uns wohnen.

Zu unserer weiträumigen Klosteranlage zählen drei liebevoll angelegte Gärten, die ebenfalls allein uns Mönchen vorbehalten sind und in denen ich sehr gerne spazieren gehe: einen Kreuzgarten, einen Mariengarten mit einem Brunnen und einen Josefsgarten mit einer großen Statue des heiligen Josef. Dort genießen wir so manchen lauen Sommerabend, manchmal grillen wir sogar dort. Im Kreuzgarten steht ein kleines exotisches Teehaus, das leider mittlerweile derart baufällig geworden ist, dass man es nur noch als Altpapierlager nutzen kann.

Brüder, Patres und Novizen haben jeweils eigene Aufenthaltsräume, die allesamt recht gemütlich ausgestattet sind. Novizen verbringen ihre Mußestunden nämlich getrennt von den übrigen Mönchen, außer mittwochs und sonntags, da kommen alle zusammen. Der Aufenthaltsraum der Novizen erinnert ein wenig von der Einrichtung her an die bunt zusammengewürfelten Räumlichkeiten, wie man sie von Jugendgruppen her kennt. In der Mitte steht ein großer Besprechungstisch, dem wir eine Zusatzfunktion gegeben haben: Wir benutzen ihn auch als Tischtennisplatte. Zwar hat er nicht ganz die Originalmaße, aber Spaß machen uns die sportlichen Wettkämpfe trotzdem. Ab und zu messen wir uns auch im Schach.

Eine kleine Bibliothek gibt es ebenfalls in unserem Aufenthaltsraum, ferner einige Illustrierte; etwa einen alten »Stern« mit einer überraschend gut gemachten Pilgergeschichte. Und ein Souvenir von mir ist hier auch zu finden: Auf einer Kommode steht ein Parforcehorn, also eine Art Jagdhorn. Dieses Instrument, ein Überbleibsel aus meiner Bundeswehrzeit, liegt mir irgendwie am Herzen, und deswegen habe ich es ins Kloster mitgebracht. Wenn ich Lust habe, übe ich darauf ein wenig. Gitarre spielen kann ich leider nicht, auf dem alten Spinett hingegen, das hier ebenfalls in einer Ecke steht, klimpere ich hie und da ein wenig herum. Für »Pour Elise« reicht meine Kunst.

Im Wohnzimmer der Patres finden sich eine große Auswahl an Büchern, dazu eine betagte Stereoanlage nebst älteren Schallplatten und ein paar Spiele. Zu den Schätzen gehört ein hübsches altes Polyphon, ein früher Musikautomat, die eine Berliner Melodie aus den Zwanzigerjahren spielt, wenn man eine Münze hineinwirft. Dieses Polyphon hat irgendwann einmal ein Mönch mitgebracht; ich habe keine Ahnung, woher er die hatte. In diesem Raum befindet sich auch ein Fernseher, der aber nur selten benutzt wird. Ich selbst habe, so meine ich, zum letzten Mal anlässlich der Wahl von Papst Benedikt XVI. ferngesehen, und das ist nun wirklich schon eine ganze Weile her, das war im April 2005.

Ein weiterer Fernsehapparat steht noch im Gästeflügel, aber auch der bleibt meistens unbeachtet. Wie sich die Zeiten ändern: Wenn ich in meinem früheren Leben nach der Arbeit heimkam, dann zählte zu meinen ersten Handlungen: Fernseher an! Oder: Computer an! Da habe ich ohne Ende vor dem Bildschirm gehockt. Heute fehlt mir das überhaupt nicht mehr.

## Nur nicht übertreiben!

In dem kleinen Dorf Beuron gibt es einen einzigen Verein: die Freiwillige Feuerwehr. Einen erheblichen Teil ihrer Mitglieder stellen wir Mönche, und ich bin natürlich mit Begeisterung dabei, denn schließlich war ich schon als Jugendlicher in meinem Heimatdorf Feuerwehrmann. Ansonsten ist, wenn man einmal von unserem Kloster absieht, im Ort selbst so gut wie nichts los: Beuron ist im besten Wortsinn ein »Dorf der Stille«. Meines Wissens gibt es hier kaum Kinder unter 15 Jahren. Für diese Altersgruppe würde im Ort auch wirklich nichts geboten. Hier findet man weder Kindergarten noch Schule.

Die Gemeinde Beuron hat noch fünf Ortsteile (Beuron, Hausen im Tal, Thiergarten, Neidingen und Langenbrunn), die zusammen nur wenig mehr als 700 Einwohner zählen. In Beuron selbst leben außerhalb des Klosters etwa 40 bis 50 Menschen. In früheren Jahrzehnten waren es vielleicht fünfmal so viel. Die Abwanderungstendenz erkennt man auch daran, dass sehr viele Gebäude leer stehen und leider auch zunehmend verfallen, darunter einige, die einst recht ansehnlich waren. Die Menschen gehen, wenn es irgendwie möglich ist, weg von hier, denn Arbeit außerhalb des Klosters gibt es im Dorf so gut wie keine. Und wenn man keine Infrastruktur hat, wie will man dann Neubürger anlocken?

Allerdings hat dieser kleine Ort schon seit dem Jahr 1890 eine eigene Bahnstation. Beuron muss um die Wende zum 20. Jahrhundert recht bedeutend gewesen sein. Der Bahnhof kommt noch heute vielen Pilgern und Klosterbesuchern zugute, die unser Kloster schnell und bequem mit öffentlichen Verkehrsmitteln erreichen können, in diesem Fall mit der Hohenzollerischen Landesbahn, die auf der landschaftlich wunderschönen Strecke zwischen Ulm und Neustadt im Schwarzwald verkehrt.

Irgendwann, ich war zu dieser Zeit schon in Beuron, kam jemand von außerhalb des Klosters auf die Idee, dass der Ort doch den schönen Brauch des Martinsumzugs am 11. November, dem Gedenktag des Heiligen, wiederbeleben sollte. Schließlich sei der heilige Martin auch Patron unserer Klosterkirche. Das Einzige, was bei diesem Vorschlag nicht berücksichtigt wurde, war, dass es eben in Beuron weder Kindergarten noch Schule, ja noch nicht einmal die nötigen Kinder gibt, die man für den feierlichen Umzug braucht. Die Lösung, dann an diesem Abend eben Kinder aus den Nachbargemeinden nach Beuron zu holen, scheiterte letztlich an der Organisation des Transports. Die im Prinzip hübsche, aber undurchführbare Idee wurde stillschweigend beerdigt.

Wir Mönche griffen das Thema Brauchtumspflege noch einmal auf, zugegebenermaßen nur für uns und auch nicht mit vollem Ernst. Denn da das Donautal zu den Hochburgen der schwäbisch-alemannischen Fastnacht gehört, stellen auch wir Mönche in der sogenannten fünften Jahreszeit für unsere Fastnachts-Rekreation jedes Jahr ein kleines Programm zusammen, nach dem Motto: »Beuron, wie es singt und lacht.« In einer Karnevalssitzung, nur für uns Mönche, wird dann von uns augenzwinkernd aufgearbeitet, was Komisches während des vergangenen Jahres im und ums Kloster passiert ist.

Und so gab es auch über den verunglückten St.-Martins-Umzug einen kleinen Sketch, bei dem ich sogar mitwirkte. Diese Sketche werden von uns Brüdern aber nur im kleinen Kreis aufgeführt, also ohne Publikum aus der Bevölkerung, die wohl auch aufgrund der vielen kleinen internen Anspielungen ohnehin nur einen Bruchteil der Gags verstehen würde.

Auch im Kloster geht's nicht nur bierernst zu. Man hat Humor – und erfreut sich auch an ihm, wenn es »passt«. Manch ein Bruder bleibt bis ins hohe Alter ein Spaßvogel, aber natürlich finden sich unter uns auch sehr ernsthafte Brüder, so wie sich der Laie den klassischen Mönch wohl vorstellt. Doch wie überall auf der Welt gestaltet man sich auch hinter Klostermauern sein Leben angenehmer, wenn man es ein wenig von der heiteren Seite nimmt. Und mit etwas Selbstironie lebt es sich nun einmal leichter, hier wie dort. Ich finde: Wer Spaß versteht, ist gegenüber demjenigen klar im Vorteil, der zum Lachen in den Keller geht – da macht ein Kloster keine Ausnahme. Man sollte aber natürlich auch wissen, wer von den Mitbrüdern Humor besitzt und wer nicht, um nicht unnötigerweise in ein Fettnäpfchen zu treten.

An dieser Stelle fällt mir der Begriff der »Discretio« ein, laut Benedikt die »Gabe der Unterscheidung«. Sie soll dazu dienen, das rechte Maß zu finden, das der Heilige immer wieder einfordert – für sich selbst, aber auch im Umgang mit jedem Einzelnen. Andersherum gesagt: Allzu viel ist ungesund, weswegen wir Benediktiner immer versuchen, Extreme zu vermeiden, egal in welcher Richtung. Und so gilt denn auch für gesellige Runden und den Humor im Kloster: Nur nicht übertreiben!

## Bezahlt wird in der Klosterwährung

Am liebsten mag ich es, wenn es richtig schön ruhig wird in und um Beuron, und das ist vor allem in der Winterzeit der Fall. Man darf nicht vergessen: Ein Kloster wie das unsrige, das viele Besucher anzieht und das ganze Jahr über Exerzitien und Wallfahrten anbietet, in dem sich also nahezu ohne Unterbrechung viele Menschen aufhalten, stellt uns Mönche auch regelmäßig vor die Frage, wie wir uns all dem Trubel entziehen können. Man wird ja immer wieder von Gästen angesprochen, und die Gastfreundschaft und der gute Ton verlangen es, dem Gegenüber zu antworten und sich mit ihm ein wenig zu unterhalten.

Und was unsere Gastfreundschaft angeht: Auf dem Weg zum Gästespeisesaal unweit des Eingangsbereiches kann man auf einer Tafel im Flur einen sehr schönen Spruch lesen:

»Das ist der Gastfreundschaft tiefster Sinn:
dass einer dem anderen Rast gebe
auf dem Weg nach dem ewigen Zuhause.«

Eine ganz besondere Rolle im Leben der Mönche spielt jedoch das Schweigen, und da ich ja schon immer ein ruhiger Mensch war, rennt Benedikt, der dem Schweigen in seiner Regel ein Kapitel mit der Überschrift »Die Schweigsamkeit« widmete, bei mir offene Türen ein. Darin heißt es nämlich unter anderem: »Man soll der Schweigsamkeit zuliebe bisweilen sogar auf gute Gespräche verzichten. Mag es sich also um noch so gute, heilige und aufbauende Gespräche handeln, vollkommenen Jüngern werde nur selten das Reden erlaubt wegen der Bedeutung der Schweigsamkeit. Steht doch geschrieben: ›Beim vielen Reden wirst du der Sünde nicht entgehen‹, und an anderer Stelle: ›Tod und Leben stehen in der Macht der Zunge.‹ Albernheiten aber, müßiges und zum Gelächter reizendes Geschwätz verbannen und verbieten wir für immer und überall. Wir gestatten nicht, dass der Jünger zu solchem Gerede den Mund öffne.«

Auch wenn diese Regel heutzutage längst nicht mehr so streng verstanden wird, so kommt dem Schweigen für einen Benediktinermönch auch heute noch eine besondere Bedeutung zu. Denn plappernd und schwätzend wird man kaum auf tiefe Gedanken stoßen. Neben der Nachtruhe, die ja bereits ab etwa 20 Uhr beginnt, bieten uns also vor allem die dunklen Tage, wenn der Strom der Gäste abebbt, die herbeigesehnte Stille.

Aber den Winter, diesen stillen Freund, mag ich ja ohnehin, schon seit meiner Kindheit. Das abgeschiedene, verschneite Beuron ist dann wunderschön. Es ist dann geradezu paradiesisch für jemanden, der dem Lärm des Alltags entfliehen will. Ausgenommen ist die Weihnachtszeit: Denn die hohen Feiertage bedeuten im Kloster eher Stress für alle Brüder, vor allem aber für die Handwerker unter uns. Da muss die Kirche immer wieder neu und festlich geschmückt werden, da wird andauernd herumgebastelt. Andererseits ist dieser Trubel aber auch mit der Vorfreude auf die heiligen Tage verbunden, die im Kirchenleben Höhepunkte und deshalb völlig unverzichtbar sind.

Was die damit verbundene Arbeit betrifft, so hat Benedikt den Satz geprägt: »Müßiggang ist der Feind der Seele.« Das bedeutet: Auch im Kloster soll man nicht *nichts* tun. Man soll vor allem nicht »herumtricksen« und etwa das private Gebet vorschieben, wenn gerade etwas zu tun wäre, wovor man sich ganz gern drücken möchte. Beten ist kein Alibi für die Arbeit.

In dem Satz »Bete und arbeite«, der für die Benediktiner von so herausragender Bedeutung ist, ist ja ein Spannungsbogen enthalten. Arbeiten heißt gleichzeitig, etwas leisten zu müssen. Doch die Arbeit innerhalb der Klostermauern unterscheidet sich nach meiner Erfahrung trotzdem wesentlich von der Tätigkeit außerhalb, vor allem in Hinblick auf den Druck, der draußen herrscht. Wir Mönche hingegen müssen uns nicht mit Konkurrenz herumschlagen, kennen keinen Verdrängungswettbewerb und brauchen für eine Sache, die wir anpacken, eben nun einmal so lang, wie wir für sie brauchen. Wir müssen hier nicht im Akkord arbeiten.

Aber auch wenn meistens kein bestimmter Termin gesetzt wird, an dem unsere Arbeit erledigt sein muss, darf das natürlich nicht so weit führen, dass, bildlich gesprochen, ein Weihnachtsbaum erst im Februar aufgestellt wird. Oder, anders ausgedrückt: Qualität und Timing unserer Arbeit müssen in jedem Fall stimmen. Doch alles in allem geht es bei uns um einiges gemütlicher zu als etwa in der freien Wirtschaft.

Dafür werden wir auch nicht nach einem gewerkschaftlich ausgehandelten Tarif, sondern nach dem VG- oder

UGOLO-Prinzip bezahlt. Also in den »Klosterwährungen« »Vergelt's Gott« beziehungsweise »Um Gottes Lohn«. Ich habe einmal den schönen Satz gelesen, der Mönch müsse arm sein, das Kloster müsse dies nicht. Der stammt allerdings aus einer Zeit, als es den Klöstern noch besserging als heute. Ausgesprochen reiche Klöster muss man heutzutage mit der Lupe suchen.

Dennoch gilt auch für die Beuroner Mönche: Wenn man wirklich etwas nötig braucht, bekommt man es vom Orden gestellt. So darf ich weiter über Laptop und Handy verfügen, die ich mit ins Kloster gebracht habe. Das ist schon allein deswegen sinnvoll, weil sich über Internet beispielsweise Preise für Anschaffungen vergleichen lassen oder weil ich per Handy, wenn ich dringend irgendwo gebraucht werde, jederzeit erreichbar bin. Grundsätzlich wendet man sich, wenn etwas dringend benötigt wird, an den Cellerar, also den für die wirtschaftlichen Belange des Klosters zuständigen Bruder. Übersetzt bedeutet das Wort Cellerar »Kellermeister«. Unser Cellerar Pater Tutilo ist nicht nur Finanzchef, sondern gleichzeitig Prior des Klosters, also Stellvertreter des Erzabtes.

Wie weitsichtig der heilige Benedikt war, zeigt die Tatsache, dass er in seiner Regel dem Cellerar ein eigenes Kapitel widmete und damit beweist, wie sehr ihm nicht nur die geistlichen, sondern auch die wirtschaftlichen Belange seines Klosters am Herzen lagen. In diesem Kapitel heißt es unter anderem: »Als Cellerar des Klosters werde aus der Gemeinschaft ein Bruder ausgewählt, der weise ist, reifen Charakters und nüchtern. Er sei nicht maßlos im Essen, nicht überheblich, nicht stürmisch, nicht verletzend, nicht umständlich und nicht verschwenderisch. Er trage Sorge für alles. Ohne Weisung des Abtes tue er nichts; an seine Aufträge halte er sich; er mache die Brüder nicht traurig.

Um Kranke, Kinder, Gäste und Arme soll er sich mit großer Sorgfalt kümmern; er sei fest davon überzeugt: Für sie alle muss er am Tag des Gerichtes Rechenschaft ablegen. Alle Geräte und den ganzen Besitz des Klosters betrachte er als heiliges Altargerät. Er vergeude nicht das Vermögen des Klosters, sondern tue alles mit Maß und nach Weisung des Abtes. Kann er einem Bruder nichts geben, dann schenke er ihm wenigstens ein gutes Wort. Es steht ja geschrieben: ›Ein gutes Wort geht über die beste Gabe.‹« Nun, ich kann sagen, dass wir von Pater Tutilo gute Worte *und* gute Gaben gleichermaßen bekommen und dass er auch ansonsten alle Ansprüche erfüllt, die der heilige Benedikt von diesem wichtigen Amt fordert.

Unser Kloster ist ein beachtlicher Wirtschaftsbetrieb. Zu den Säulen, die uns tragen, gehören Handwerk, Landwirtschaft, unser Kunstverlag nebst Buchhandlung, aber auch der Klostergarten. Man findet bei uns unter anderem Metzger, Bäcker, Schlosser, Schreiner, Schneider, Gärtner, ja sogar einen Imker. Bruder Siegfried betreut mit großer Liebe seine Bienenvölker. Bei der Bienenhaltung geht es uns nicht nur um eine gute Honigernte; wichtig ist auch die Bestäubung der großen Obstplantage. Der Honig wird aber nur für den Eigenbedarf produziert. Um ihn auf dem freien Markt zu verkaufen, müssten komplizierte Hygiene- und Qualitätsvoraussetzungen erfüllt werden, das lohnt sich nicht.

Die landwirtschaftliche Nutzfläche, die unser Kloster umgibt, beträgt 84 Hektar, sie ist allerdings weitgehend verpachtet. Zu unserem Eigentum zählt eine Apfelplantage außerhalb der Klostermauern. Wir machen nämlich unseren Most selber, dafür ist unser Bruder Wendelin zuständig. Einen ausgezeichneten Namen hat unsere Klostermetzgerei. Der Ruf der Beuroner Klosterwürste ist so gut, dass wir

Bestellungen aus ganz Deutschland entgegennehmen. Das gilt ebenfalls für die Produkte unserer Klostergärtnerei, in der wir wirkstoffreiche Pflanzen anbauen und sie zu erlesenen Tees, Kräuterweinen, Cremes und Kräuteressig verarbeiten. Auch die Ergebnisse unserer Brennerei können sich sehen beziehungsweise schmecken lassen: Das sind Obstbrände exquisiter Qualität!

Für das Kloster arbeiten außerdem einige Zivilangestellte, etwa Maurer und Maler oder Küchenhelfer. Leider steht die alte Goldschmiedewerkstatt, lange Zeit ein weiteres Vorzeigeschmuckstück von Beuron, inzwischen leer. Es hat sich seit langem kein Goldschmied mehr gefunden, der Mönch werden möchte, und auch kein Mönch, der Talent zum Goldschmied hätte.

Seit Ende des Zweiten Weltkrieges beherbergt unser Kloster das in Fachkreisen international bekannte Bibelforschungsinstitut »Vetus Latina«. Dessen Aufgabe ist es, sämtliche erhaltenen Reste altlateinischer Bibelübersetzungen aus Handschriften und Zitaten vollständig zu sammeln und mit kritischen Erläuterungen herauszugeben. Die Editionsarbeit wird seit Jahrzehnten von hochqualifizierten Wissenschaftlern beider Konfessionen sowie einigen Mönchen geleistet.

In Beuron wird viermal im Jahr die benediktinische Zeitschrift »Erbe und Auftrag« herausgegeben, deren Redaktionsleiter Pater Albert ist. Sie erscheint im Beuroner Kunstverlag, der 1898 gegründet wurde und derzeit von Pater Mauritius geleitet wird. An den Verlag angeschlossen sind Buchbinderei und Druckerei. Die Erzeugnisse unseres Verlages kann man in unserem Klosterbuchladen kaufen, der seit dem Jahr 2000 ebenfalls mit dazu beiträgt, Beuron zu finanzieren.

## Bete, arbeite – und lies!

Der berühmteste Grundsatz des Benediktinerordens findet sich nicht in der Benediktsregel, sondern stammt aus dem Spätmittelalter. In seiner Ganzheit lautet er: »Ora et labora et lege, Deus adest sine mora« (Bete und arbeite und lies, Gott hilft ohne Verzug.) Beuron ist ein gutes Beispiel dafür, wie wichtig wir Benediktiner das Lesen nehmen und dass diese Tätigkeit dem Beten und Arbeiten kaum nachsteht. Ich merke das an mir selbst: Je länger ich hier bin, desto wichtiger wird mir mein Bücherregal. Viel Platz darin nehmen die vier Bände des monastischen – des klösterlichen – Stundenbuches ein. Zur Pflichtlektüre gehört auch alles, was ein Mönch wissen muss: von der Profess bis etwa zu den Regeln, wie hohe Feste wie Weihnachten oder Ostern im Kloster abzulaufen haben.

Doch meine weltliche Vergangenheit hat mich auch bei meiner Lektüre nicht ganz verlassen. Und so könnte jemand, der mich in meiner Zelle besuchen würde (was aber, wie gesagt, nicht möglich ist), auch zwei »Star Trek«-Bände oder ein Buch über Astronomie vorfinden, weil ich mich für die Sterne interessiere. Daneben stehen zwei Asterix-Bände und ein dickes Witzebuch.

Natürlich haben sich in den letzten Jahren meine Lesegewohnheiten doch sehr stark verändert. Früher las ich fast ausschließlich Romane, Comics und Science-Fiction. Jetzt habe ich vor allem Biographien und Heiligengeschichten für mich entdeckt. Weil ich mit Taufnamen Frank heiße, informiere ich mich beispielsweise zurzeit über alles, was ich über den heiligen Franziskus finden kann, der ja der Namenspatron meines Taufnamens ist. Darüber hinaus reizt mich zunehmend Geschichtliches, so z. B. über die Römerzeit, weswegen ich mich auch mit Cäsar und dem gallischen

Krieg beschäftige, und das nicht nur aus Asterix-Perspektive.

Der Lesestoff wird mir hier nie mehr in meinem Leben ausgehen, denn Beuron besitzt mit rund 450 000 Büchern die größte Klosterbibliothek in Deutschland. Dies hat damit zu tun, dass sich im Kloster lange Zeit eine theologische Hochschule befand, deren Anfänge bis ins Jahr 1866 zurückreichen. Sie stellte zwar 1967 ihren Lehrbetrieb ein, vor allem, weil Studenten fehlten, aber juristisch gesehen besteht sie immer noch fort. Möchte aber ein Beuroner Bruder heute studieren, so geht er entweder nach Salzburg oder nach Rom.

Nicht nur die Lektüre, sondern auch die anspruchsvolle Musik wird mir in Beuron nähergebracht. Freude am Singen finde ich im Gregorianik-Unterricht. Früher, während meiner Kinder- und Jugendzeit, hatte Singen für mich keine allzu große Bedeutung. Musik als Fach wählte ich in der Schule, sobald es möglich war, ab. Sicher: Wenn ich bei einer Feier schon ein wenig angeheitert war, dann habe ich auch einmal die Stimme erhoben. Oder als Soldat beim Marschieren. Oder unter der Dusche. Und Musik *gehört* habe ich, wie fast alle Altersgenossen, immer gerne.

Bei der Bundeswehr trat ich dann einer Musikgruppe bei, die ich sogar während meiner letzten Monate beim Bund – also nach meiner Zeit in Afghanistan – geleitet habe. Das war eine Jagdhorn-Bläsergruppe in unserer Jägereinheit. Mit der haben wir bei kleineren Anlässen – wie zum Beispiel Offiziersfeiern – aufgespielt. Ein gewisses musikalisches Vorleben habe ich also durchaus vorzuweisen. Aber selbst singen?

Seit jeher pflegen die Beuroner Mönche den einstimmigen Gregorianischen Choral. Dabei handelt es sich um liturgische Gesänge, die zum Teil auf den jüdischen Tempelgesang zurückgehen. Zu Benedikts Zeiten nahmen sie langsam Gestalt an, bis sie die Form erhielten, wie sie uns aus dem 9. bis 11. Jahrhundert überliefert wurden und heute auch bei der Bevölkerung zunehmend beliebter werden. Die Beuroner Brüder haben diese Gesänge von französischen Benediktinern erlernt. Die erneuerten diese damals weitgehend in Vergessenheit geratene Kunst und sorgten mit dafür, dass sie auch in Deutschland Verbreitung fand. Heute kann man mit Gregorianik sogar die Charts erobern, wie es jüngst die Zisterzienser aus Stift Heiligenkreuz in Österreich mit ihrer CD *Chant* vorgemacht haben.

Wir singen am Mittag das Hochamt und am Abend die Vesper im Gregorianischen Choral und die anderen Gebetszeiten in deutscher Sprache. Der Kantor stimmt an und übernimmt die Solopartien; die Schola (die Vorsänger) unterstützt den Gesamtchor. Das musikalische Können steht bei der Aufnahme in den Chor nicht im Vordergrund; aber weil wir täglich zusammen singen und wöchentlich üben, wuchsen bis heute natürlich auch meine Kenntnis und das Verständnis für diese alte, faszinierende Gesangsweise.

Ein besonderes Augenmerk wird in der Gregorianik auf die Noten gerichtet, denn die sehen hier ganz anders aus als in der klassischen Musik. Das beginnt schon damit, dass es nur vier statt fünf Notenlinien gibt. Außerdem sind die Töne von der Frequenz her nicht festgelegt. Ganz besonders faszinieren mich die Neumen. So werden die Striche und Punkte zur Notation des Gregorianischen Chorals bezeichnet. Die zu lesen und zu erfassen ist äußerst kompliziert. Doch als ob das alles nicht schon ausreichte, hat man sich auch noch mit dem lateinischen Text zu beschäftigen! Man muss also beim Singen auf drei Ebenen schauen – Notenlinien, Neumen *und* Text. Da bin ich anfangs durchaus ins Schwitzen geraten, aber es macht mir bis heute jedes

Mal von neuem Freude, wenn unsere Choräle erklingen. Und Übung macht ja bekanntlich den Meister.

Mein persönlicher Musikgeschmack geht eher in Richtung Rock und Pop. Ab und zu höre ich das nach wie vor sehr gerne. Auf dem Laptop habe ich einige populäre MP3-Dateien gespeichert. Zu meinen Favoriten gehören aktuelle Interpretinnen wie Sarah Connor, Nelly Furtado oder, wenn ich mich gerade einmal nicht so wohl fühle und es deswegen ein wenig »härter« sein soll: Pink.

Auch der Musikgeschmack meiner Mitbrüder ist ganz unterschiedlich. Unser Bäcker, Bruder Marian, mag besonders gerne »Heavy Metal«, unser Zelator (das ist der Gehilfe des Novizenmeisters), Bruder Markus, schwärmt für Richard Wagner. Alles in allem spiegelt sich wohl unter uns Brüdern geschmacklich die gesamte musikalische Bandbreite wider. Wir tauschen uns durchaus untereinander aus und entdecken dabei spannende neue Klangwelten.

Ein besonderer Genuss ist das phantastische Orgelspiel von Pater Landelin. Mit ihm besitzt Beuron, wenn ich das so unbescheiden sagen darf, ein musikalisches Genie. Es ist unglaublich, wie virtuos er die Messen begleitet. Ich weiß, dass Leute von weit her kommen, um ihn spielen zu hören, und es gibt inzwischen auch CDs von ihm. Vor allem seine augenzwinkernden Improvisationen sind legendär. Da kann es durchaus einmal vorkommen, dass er beim Einzug einige Töne von »Eye Of The Tiger« von der Gruppe »Survivor« aus dem Film »Rocky III« andeutet oder dass zum Fest des heiligen Augustinus ein paar verfremdete Takte von »O du lieber Augustin« zu hören sind. Und manchmal erklingt auch das Badener Lied, vielleicht als lokalpatriotische Erinnerung an die badische Unabhängigkeit von Württemberg. Pater Landelin an der Orgel ist ein Erlebnis und stets für eine musikalische Überraschung gut!

## Im Reich des Bruders Elektriker

Ganz prächtig gefügt hat sich, wie mein ziviler Beruf als Elektriker und die Bedürfnisse des Klosters in Einklang zu bringen sind. Bereits als Gast hatte ich in der Elektrowerkstatt mitgearbeitet, wobei ich Bruder Petrus kennenlernte, einen ehemaligen Telefontechniker, mit dem ich mich auf Anhieb gut verstand. Da wurde mir schnell klar: Hier kannst du dich und deine Talente optimal entfalten! Und so ist es auch gekommen. Die Materialbestellung erledigt nach wie vor Bruder Petrus, der gerade für die älteren Mitbrüder immer noch der Hauptansprechpartner und quasi auch mein Vorgesetzter ist. Aber er lässt mir in fast allen Dingen völlig freie Hand. Eine ganze Zeitlang mussten, wenn in der Erzabtei elektrische Reparaturen anstanden, Handwerker von außerhalb engagiert werden. Seit ich da bin, ist das nur noch bei größeren Projekten nötig. Dieser Umstand ist für das Kloster, das ja nicht gerade über Geld im Überfluss verfügt, auch ein angenehmer finanzieller Nebeneffekt, abgesehen von der besseren Organisation.

Wer meine Werkstatt einmal gesehen hat und meinen Hang zum Tüfteln und Basteln teilt, wird begeistert sein. Hier gilt wirklich der Werbeslogan: »Es gibt immer etwas zu tun!« Dieser Wirkungsbereich wurde, ehe ich nach Beuron kam, lange Jahre von Bruder Thaddäus betreut, der sich hauptsächlich um das alte Elektrizitätswerk zu kümmern hatte. Inzwischen ist er über 80 Jahre alt und leider gesundheitlich nicht mehr dazu in der Lage.

Die Werkstatt, die sich in einem Nebentrakt befindet, beherbergt jede Menge Krimskrams. Da findet sich eine Vielzahl alter, teilweise historischer Telefone, Lampen und Leuchten jeder Art nebst Gewinden, die man in keinem Baumarkt der Welt mehr bekommt, die aber immer noch gebrauchsfähig sind, und manche technische Rarität, die man vielleicht nicht mal mehr im Deutschen Museum in München findet. Mit dem, was da alles noch herumliegt, ließe sich vermutlich bei Ebay so mancher Euro erzielen. Ich habe mir vorgenommen, hier Ordnung zu schaffen, weiß aber auch, dass dies noch einige Jahre dauern kann. Doch Zeit spielt im Kloster keine große Rolle.

Nicht wenige dieser Gegenstände haben eine Geschichte. So war etwa der Vorgänger von Bruder Thaddäus Zahnarzt, weswegen hier noch ein Koffer mit Zahnarzt-Utensilien herumsteht, wie sie lange vor dem Zweiten Weltkrieg verwendet wurden. Es sind bessere Folterwerkzeuge, im Koffer finden sich sogar Hammer und Meißel. Erfreulicherweise können wir Mönche, wenn es denn sein muss, heute einen modern ausgestatteten Zahnarzt im nächsten Ort aufsuchen und werden nicht, wie unsere Vorgänger, von einem Mitbruder mit diesem Foltergerät malträtiert.

Im Zweiten Weltkrieg wurde unser Kloster von der Wehrmacht als Lazarett genutzt. Aus dieser Zeit habe ich hier noch alte Gasmasken und sogar ein Morsegerät vorgefunden. Weitere Kuriositäten sind ein paar manuelle Schlagbohrmaschinen, die aussehen wie kleine Maschinenpistolen, mit Kurbeln an der Seite. Wenn man an einer solchen Kurbel dreht, hört sich das auch genauso an, als ob geschossen würde. Diese Teile waren die Vorläufer der heutigen Hilti, Black & Decker und Co. All das hat für mich persönlich nostalgischen Wert, und ich habe diese urigen Kostbarkeiten inzwischen so richtig liebgewonnen.

Mein Arbeitsalltag ist sehr abwechslungsreich. Er besteht zum Beispiel darin, kaputtgegangene Maschinen zu reparieren, die Werkstatt, die sich in all den Jahren, wie beschrieben, zu einer regelrechten Rumpelkammer entwickelt hat, auf Vordermann zu bringen, aber auch die verschiedenen Abteilungen des Klosters zu inspizieren und zu schauen, wo ich Mängel finde. Inzwischen weiß jeder, dass ich hier als Hauselektriker unterwegs bin, und es kommt immer wieder vor, wenn ich durchs Kloster spaziere, dass ich auf Zuruf die eine oder andere Kleinigkeit reparieren muss. Da heißt es dann beispielsweise, eine Glühbirne in der Buchhandlung auszuwechseln, nach einem stotternden Kühlaggregat in der Fleischerei zu schauen oder ein defektes Gerät in der Druckerei auszutauschen. Wer Arbeit sucht, der findet auch welche.

Das geht inzwischen so weit, dass auch der eine oder andere Bewohner des Dorfes auf meine Dienste zurückgreift. Denn bis man jemanden aus Tuttlingen oder Sigmaringen holt, bin ich längst vor Ort und verdiene auf diese Weise dem Kloster gelegentlich ein paar Euro dazu, was zwar relativ selten vorkommt, aber: Kleinvieh macht *auch* Mist.

Wenn man so will, sitze ich am Stromhebel, mit dem ich ganz Beuron stilllegen könnte. Denn auch wenn der Ort inzwischen ans öffentliche Stromnetz angeschlossen ist, befinden sich sämtliche Sicherungen und Schalter immer noch im Kloster. Wenn ich also wollte, *könnte* ich! Das ist ein Gedanke, der – ich gebe es ja zu – eines ehrbaren Mönches unwürdig ist und für den Benedikt sicher kein Verständnis gehabt hätte.

Im Jahr 2000 wurde in Beuron beschlossen, das aus dem Jahr 1921 stammende Wasserkraftwerk zu erneuern, denn wegen Altersschäden mussten Maschinenhaus und Damm abgerissen werden. Zu der Zeit, als ich ins Kloster eintrat, liefen die Planungsarbeiten bereits auf Hochtouren. »Na, prima!«, habe ich mir gedacht: »Jetzt bauen die ein neues E-Werk und kriegen gleich auch noch einen Elektriker dazu!« Die Frage, ob sie diesen Elektriker überhaupt haben möchten, hat sich mir, ehrlich gesagt, nie gestellt, so sicher war ich von Anfang an, hierherzugehören.

Dabei ist es nach der Regel des heiligen Benedikt keinesfalls zwingend, dass man seine beruflichen Fähigkeiten auch als Mönch einbringen kann. Der Heilige widmet in seiner Regel den »Mönchen als Handwerkern« ein eigenes Kapitel, darin heißt es unter anderem: »Sind Handwerker im Kloster, können sie in aller Demut ihre Tätigkeit ausüben, wenn der Abt es erlaubt. Wird aber einer von ihnen überheblich, weil er sich auf sein berufliches Können etwas einbildet und meint, er bringe dem Kloster etwas ein, werde ihm seine Arbeit genommen. Er darf sie erst wieder aufnehmen, wenn er Demut zeigt und der Abt es ihm von neuem erlaubt.«

Das Leben im Kloster ist im Vergleich zu meiner Lehr- oder Bundeswehrzeit ja eher beschaulich. Aber wenn dann so große Projekte wie etwa der Bau dieses Kraftwerks anstehen, merke ich, dass auch mein Adrenalinspiegel wieder einmal steigt, natürlich nicht ganz so hoch wie während meiner Auslandseinsätze – aber immerhin. An solchen »Highlights« habe ich richtig Spaß! Doch die von Benedikt eingeforderte Demut vergesse ich dabei natürlich nicht.

## St. Maurus und die Beuroner Kunst

Jeden Montag laufe oder radle ich zur Baustelle zum etwa viereinhalb Kilometer entfernten St. Maurus im Felde, da ich dort an drei Stellen die Wasserstände messen muss. Das bedeutet etwa eine halbe Stunde Fußmarsch oder gut zehn Minuten mit dem Rad. Da wegen der Bauarbeiten der Wasserspiegel abgesenkt wurde, muss ich – so eine Auflage des Wasserwirtschaftsamtes – nachsehen, wie sich das

Grundwasser im Vergleich zum Spiegel der Donau verhält. Bis jetzt lag das alles stets im grünen Bereich. Natürlich schaue ich bei dieser Gelegenheit auch gern einmal bei den Kollegen vom Bau vorbei, um zu erfahren, wie die Arbeiten vorangehen. Das erinnert mich an meine Lehrzeit. Wenn ich all die Geräusche höre, das Hämmern, das Klopfen, die Rufe der Arbeiter, dann fühle ich mich zu Hause.

Die Baustelle liegt außerordentlich idyllisch: St. Maurus im Felde wurde zwischen 1868 und 1870 als Landsitz für Fürstin Katharina von Hohenzollern-Sigmaringen, die Stifterin unseres Klosters, gebaut. Da das Gut aber der Fürstin anscheinend doch nicht so recht zusagte, übergab sie es nach der Fertigstellung dem Orden, der dort einen Teil der Klosterökonomie unterbrachte. Hier lebt Bruder Trudpert, der sich eine Schreinerei eingerichtet und einen schönen Blumengarten gepflanzt hat.

Wir anderen Brüder wandern in unserer Freizeit gern an diesen schönen Ort. St. Maurus steht bei uns für »Wochenend und Sonnenschein«. Wer nämlich während der Woche Spüldienst hatte, der bekommt dafür am Sonntag nach der Morgenmesse frei und darf sich unten an der Donau einen »faulen Lenz« machen.

Jedes Jahr am St.-Maurus-Gedenktag, dem 15. Januar, wandern wir Novizen nach der Morgenhore nach St. Maurus, wo wir die heilige Messe feiern, dann wird gefrühstückt, und danach geht es wieder zurück ins Kloster. Wenn wir kurz nach sechs in Beuron losmarschieren, ist es natürlich, mitten im Winter, noch dunkel und kalt, und man könnte deswegen fast sagen, dass es sich um eine Nachtwanderung handelt. Ich bin schon früher zu Hause gern nachts durch den Wald gelaufen. Da habe ich den Uhu rufen gehört, da klangen die Geräusche im Unterholz, wenn der Wind heulte, ganz anders als am Tage. Dies alles hat für mich einen Hauch von Abenteuer. Der Vater zitierte gern den alten Spruch: »Im Wald, da ist der Geist, man findet ihn meist, wenn man ist allein im Wald.«

Wenn man nichts oder kaum etwas sieht, funktionieren all unsere Sinne anders. Schatten werden viel beängstigender wahrgenommen, Geräusche sind viel lauter, Gerüche intensiver. Es gab bei der Bundeswehr eine Ausbildung, die nannte sich »Hören und Sehen bei Nacht«. Da habe ich gelernt, dass man jemanden, der sich nachts eine Zigarette anzündet, kilometerweit sieht. Solch eine glühende Zigarette bringt das ganze Gesicht zum Leuchten, was bei einem Militäreinsatz lebensgefährlich sein kann. Für uns Mönche hingegen spielt dies ohnehin keine Rolle: Wir sind alle Nichtraucher. Rauchen ist bei uns im Kloster verboten, nicht zuletzt aus Kostengründen, denn ein Mönch verdient kein eigenes Geld, und die Sucht ist teuer.

Einen Steinwurf von St. Maurus entfernt wurde im zweiten Drittel des 19. Jahrhunderts nach den Plänen von Pater Desiderius Lenz, dem Gründer der Beuroner Schule, eine Votivkapelle errichtet. Heute ist der Name des Künstlers in der breiten Öffentlichkeit fast vergessen, doch im 19. Jahrhundert gab es vermutlich weltweit keinen Benediktiner, der größeren Einfluss auf die bildende Kunst seiner Zeit hatte. Pater Desiderius, geboren 1832 als Peter Lenz, wurde bereits mit 20 Jahren als Bildhauer in die Akademie der Bildenden Künste in München aufgenommen. Dort lernte er einen jungen Schweizer Maler namens Jakob Würger kennen. 1863 gingen die beiden gemeinsam nach Rom und fanden Anschluss an eine deutsche Künstlerkolonie, die »Lukasbrüder«, auch »Nazarener« genannt wurde. Zufällig stieß Lenz in diesen Jahren auf Abbildungen aus dem alten Ägypten der Pharaonen, deren Strenge ihn faszinierte. Fortan verband er diese ägyptische Kunst mit christlichen

Inhalten – der Beuroner Stil war geboren. 1868 erhielt er von Fürstin Katharina den Auftrag für die genannte Kapelle des heiligen Maurus. Sie sollte sein Schlüsselwerk werden, dabei passte sie gar nicht in die damals von der Neugotik beherrschte Zeit. Lenz' strenger Stil wurde gegen alle Kritik vom damaligen Gründerabt von Beuron, Maurus Wolter, gefördert. Weitere Werke der Beuroner Kunst finden sich beispielsweise in unserer Abteikirche, etwa in der Gnadenkapelle. Auch das Bild des heiligen Martin am Westgiebel stammt von Desiderius Lenz.

Sowohl Lenz als auch Würger traten als Mönche ins Kloster ein. Später malten sie noch das Benediktinerkloster Monte Cassino aus. Um die Wende zum 20. Jahrhundert wurden viele der Arbeiten dieser beiden zugunsten eines neobarocken Stils wieder zerstört, selbst in Beuron. Trotzdem sind, in aller Welt verstreut, nicht nur Bauten, Fresken, Skulpturen und Mosaike, sondern auch kunstgewerbliche Gegenstände, wie zum Beispiel Kelche, im Beuroner Stil erhalten geblieben. Am berühmtesten ist jedoch die Benediktusmedaille von Pater Desiderius, die er zum 1400. Geburtstag des Heiligen im Jahr 1880 schuf und die bis heute die weitestverbreitete ihrer Art ist.

Wenn man über Menschen spricht, die den Ruf von Beuron ins ganze Land hinausgetragen haben, darf neben Pater Desiderius ein weiterer Name nicht fehlen: Friedrich August Schott, der 1884 das »Messbuch der heiligen Kirche« (Missale Romanum) mit liturgischen Erklärungen für Laien herausgab. Sein Name steht seitdem als Synonym für das Messbuch. Nachdem er zum Priester geweiht worden war, trat er 1873 in unser Kloster ein und erhielt den Namen Pater Anselm.

Der Weg von Beuron – mitten im Ort gibt es übrigens auch einen Anselm-Schott-Weg – nach St. Maurus ist wirklich wunderschön. Er führt an der Donau entlang, die an dieser Stelle noch ein wildes Bächlein ist. Aber man darf sich nicht täuschen: Auch wenn es an ruhigen Tagen von außen ganz harmlos aussieht, ist das Flussbett durchschnittlich rund vier Meter tief, und zu Zeiten der Schneeschmelze wird aus dem Bächlein schnell ein reißendes Wasser.

So passierte es dann auch, dass an der Baustelle des neuen E-Werkes vor kurzem ein nagelneuer, gerade einmal zwei Wochen alter Bagger versenkt wurde. Die Baustelle befindet sich mitten in der Donau, da ja unter anderem auch der Damm erneuert werden muss. Deswegen ließen die Arbeiter den Bagger in der Baustelle stehen, um die Schalungen an die Wände zu heben. Übers Wochenende kam es aufgrund starker Regenfälle zu Hochwasser, aber keiner hatte damit gerechnet, dass der Fluss derart schnell ansteigen würde. So staunten die Arbeiter am Montag nicht schlecht! Die ganze Baugrube war vollgelaufen, und vom Bagger schaute nur noch der Arm heraus. Ich glaube, keiner der Beteiligten unterschätzt an dieser Stelle die Donau mehr.

Zusammen mit den schroffen Kreidefelsen entwickelt die Landschaft entlang des jungen Flusses eine einzigartige Atmosphäre, die das Herz eines jeden Romantikers höherschlagen lässt. Nur hin und wieder ist ein Auto von der nahen, aber nur wenig befahrenen Landstraße her zu hören, ab und zu rauscht der Zug durchs Tal, doch ansonsten herrscht hier, abgesehen vom Gesang der Vögel, himmlische Ruhe.

Mitten in all dieser Herrlichkeit gibt es für mich gelegentlich noch eine weitere Arbeitsstelle: Auf halbem Wege zwischen Kloster und Kapelle steht auf einem der Felsen, Petersfels genannt, das beleuchtete Peterskreuz. Dieses Kreuz hat meines Wissens der Bürgermeister von Beuron gespendet, als das Kloster nach dem Kulturkampf im letzten Viertel des 19. Jahrhunderts wiederbesiedelt wurde. Das heutige Betonkreuz, die dritte Version in rund 130 Jahren, nachdem zwei Vorgänger in den beiden Weltkriegen zerstört wurden, ist gut zehn Meter hoch, innen hohl und wird mit Leuchtstoffröhren betrieben. Wie gut diese Lichtquellen sind, zeigt sich daran, dass, solange ich im Kloster bin, noch keine davon je kaputtgegangen ist. Deswegen ist es mir bis heute erspart geblieben, dort oben je etwas austauschen zu müssen. Im Prinzip traue ich mir diesen Job jedoch durchaus zu, allerdings ist er nur etwas für geübte Kletterer. Da muss man dann nämlich mit Leiter und Reserveröhren hinaufklettern. Die entsprechende Leiter steht sogar bei mir in der Werkstatt, das wäre kein Problem.

Ohne Werkzeug war ich sogar schon einmal, rein interessehalber, oben beim Kreuz. Es ist aus Naturschutzgründen eigentlich verboten, in diese Wand zu klettern. Abgesehen davon hat sie ihre Tücken, weil Kalkstein bekanntlich brüchig ist. Vor kurzem gab es hier einen recht spektakulären Felsabbruch, bei dem sich ungefähr zwei Tonnen Gestein lösten und abrutschten. Wenn man sich den Felsen näher unter die Lupe nimmt, ist da noch eine ganze Menge weiteres Geröll absturzgefährdet. Aus diesem Grund hat die Gemeinde an dieser Stelle auch den Spazierweg für die Öffentlichkeit gesperrt.

Doch es sind nicht nur die Leuchtstoffröhren, die es für einen Elektriker wie mich im Auge zu behalten gilt. Das Petruskreuz wird mit Halogenstrahlern angestrahlt, und derentwegen bin ich hier ebenfalls gefordert. Denn zu diesen Strahlern führt vom Kloster aus eine Leitung, die ich von der Werkstatt aus einschalten muss. Diese Leitung verläuft unter der Erde, aber in so geringem Abstand zur Oberfläche, dass sie gern von Mäusen angefressen wird. Wenn es trocken ist, bereitet das keine größeren Probleme. Sobald es aber regnet, leitet die Erde den Strom und dann springt bei uns in Beuron immer die Sicherung heraus, wenn die Leitungen blank liegen. Wenn wir also im Kloster im Dunkeln stehen, kann es durchaus sein, dass die Mäuse vom Petersfels schuld waren.

Einer meiner Lieblingsarbeitsplätze ist unser Glockenturm. Man kann bis hoch in die Zwiebel steigen und hat von dort einen wunderbaren Blick übers Land. Das Kloster besitzt zwar eine moderne Funkuhr, die alle Uhren der Erzabtei steuert, dennoch ist das alte mechanische Uhrwerk im Turm noch in Betrieb. Vor kurzem erhielten die Glocken neue elektrische Motoren, die alten waren nämlich noch ölgetrieben und störanfällig. Sie zu ersetzen, also die alten Motoren herunter- und die neuen hochzutragen, war ein Knochenjob.

Meine Aufgabe war es dann, elektrische Leitungen zum Glockenturm hinauf zu legen. Ich musste auf dem Gerüst nach oben klettern und zwischen den Verstrebungen herumturnen – da muss man ganz schön schwindelfrei sein! Einmal ist es vorgekommen, dass ich ganz oben etwas anzuschrauben hatte, und als ich so gut wie fertig war, fiel mir die letzte Schraube hinunter. So etwas macht Laune und mein dementsprechender Kommentar war alles andere als gottesfürchtig! Wenn man dort oben arbeitet, schaltet man natürlich zunächst einmal die Glocken aus. Der Stundenschlag wäre zwar noch zu ertragen, aber wehe, wenn die Glocken angefangen hätten, Sturm zu läuten! Ich bin Diskotheken und Übungsschießen bei der Bundeswehr gewohnt – aber Glockengeläut ist weder vom Klang noch von der Lautstärke her damit vergleichbar. Vor allem, wenn die größte der sechs Glocken, die Mater Dolorosa, mit ihren rund zwei Tonnen Gewicht erschallt – da hört man ihren feierlichen Klang im ganzen oberen Donautal. Das ist sehr ergreifend, wenn man sich in gebührender Entfernung aufhält, aber in einem solchen Moment direkt neben ihr zu stehen wäre nicht sehr ratsam.

Schließlich setzte dieser ganze Motorenaustausch auch noch recht seltsame Verwicklungen in Gang, die ein weiteres dankbares Thema unserer Fastnachtveranstaltung werden sollten. Denn unsere Glocken ärgerten uns, als die Motoren ausgewechselt werden mussten, derart, dass man hätte meinen können, sie wollten sich gegen diesen Austausch wehren. Mal ertönten sie ohne Grund, dann schwiegen sie, als sie eigentlich hätten läuten sollen. Selbst ich als Elektriker war schnell mit meinem Latein am Ende.

Schließlich riefen wir die Monteure zu Hilfe, die den Austausch vorgenommen hatten, doch als die ihre scheinbare Reparatur beendet hatten, erschollen die Glocken anschließend den ganzen Tag lang ohne Unterbrechung, ohne dass sich eine plausible Ursache dafür hätte feststellen lassen. Kurzum: Es war für eine gewisse Zeit ein rechtes Durcheinander, das unser Bruder Markus, ein begabter Redner, bei seiner Büttenrede in höchst gelungenen Reimen und Versen auf die Schippe nahm.

## Ferienzeit im Klosterland

Zu den gemeinschaftlichen Freizeitaktivitäten gehört einmal im Jahr ein Ausflug mit dem ganzen Konvent. Meist ein Tagesausflug mit dem Bus. Bei schönem Wetter gibt es im Sommer hin und wieder einen Grillabend: Gemeinschaft und Pflege des Gemeinschaftslebens sind in Beuron auch außerhalb des Gottesdienstes Trumpf.

Auch die Novizen der gesamten Beuroner Kongregation, zu der je zehn Männer- und Frauenklöster gehören, treffen sich gelegentlich zum Erfahrungs- und Gedankenaustausch. Dabei schließt man auch Freundschaften. Sehr gut verstehe ich mich zum Beispiel mit einem Bruder aus Maria Laach in der Eifel, der ein Jahr jünger ist als ich. Ab und zu schreiben wir uns und tauschen uns aus.

Wenn ich Muße habe und für mich alleine sein will, betätige ich mich mit Vorliebe ein wenig künstlerisch, das lässt sich schließlich auch wunderbar mit dem Schweigen verbinden. Ich habe etwa schon immer gerne gemalt, bereits während der Schulzeit. In meiner Werkstatt hängt zum Beispiel ein selbstgefertigtes Stillleben.

Mit Begeisterung versuche ich mich auch als Holzschnitzer, das entspannt mich. Seit rund einem Jahr sitze ich an einem Holzstück von etwa zehn mal zehn Zentimetern Größe. An dem erprobe ich immer wieder mal in einer ruhigen Minute mein handwerkliches Können. Das fertige Werk soll einmal eine Kreuzesszene darstellen: Auf der einen Seite steht Benedikt, auf der anderen Longinus, die beiden Bezugspersonen meines Mönchseins.

Wie wohl jeder Mensch freuen sich auch Ordensleute, wenn sie einmal ein paar Tage Urlaub machen und damit Abstand von ihrem Kloster gewinnen können. Urlaub ist eine Errungenschaft der modernen Zeit und somit ein Thema, das in der Benediktsregel nicht zu finden ist. Die ersten zehn freien Tage vom Kloster hatte ich nach den zeitlichen Gelübden. Davor war ich als Novize durchgehend ans Kloster gebunden. Meine erste »Auszeit« im Jahr 2007 legte ich mir so, dass sie auf die Taufe meines zweiten Neffen Josef Cyrill, dessen Patenonkel ich bin, fiel. Normalerweise, so heißt es, soll man seinen ersten Urlaub nicht zu Hause verbringen. Aber in diesem besonderen Falle holte ich mir die Erlaubnis, drei Tage lang daheim sein zu dürfen.

Sobald mein Neffe getauft war, packte ich mir mein Motorrad, das ich bei meinem Vater untergestellt habe, und fuhr zu meinem Freund nach Maria Laach in die Eifel, auch ein Kloster der Beuroner Kongregation. Als Angehöriger einer Klostergemeinschaft erhält man in anderen Klöstern günstig Kost und Logis. In Maria Laach wurde ich sehr gastfreundlich aufgenommen, und ich freute mich, dort meinen Brieffreund zu treffen. Aber mein Hauptvergnügen bestand in so mancher Spritztour mit dem Motorrad auf den kurvigen und bergigen Straßen der Eifel.

Knapp tausend Kilometer legte ich in dieser Woche zurück, und als ich die Maschine meinem Vater wieder auf den Hof stellte, hatte sie völlig abgefahrene Reifen. Die musste er für den nächsten Sommer erst einmal erneuern. Dabei war ich nicht einmal sonderlich »geheizt«, denn wenn man mit einem Chopper wie dem meinen mehr als 120 Stundenkilometer fährt, wird es für den Fahrer eher ungemütlich: Da spürt er ganz schön den Gegenwind. Aber ich habe aus meiner 650er-»Kiste« trotzdem all das herausgeholt, was möglich war.

Nach den ewigen Gelübden hat man dann jedes Jahr seine drei Wochen Urlaub. Die kann man sich einteilen, wie man möchte, muss sie also nicht am Stück nehmen. Es wird vom Kloster sogar lieber gesehen, wenn man seinen Jahresurlaub ein wenig verteilt, um nicht zu lange Zeit hintereinander abwesend zu sein. Mit größeren Reisen wird es allerdings ohnehin etwas schwierig, da wir ja kein eigenes Geld zur Verfügung haben, abgesehen von etwas Taschengeld, das uns der Cellerar gewährt. Aber was soll's: Ich habe doch schon so viel von der Welt gesehen! Ich habe Frankreich, Skandinavien und Amerika bereist, verbrachte berufsbedingt je ein halbes Jahr auf dem Balkan und in Afghanistan. Da habe ich momentan keine unstillbare Sehnsucht auf die große weite Welt. Die kleinen Fluchten reichen mir vollkommen aus. Im Spätsommer 2008 besuchte ich für ein paar Tage Kloster Einsiedeln in der Schweiz, natürlich wieder mit dem Motorrad. Und abermals wurden es einige großartige Tage!

# Mönchsein heute

## Spannende Begegnungen

Trotz »Multikulti« und exotischster Outfits, wie man sie heute im Straßenbild findet, sei es in Kleidung, Haartracht oder Schmuck, mit Piercing oder Tattoo: Ein junger Mönch in Ordenstracht sticht immer heraus!

Eines Tages musste ich in Tuttlingen, der Beuron nächstgelegenen Stadt, einkaufen – selbstverständlich trug ich wie immer Habit –, als mir eine Gruppe von drei, vier Jugendlichen entgegenkam. Erst große Augen, dann eifriges Tuscheln und Gekicher, schließlich krähten sie im Chor: »Salem aleikum«, also die islamische Grußformel »Friede sei mit euch!« Ich grinste zurück und erwiderte: »Sorry, falsche Baustelle! Ich bin Christ!«

Da schauten sie mich etwas verdutzt an und zogen dann erst einmal schweigend ihrer Wege, weil ihnen offensichtlich darauf nichts einfiel. Erst nach etlichen Metern hörte ich sie wieder plaudern und lachen. Die jungen Leute hatten wohl nicht damit gerechnet, dass ich ihnen auf ihre harmlose Provokation überhaupt antworten würde.

Ich musste schmunzeln, denn ich weiß ja noch aus eigener Erfahrung: Als Jugendlicher, insbesondere im Schutz der Gruppe, macht man sich gern ein wenig lustig über alles, was ungewohnt und anders ist. Ich nahm ihnen die Sache auch nicht krumm, aber die Begegnung zeigte mir, dass ich sie auch mit meinem für sie befremdlichen Outfit verunsichert hatte. Und diese Verunsicherung versuchte die Clique mit einer kleinen Frechheit zu überspielen.

Insgesamt sind die Reaktionen, die ich bei anderen Menschen hervorrufe, sehr unterschiedlich. Aber ich habe bis jetzt noch nie einen wirklich negativen oder ablehnenden Kommentar gehört. Meist erlebe ich eine Art freundlicher Neugierde. Da wird dann mitunter ganz sachlich gefragt, ob ich Mönch oder Priester sei, und dann weiter, wo ich herkomme und welchem Orden ich angehöre. So richtig schüchterne oder gar ängstliche Begegnungen habe ich bis jetzt noch nicht erlebt. Vor allem ältere Menschen scheinen beeindruckt, wenn sie einen jungen Mann wie mich sehen, der ins Kloster geht. Die landläufige Vorstellung eines Mönchs besteht doch vielmehr in einem älteren betulichen Herrn mit weißem Bart als in einem 28-jährigen Jungspund. Und es stimmt ja auch: Dem Alter nach bin ich immer noch der Youngster in Beuron. Was das *Eintrittsjahr* ins Kloster betrifft, bin ich allerdings fast schon ein alter Hase. Es gibt inzwischen schon drei, die *nach* mir gekommen sind.

Ich denke schon, dass ein Mönch für viele Menschen nach wie vor etwas Aufregendes und Spannendes hat, denn so häufig begegnet man ihm im Alltag ja auch nicht. Diese Spannung hängt auch damit zusammen, dass nur wenige wissen, wie es im Kloster zugeht. Das Klosterleben hat etwas Geheimnisvolles, das war schon immer so. Und das macht natürlich denjenigen neugierig, der nicht hinter die Kulissen blicken kann. Denn viele Türen bleiben der Allgemeinheit für immer verschlossen.

Dabei hat sich die mönchische Lebensform seit den Wüstenvätern eigentlich nicht wesentlich verändert. Sicher ist im Laufe der Jahrhunderte im Detail einiges der Zeit angepasst worden – man lebt in festen Gebäuden und hat moderne Technik –, aber das von Benedikt vorgegebene Prinzip ist grundlegend gleich geblieben. Die Gesellschaft hingegen hat sich in den vergangenen eineinhalb Jahrtausenden radikal gewandelt. Und dieser Gegensatz macht solche Begegnungen interessant, natürlich für beide Seiten. Hinzu kommt: Wir Mönche leben sichtbar, was wir glauben. Das erkennt man ja schon an unserer Kleidung. Wir verzichten bewusst auf die Dinge, die wir eigentlich haben könnten und die in der Welt zählen: Geld, Macht und Status. Wir haben stattdessen etwas, das nicht sichtbar ist.

Wir verweigern uns einerseits dem gesellschaftlichen Mainstream. Andererseits suchen doch viele Menschen heute in ihrem Leben nach etwas Spirituellem, nennen wir es: den Sinn des Lebens. Vielleicht wirkt ein Mönch für Außenstehende so, als habe er diesen Sinn schon gefunden. Das macht ihn attraktiv und interessant, setzt ihn aber auch manchmal negativen Gefühlen derjenigen aus, die in ihrem Leben noch keinen rechten Sinn gefunden haben. Diese Gefühle können bei den Letzteren im schlimmen Fall Misstrauen, Unverständnis, Neid, bei den anderen aber auch Respekt, Hochachtung, vielleicht sogar Bewunderung sein.

Wenn man an Ordensleute denkt, denkt man häufig an begnadete Führungspersönlichkeiten wie die Heiligen Benedikt, Franziskus oder Ignatius. Aber auch heute gibt es wieder charismatische Ordensleute wie etwa Notker Wolf aus Sankt Ottilien, den Abtprimas und damit obersten Repräsentanten der Benediktiner und Benediktinerinnen in aller Welt, der auch schon einmal mit E-Gitarre auftritt, oder Anselm Grün, Benediktinermönch und Cellerar im fränkischen Kloster Münsterschwarzach, einen der meistgelesenen spirituellen Autoren unserer Zeit.

So mancher, der sich einem Orden angeschlossen hat, setzte damit auch Bewegungen in Kraft. Selbst in der heutigen Zeit versuchen immer wieder mal Einzelne oder Gruppen, eine neue geistliche Gemeinschaft oder einen Orden zu gründen. Manche behaupten sich, andere nicht. Charismatische Einzelfiguren färben nicht selten auf den ganzen Orden ab. Da tun sich Weltpriester ohne Gemeinschaft schon ein wenig schwerer. Hin und wieder hat in vergangenen Jahrhunderten aber auch solch ein Geistlicher eine Gemeinde um sich herum versammelt, aus der dann ein Orden entstanden ist.

## Wer Gott sucht, ist willkommen

Wenn wir in die Geschichte schauen, gab es immer wieder Zeiten mit einem religiösen Überangebot. Ich denke, manchmal konnten die Menschen das Thema »Religion« schon nicht mehr hören. Und dann gab es eben auch Epochen religiöser Dürre. In einer solchen säkularen Zeit leben wir meiner Ansicht nach heute. Aber die Sinnsuche der Menschen ändert sich ja nicht. Vielen ist bewusst, dass ihnen in diesem ganzen Trubel, in dieser ganzen Oberflächlichkeit etwas Wesentliches fehlt. Und obwohl es eine Vielfalt an Heilsangeboten gibt, besteht trotzdem ein Mangel an spiritueller Begleitung, vielleicht auch, weil heutzutage alles so unübersichtlich geworden ist.

Die Menschen suchen also Sinn, sie suchen Inseln der Ruhe, wo sie diesen Sinn vielleicht finden können. Und da ist natürlich ein Kloster als eine in sich geschlossene Welt der ideale Ort. Dort kann der Einzelne etwas entdecken, was er sonst möglicherweise nirgendwo findet. Zu uns kommen kann jeder, ganz egal, welche Glaubensrichtung oder Konfession er hat. Wenn einer Gott sucht, spielt sein Hintergrund keine Rolle. Dann ist er bei uns willkommen. Und unter denen, die unsere Angebote annehmen, trifft man stets auch auf solche, die – so wie ich – dann ernsthaft darüber nachdenken, für immer ins Kloster zu gehen.

Wenn mich jemand um Rat fragt, ob solch ein Weg das Richtige für ihn wäre, würde ich ihm empfehlen, es einfach einmal auszuprobieren – Probieren geht über Studieren. Ich würde ihm raten, sich als Gast im Kloster aufzuhalten, durchaus auch mehrere Male, sich zu informieren, welche Orden es gibt und wie sie ausgerichtet sind. Ganz wichtig ist, dass einem das Kloster, das man in Erwägung zieht, auch von der Örtlichkeit her gefällt, also nicht nur spirituell, sondern auch ganz praktisch. Da muss man dann auf seinen »Bauch hören«, da empfindet jeder anders.

Ein banaler Vergleich: Jemand sucht sich eine Wohnung. Da erkundigt er sich ebenfalls, ob die Infrastruktur passt, die Lage, die Nachbarschaft, die Einkaufsmöglichkeiten und so weiter. Wenn nun solch eine Wohnung möglicherweise das ganze Leben über Bestand haben soll, dann ist es umso wichtiger, dass sie einem behagt. Da sollte man sich dann fragen: Wie fühle ich mich, wenn ich zum ersten Mal durch die Pforte gehe? Wie erlebe ich die Mönche, die Gemeinschaft? Wie gefällt mir die Kirche? All das muss sich erst einmal setzen. Wichtig ist es auch, den Tagesablauf mitzumachen und sich zu fragen: Halte ich es ein Leben lang durch, jeden Morgen um vier Uhr aufzustehen? Um fünf Uhr zur Morgenhore anzutreten? Fünf-, sechsmal am Tag zu beten? Jeder muss für sich selbst entscheiden, ob er das möchte und kann, und zwar ein Leben lang. Das ist alles andere als leicht. Bei einem so wichtigen Schritt darf man deswegen die Entscheidung keinesfalls von heute auf morgen treffen und auch nicht auf Biegen und Brechen. Ich habe ja an meinem eigenen Beispiel erzählt, wie intensiv mich auch die Gemeinschaft immer wieder hinterfragt hat und letztlich auch ich selbst mich immer wieder geprüft habe.

Noch ein Tipp: Wenn jemand als Gast ins Kloster geht, sollte er so wenig wie möglich an persönlichen Dingen mitnehmen, schon allein, um zu erfahren, wie er mit dem wenigen zurechtkommt, das er bei sich hat. Denn als Mönch besitzt man immer wenig. Klöster haben Nachwuchsmangel, und das liegt nicht zuletzt auch daran, dass immer weniger Menschen bereit sind, auf materielle Dinge zu verzichten. Außerdem erfordert ein Einsatz für Gott auf vielerlei Hinsicht Verzicht. Ich nenne als Beispiel den Zölibat, die Ehelosigkeit. Was den Zölibat für Mönche betrifft, so gibt es hier gar keine Diskussion: Zum Mönchtum gehört das ehelose Leben dazu, daran rüttelt auch niemand. Das war immer so und wird immer so bleiben. Familienleben und Kloster – das ist schlicht und einfach unvereinbar. Man denke nur an unsere Aufgaben und unseren Tagesablauf! Mönchtum ist die radikalste Form der Christusnachfolge, die lässt sich nicht mit einer Familie unter einen Hut bringen.

Dass es heute weit weniger Ordensgeistliche gibt als früher, liegt natürlich auch an historischen Gegebenheiten. Früher waren Klöster nicht zuletzt Versorgungsstationen: Familien mit vielen Kindern haben einfach einige davon im Kloster untergebracht und mussten sich ab diesem Zeitpunkt über deren Zukunft keine Gedanken mehr machen. Eine ähnliche Entwicklung sieht man heute wieder in China und Korea, wo Klöster meines Wissens einen enormen Zulauf haben, eben auch, weil die Menschen dort materiell abgesichert sind. Dort handelt es sich auch um einen sozialen Aufstieg, wenn man ins Kloster geht, so wie das in Europa im Mittelalter der Fall war.

Wer heute hierzulande Mönch wird, sucht, wenn er es ehrlich meint, ausschließlich spirituelle Tiefe. Da spielen wirtschaftliche und soziale Gründe keine Rolle mehr. Ins Kloster zu gehen bedeutet bei uns keinen sozialen Aufstieg mehr, höchstens, wenn man zum Abt oder Bischof berufen wird. Aber diese Laufbahn kann man wohl noch weniger planen als jede andere. Meines Wissens ist übrigens derzeit lediglich ein einziger der 27 deutschen Bischöfe ein Ordensmann, und zwar der ehemalige Abt des oberpfälzischen Benediktinerklosters Plankstetten, Gregor Maria Hanke. Er ist heute Bischof von Eichstätt.

## Soldat bin ich immer noch

Als ich die Bundeswehr verließ und mich zum Eintritt ins Kloster entschloss, tauschte ich, wenn man so will, eine Männergemeinschaft gegen eine andere ein. Ich glaube, dass eine solch straff organisierte Truppe mit einem ganz eindeutigen Auftrag und klaren Regeln genau das Richtige für mich ist. Militär und Mönchtum haben durchaus vieles gemeinsam. Bereits für den heiligen Benedikt waren Mönche »Soldaten Christi«, und nicht ohne Grund räumt er in seiner Regel dem Thema Gehorsam im Kapitel »Die geistliche Kunst« einen wesentlichen Platz ein. Diese Abschnitte sind für mich, neben denjenigen von der Beständigkeit, persönlich am wichtigsten. Darin heißt es unter anderem:

»Der erste Schritt zur Demut ist Gehorsam ohne Zögern. Er ist die Haltung derer, denen die Liebe zu Christus über alles geht. Wegen des heiligen Dienstes, den sie gelobt haben, oder aus Furcht vor der Hölle und wegen der Herrlichkeit des ewigen Lebens darf es für sie nach einem Befehl des Oberen kein Zögern geben, sondern sie erfüllen den Auftrag sofort, als käme er von Gott. Daher verlassen Mönche sofort, was ihnen gerade wichtig ist, und geben den Eigenwillen auf. Sogleich legen sie unvollendet aus der Hand, womit sie eben beschäftigt waren. Schnellen Fußes folgen sie gehorsam dem Ruf des Befehlenden mit der Tat.

Mit der Schnelligkeit, die aus der Gottesfurcht kommt, geschieht beides rasch wie in einem Augenblick: der ergangene Befehl des Meisters und das vollbrachte Werk des Jüngers. … Sie leben nicht nach eigenem Gutdünken, gehorchen nicht ihren eigenen Gelüsten und Begierden, sondern gehen ihren Weg nach der Entscheidung und dem Befehl eines anderen. Sie bleiben im Kloster und haben das Verlangen, dass ein Abt ihnen vorstehe. Ohne Zweifel folgen sie auf diesem Weg dem Herrn nach, der sagt: ›Ich bin nicht gekommen, meinen Willen zu tun, sondern den Willen dessen, der mich gesandt hat.‹«

So gesehen, ist für mich das Kloster der Übergang von *einer* Art Soldatsein zu einer *anderen*, von *einer* Art Disziplin zu einer *anderen*. Weil ich mich in beiden Gemeinschaften wohl fühle, freue ich mich jedes Mal, wenn Soldaten zu Exerzitien nach Beuron kommen. Da kommt dann immer wieder eine Art Heimatgefühl in mir auf. Diese Exerzitien sollen für die Soldaten ja auch so etwas wie ein »Abschalten vom Bundeswehralltag« sein. Wenn sie dann auf jemand wie mich stoßen, der sich für sie ganz überraschend als Kenner ihrer Welt präsentiert, ist das »Hallo!« natürlich groß. Da werde ich dann mit Fragen gelöchert und habe an meiner Rolle viel Freude.

Ich führe die Soldaten dann immer gern durchs Haus und verblüffe sie damit, dass ich ihren Jargon beherrsche. So mache ich mir stets einen Spaß daraus, das klösterliche Umfeld mit militärischen Begriffen zu erläutern, indem ich zum Beispiel Einrichtungen und Hierarchien im Kloster mit Bundeswehrbegriffen kennzeichne. So entspricht die Kaserne dem Kloster, das Gebetbuch der Knarre und das Gotteshaus dem Truppenübungsplatz. Auch beim Personal drängen sich Parallelen auf: Der Kommandeur ist unser Erzabt, beim »S 2«, dem Stellvertreter des Kommandeurs, handelt es sich um den Prior und beim Versorgungsunteroffizier, abgekürzt VU, um den Cellerar. Unseren Magister vergleiche ich mit dem Drillinstruktor, der Sanitätsbereich heißt im Kloster Infirmerie, und die Klausur kann dem militärischen Sperrbereich gleichgesetzt werden.

Neulich war bei den Exerzitien auch einmal eine Soldatin dabei. Die musste dann den klösterlichen Sperrbereich gleich am eigenen Leib erfahren. Etwas konnte ich sie mit dem Hinweis trösten, dass es in Frauenklöstern die gleichen »No-go-areas« für Männer gibt.

Schließlich präsentiere ich auch noch unsere »Waffenkammer«, also die Klosterbibliothek mit ihren geistigen Waffen, den Büchern. Um es auf einen Nenner zu bringen: Es handelt sich bei einer Ordensgemeinschaft und der Bundeswehr um zwei »Armeen« mit ähnlichen Strukturen, aber völlig unterschiedlicher Bewaffnung. Diese Vergleiche sind selbstverständlich keine Erfindungen von mir. Schon in den Apostelbriefen im Neuen Testament finden sich Formulierungen, die sehr militärisch anmuten. Da heißt es etwa im Paulusbrief: »Legt ab die Waffen der Dunkelheit und legt an die Waffen des Lichts.« Ein anderes Beispiel findet sich in der Apostelgeschichte: »Wer seinen Dienst gut versieht, erhält einen hohen Rang.« Es finden sich zahlreiche militärisch anmutende Textstellen, die für das geistliche Leben verwendet werden, in der Heiligen Schrift. Das liegt möglicherweise daran, dass das Militärische den Menschen damals besonders vertraut war, weswegen solche plastischen und leicht verständlichen Vergleiche gewählt wurden.

Es gibt natürlich auch große Unterschiede zwischen Bundeswehr und Benediktinerkloster. Vor allem im Stil und in den Umgangsformen. Beim Bund wird etwas ohne Wenn und Aber befohlen, und der militärische Ton duldet keinen Widerspruch. Im Kloster wird man um etwas gebeten, und der Anstand beziehungsweise die Regel erfordert, dass man es befolgt. In der Konsequenz läuft das zwar aufs Gleiche hinaus, aber trotzdem ist der Ton ein anderer. Den Umgangston in Beuron empfinde ich als sehr freundlich und respektvoll.

Die Hierarchie, die beim Militär eine wesentliche Rolle spielt, besteht im Kloster aus meiner Sicht eigentlich mehr oder weniger nur auf dem Papier, wenn man einmal vom Vater Erzabt absieht, dem man zu absolutem Gehorsam verpflichtet ist. Ob man aber Pater ist oder »nur« Bruder, bedeutet im Alltag eher wenig. Hier ergibt sich die Stellung nicht aus dem »Dienstgrad«, sondern sie hängt vom Eintrittsjahr ab. Danach sind der Einzug in den Chor, ins Refektorium oder in den Kapitelsaal sowie die Sitzordnung festgelegt.

Bei der Bundeswehr siezt man in aller Regel seine Kameraden, auf alle Fälle den Vorgesetzten. Aber wenn es an den Einsatz geht, werden solche Feinheiten schnell einmal fallengelassen. Im Alltag geht man dann aber meist wieder zum »Sie« über. Die Mönche reden sich untereinander meist mit dem Vornamen und per Sie an – also etwa: »Bruder Markus, können Sie …« Wir Novizen allerdings duzen uns untereinander, und manchmal kommt es auch vor, dass ein älterer Mönch einem jüngeren das Du anbietet. Etwa, wenn man länger oder intensiver zusammenarbeitet. Ich bin inzwischen ebenfalls mit einigen per Du, vor allem mit denen, mit denen ich handwerklich zusammenarbeite. Handwerker duzen sich nun einmal.

In der Bundeswehr spielt die Kameradschaft, wie ich schon geschildert habe, eine große Rolle. Ich finde, im Kloster ist die Verbindung der Mönche untereinander noch ein wenig enger. Sie hält ja auch ein Leben lang. Dass es sich im Grunde genommen um eine große Familie handelt, erkennt man schon an den Begriffen »Brüder« für die Mönche und »Vater« für den Abt.

Als Mönch sehe ich mich als Kämpfer für den Glauben. Einst lautete mein Auftrag, nach Mazedonien und Afghanistan in den Einsatz zu gehen. Jetzt lautet er, mich für den Glauben einzusetzen. Doch ehe es so weit ist, dass ich den Glauben weitertragen kann, muss ich mich zunächst einmal selbst rüsten. Ich bin noch weit davon entfernt, meinen Glauben anderen fundiert vermitteln zu können. Ich sehe mich an dieser Stelle als Wehrpflichtiger in den ersten Wochen; ich befinde mich, um im Bild zu bleiben, als Novize noch in der Grundausbildung.

Das Handbuch für diese Ausbildung ist die Benediktsregel, die der Heilige ja übrigens selbst eine *Regel für Anfänger* genannt hat. Allerdings hängt das Ende der Ausbildung keineswegs vom Erreichen der Profess ab. Vielmehr denke ich, der Weg ist das Ziel, und dieser Weg ist steinig und letztlich endlos.

Das Faszinierende für mich liegt in der Herausforderung, Benedikts »Handbuch« gerecht zu werden. Provokativ gesagt, ist es heutzutage fast einfacher, Millionär zu werden, als ganz konsequent seinen spirituellen Weg zu gehen. Wer sich aber für einen solchen Weg entscheidet, tut sich meines Erachtens leichter, wenn er dafür in ein Kloster eintritt. Denn dort kann er die zivilen Probleme weitgehend ausklammern und sich vollkommen auf sein geistliches Ziel konzentrieren: die Ausrichtung auf Gott.

Zum Glück geht man diesen Weg im Kloster nicht allein. Jeder Mönch hat, neben all den Brüdern, die ihn umgeben, einen geistlichen Begleiter. Den kann er sich selbst aussuchen. Dabei muss es sich nicht einmal unbedingt um eine Person aus dem Kloster selbst handeln, sondern es kann auch jemand von außerhalb sein, der – anders als etwa ein

Beichtvater – nicht einmal ein Priester zu sein braucht. Allerdings muss sich derjenige gut in Theologie auskennen. Man muss zu ihm Vertrauen haben, um offene, ungezwungene, aber absolut vertrauliche Gespräche führen zu können. Diesen geistlichen Begleiter zu finden braucht seine Zeit, denn ein derartiges Vertrauensverhältnis entwickelt sich erst nach und nach. Und auch dann ist nicht sicher, dass diese Beziehung dauerhaft ist. Man kann einen solchen Begleiter wechseln, wenn man feststellt, dass er aufgrund einer bestimmten Gegebenheit doch nicht der richtige Gesprächspartner ist. Das ist nicht viel anders als mit Beziehungen draußen.

Mit meinem geistlichen Begleiter, Pater Stephan, der unter anderem unseren Chor und die Schola leitet, treffe ich mich hin und wieder zum Gespräch. Solche Begegnungen suchen wir wechselweise: Mal habe ich das Bedürfnis danach, mal fragt mich mein Begleiter, wie es mir geht oder ob ich Probleme habe. Dafür braucht es nicht einmal unbedingt konkrete Anlässe, das ist beinahe so, als wenn man sich spontan zu einem Kneipenbummel verabredet.

Noch einige Zeit nach meinem Eintritt ins Kloster lag meine geistliche Begleitung bei meinem ehemaligen Militärpfarrer. Dieser Kontakt besteht auch jetzt noch. Ich freue mich immer sehr, wenn ich ihn sehe, sobald er mit seinen Soldaten zu Exerzitien nach Beuron kommt. In solchen Tagen suche ich stets aufs Neue das Gespräch mit ihm, und wir unterhalten uns dann etwa darüber, was es bei mir Neues gibt und wie es mir geht. Eines der Themen, um die unsere Dialoge häufig kreisen, ist meine Motivation, die mich nach Beuron führte. Er betont dann immer wieder, wie sehr er sich über meine Entscheidung freut.

## Beten heißt: Nicht alles steht in meiner Macht

Im Alltag draußen werden Eigenschaften, die nicht ins Prinzip der Leistungsgesellschaft zu passen scheinen, wie beispielsweise Langsamkeit oder Spiritualität, nicht sonderlich hoch eingeschätzt. Fast überall herrscht Druck, alles muss laufen »bis zum Anschlag«, sonst taugt es nichts, so denken viele. Da bleibt nur wenig Raum für Nachdenklichkeit. Gott aber findet man in der Ruhe und nicht im hektischen Getriebe. In einem Kloster kann man ihn deshalb aufgrund der Stille und Abgeschlossenheit leichter finden als außerhalb.

Besonders mit Hilfe des Gebetes ist es möglich, zu sich zu kommen. Was bedeutet Beten? Es bedeutet, sich mit sich selbst zu beschäftigen, sich selbst zu finden, Gott zu suchen, sich von Gott finden zu lassen. All das fällt in diesen Begriff mit hinein. Doch auch oder gerade fürs Gebet braucht man Zeit. Diese Zeit zu finden fällt einem im Alltag schwer. Berufsleben und Freizeit der meisten Menschen sind derart ausgefüllt, dass nur wenig Platz zum Innehalten bleibt.

Beten hat nichts mit Leistung zu tun und auch nichts mit Quantität. Auch ein kurzes Gebet kann sehr sinnvoll sein. Benedikt schreibt über die »Ehrfurcht beim Gebet«: »Wenn wir mächtigen Menschen etwas unterbreiten wollen, wagen wir es nur in Demut und Ehrfurcht. Um wie viel mehr müssen wir zum Herrn, dem Gott des Weltalls, mit aller Demut und lauterer Hingabe flehen. Wir sollen wissen, dass wir nicht erhört werden, wenn wir viele Worte machen, sondern wenn wir in Lauterkeit des Herzens und mit Tränen der Reue beten. Deshalb sei das Gebet kurz und lauter; nur wenn die göttliche Gnade uns erfasst und bewegt, soll es länger dauern. In der Gemeinschaft jedoch sei das Gebet auf jeden Fall kurz, und auf das Zeichen des Oberen hin sollen sich alle gemeinsam erheben.«

Wir bieten im Kloster ein Seminar mit dem Titel »Beten lernen« an. Ein Patentrezept, wie man richtig betet, habe ich allerdings auch nicht. Ich halte mich an den Satz von Mutter Teresa aus Kalkutta, die einmal gesagt hat: »Beten lernt man durch Beten!« Ich denke, man braucht einfach die nötige Ruhe und Konzentration, also genau die Dinge, die einem das Gebet bietet.

Auch fürs Gebet gilt: Übung macht den Meister. Wenn man dann eine Ahnung davon hat, wie es gehen könnte, kann man nebenher auch mal etwas anderes tun. Aber am Anfang sollte man sein ganzes Augenmerk, seine ganze Konzentration darauf richten, zu Gott zu sprechen. Auch Beten kann man sich nur schwer selbst beibringen, man braucht eine Anleitung dazu. Autodidakten haben es bei allem schwerer als Menschen, die es unter Anleitung tun.

Beten ist etwas sehr Persönliches. Zwar gibt es einen Rahmen, in dem es ablaufen kann, aber jeder betet anders, und jeder betet letztlich für sich allein, auch in der Gemeinschaft. Bereits vorhandene Gebete sind zunächst ein Rahmen, um beten zu lernen. Wer dann mit ihrer Hilfe gelernt hat, zu beten, der wird das auch mit ganz eigenen Worten tun. Mit Beten verbringe ich einige Stunden am Tag. Dabei gilt es zu unterscheiden, ob es sich um das Chorgebet, um Psalmen oder um die Zwiesprache mit Gott handelt, die man etwa während der Arbeit hält und die dadurch etwas beiläufiger geschieht. Natürlich verfallen auch die Chorgebete immer wieder einmal in Routine. Man ist nicht jeden Tag in der gleichen Form. Da steht man schon in der Frühe müde und nicht sonderlich gut gelaunt auf, geht in die Morgenhore – und ehe man sich versieht, ist man schon beim »Vaterunser«, und man hat das andere alles gar nicht richtig mitbekommen.

Hinzu kommt, dass sich der Ablauf im zweiwöchigen Turnus wiederholt. Innerhalb dieses Zeitraums werden alle 150 Psalmen gebetet. Mit der Zeit kann man die Texte dann fast auswendig. Spannend bleibt das Ganze dadurch, dass man für sich selber aus den Texten immer wieder etwas Neues herauszieht – manchmal geschieht das völlig unbewusst. Es öffnet sich einem einfach. Darüber hinaus gibt es die unterschiedlichsten Arten zu beten, beispielsweise die Fürbitten, wenn man für einen anderen betet, oder das Klagegebet, wenn es einem schlecht geht. In manchen Psalmen schimpft man regelrecht auf die Welt und auf Gott, da geht es richtig heftig zur Sache. Dann wiederum gibt es Dankgebete, meditative Gebete, Heilgebete, kurzum: für jede Lebenslage etwas. Selbst Schweigen kann ein Gebet sein.

Als Mönch ist es auch meine Aufgabe, für diejenigen zu beten, die im alltäglichen Leben selbst nicht dazu kommen, oder jedenfalls nicht oft genug. Es gehört überhaupt zu meiner Berufung dazu, nicht nur für mich, sondern auch für andere um Gottes Hilfe zu bitten, für Mitbrüder, für die Verwandtschaft, für Fremde, die ihre Gebetsanliegen nach Beuron tragen. Da wir auch ein Wallfahrtsort sind, erhalten wir eine ganze Reihe solcher Anliegen, die täglich bei uns eingehen: in der Kirche, in der Sakristei oder an der Pforte, als Brief, Fax oder E-Mail, manche bekommen wir auch auf Umwegen über die Erzdiözese Freiburg, auf deren Gebiet unser Kloster liegt. Die Inhalte dieser Bitten sind völlig verschieden: Da geht es um Linderung einer Krankheit, um Hilfe bei Prüfungen, um das Kitten einer Beziehung, um Arbeitslosigkeit, Trauer und vieles mehr.

Im Kapitelsaal liegt ein großes Fürbittbuch auf, in dem sich diese Fürbitten finden, entweder im Original eingeklebt, handschriftlich eingetragen oder – wenn sie übers Internet oder per Mail ans Kloster herangetragen werden – ausgedruckt. Auch wir Brüder selbst tragen unsere Anliegen in dieses Buch ein, aus dem jeder von uns Bitten entnehmen kann, die er dann in seine persönlichen Gebete mit einbezieht. Die Fürbitten selbst bleiben natürlich im Buch stehen, werden aber auf diese Weise erfüllt.

»Ut in omnium glorificetur deus – damit in allem Gott verherrlicht werde«, lautet einer der Kernsätze der Regel des heiligen Benedikt. Konkret fordert er damit die Handwerker im Kloster auf, so zu arbeiten, dass in ihrer Arbeit Gottes Werk zu erkennen ist. Doch darüber hinaus ist dies auch eine Aufforderung an alle anderen, Gott in allen Dingen zu erkennen und zu verherrlichen.

Zur Orientierung und Anleitung im Gebet dienen einmal im Jahr gemeinsame Exerzitien, an deren Ende jeder von uns seine Gelübde erneuert. Dabei spricht jeder den Inhalt seiner Urkunde mit, und am Schluss wird das »Suscipe«, das Segensgebet von Ignatius von Loyola, gesungen:

Nimm hin, o Herr, meine ganze Freiheit.
Nimm mein Gedächtnis, meinen Verstand,
meinen ganzen Willen.
Was ich habe und besitze,
hast du mir geschenkt.
Ich stelle es dir wieder ganz und gar zurück
und übergebe alles dir,
dass du es lenkest nach deinem Willen.
Nur deine Liebe schenke mir mit deiner Gnade,
und ich bin reich genug
und suche nichts weiter.

Die Exerzitien finden immer in der Fastenzeit statt, als Anstoß auf die Vorbereitung für Ostern, das höchste Fest der Christenheit. Diese geistlichen Übungen dauern bei uns fünf Tage – das unterscheidet sich allerdings je nach Kloster und Exerzitienmeister, mal sind es drei Tage, mal ist es sogar eine ganze Woche.

Bei den Exerzitienmeistern, allesamt erstklassige Referenten, handelt es sich meistens um Mitbrüder aus einem anderen Kloster, manchmal sogar aus einem anderen Orden. Sie halten uns nicht nur geistliche Vorträge, sondern wir haben auch die Möglichkeit, zu beichten. Manchmal ist es leichter, sich die Beichte von einem Außenstehenden anstatt von einem Bruder aus der Gemeinschaft abnehmen zu lassen.

Wir bekommen Gebetsanstöße und Einblicke in andere Denkweisen. Ist etwa ein Jesuit Exerzitienmeister, macht er uns mit den Exerzitien nach Ignatius von Loyola, dem Gründer dieses Ordens, vertraut. Zum einen ist es interessant, eine andere Sichtweise kennenzulernen, zum anderen gewinne ich darüber hinaus den Eindruck, dass die Orden, die früher doch sehr stark rivalisiert haben, wieder enger zusammenwachsen. Ob Jesuiten, Franziskaner oder Benediktiner – wir haben alle die gleichen Nachwuchsprobleme, und im Großen und Ganzen wollen wir letztlich doch alle dasselbe: Gott dienen.

Solche Exerzitien wirken dann auch im Alltag weiter. Ich empfinde sie als eine klösterliche Weiterbildung, die Herz und Hirn fordert. Dass es meinen Mitbrüdern genauso geht, erkennt man daran, dass während dieser Exerzitien auch das Chorgestühl so gut gefüllt ist wie sonst nur selten. Zu diesem Anlass treten alle sonstigen Verpflichtungen in den Hintergrund.

## Ein paar Gedanken über den »Größten«

Gott – was ist das für mich? Die Frage nach Gott wird mir immer wieder gestellt. Die Leute nehmen vermutlich an, dass ein Mönch wie ich eine klare Meinung dazu haben müsste. Aber ich bin kein Theologe. Was ich darüber sagen kann, ist: Für mich ist Gott die Liebe, und diese Liebe spürt man überall in der Schöpfung: Wenn man sich über irgendetwas freut, wenn das Wetter schön ist, wenn man ein Lächeln geschenkt bekommt. Immer dann ist Gott gegenwärtig.

Nimmt man ihn wahr, sollte man dankbar sein. Denn unsere Freude ist schließlich die Reaktion auf die Liebe Gottes. Sie ist so tief, dass kein Mensch der Welt sie vollkommen ausschöpfen kann. Liebe lässt sich auch nicht teilen. Wenn man sie verschenkt, wird sie sogar mehr anstatt weniger. Und trotzdem sieht man sie nicht. All das trifft auch auf Gott zu.

Ja, Gott ist die Liebe. Das ist für mich die perfekteste Antwort, so wie es Papst Benedikt XVI. in seiner Enzyklika »Deus caritas est« formuliert hat, indem er das Johannesevangelium zitiert: »Gott ist die Liebe, und wer in der Liebe bleibt, bleibt in Gott, und Gott bleibt in ihm.«

Man kann Gott und die Liebe nur symbolisieren. Diese beiden Begriffe sind Symbole für das *eine* Große, das man nicht ergründen kann.

Wenn mich jemand fragen würde: »Longinus, wo stehst du eigentlich mit deinem Glauben?«, dann würde ich sagen, ich bin ein Wehrpflichtiger, ein Suchender, ich stehe ganz am Anfang. Ich bin noch auf keine Haltung festgelegt, aber ich tendiere eher in eine liberale, offene Richtung. Ich halte es ganz mit dem heiligen Benedikt: Ich suche den gesunden Mittelweg. Ich bin kein Rebell, der alles umwerfen möchte, denn ich bin der Auffassung, es gibt vieles, das so bleiben kann und soll. Aber ich bin auch nicht rückwärts gewandt. Ich war schon immer jemand, der sich Dinge erst einmal anhört, und wenn jemand das, was er ändern möchte, gut begründen kann, dann ziehe ich die entsprechenden Argumente für mich in Erwägung oder kann sie zumindest tolerieren.

In theologischen Diskussionen im Kloster erlebe ich eine große Meinungsvielfalt. Da wird teilweise heftig disputiert, da fliegen manchmal ganz schön die Fetzen. Auch wenn ich mich nicht immer aktiv an solchen Auseinandersetzungen beteilige, höre ich gerne zu, schon allein um daraus zu lernen.

Irgendwie denke ich, dass in den Köpfen vieler Menschen draußen die Vorstellung existiert: Jemand, der ins Kloster geht, ist erleuchtet; er lebt ganz bewusst sein Leben, weiß, wo es für ihn langgeht und wo er seinen Platz hat. Aber das ist eben doch nur so eine Vorstellung. In der Realität sieht es ganz anders aus. Denn auch ein Mönch ist nur ein Suchender, und er bleibt es meist sein Leben lang. Auch im Kloster weiß man längst nicht immer, was man tut. Aber man glaubt zumindest zu wissen, wofür man es tut, nämlich für Gott.

Ich habe Regeln und Gebote immer geschätzt und geachtet, ob im Elternhaus, in der Schule, in der Lehre, bei der Bundeswehr oder jetzt im Kloster. Wenn Regeln im Leben fehlen, gehen Ordnung und Achtung vor den Mitmenschen verloren. Wenn es egal ist, ob ich stehle, betrüge oder gewalttätig bin, dann muss ich mich auch nicht wundern, wenn eine Gesellschaft, die so denkt und handelt, zerfällt. Ich persönlich finde es zum Beispiel schade, dass die Europäische Union in der Präambel ihrer Verfassung auf einen eindeutigen Gottesbezug verzichtet und sich damit auch nicht deutlich zu ihren christlichen Wurzeln bekennt.

Wenn man sich nicht auf die gottgegebenen Gesetze beruft, dann schweben meiner Meinung nach auch die anderen Gesetze in der Luft. Dann nimmt man dem Gesetzbuch die christliche Grundlage, dann sind der Willkür Tür und Tor geöffnet. Die ganze europäische Kultur steht auf einem christlichen Grundgerüst, sie ist christlich geprägt. Nimmt man uns das weg, fällt alles in sich zusammen.

Der beste Beweis dafür, dass die Zehn Gebote gottgegeben sind, ist für mich ihre Kürze und Einfachheit: zehn Sätze, die eigentlich alles Wichtige beinhalten. Wie kompliziert ist dagegen unsere Gesetzgebung! Eben von Menschen gemacht. Die Zehn Gebote hatten auch auf die Regel des heiligen Benedikt großen Einfluss. Er hat sie in sein Kapitel über »die Werkzeuge der geistlichen Kunst« teilweise mit aufgenommen und ergänzt.

Sehr ausführlich beschäftigt er sich auch mit Strafen und Bußen, die ja die Folge missachteter Regeln sind. Möglicherweise stand es mit der Disziplin in Monte Cassino zu Lebzeiten des Heiligen nicht zum Allerbesten. Vielleicht waren damals die Motive, ins Kloster zu gehen, ja auch andere als heute. Das Prinzip Benedikts, immer nach dem rechten Maß zu trachten, lässt sich auch daran erkennen, wie er Strafen geregelt sehen möchte: »Nach der Schwere der Schuld muss sich das Maß von Ausschließung und Bestrafung richten. Es steht dem Abt zu, die Schwere der Schuld zu beurteilen. Wenn nun bei einem Bruder eine leichte Schuld festgestellt wird, werde er von der Teilnahme an der Mahlzeit ausgeschlossen. Der Bruder, auf dem eine schwere Schuld lastet, werde vom Tisch und vom Oratorium ausgeschlossen. Keiner der Brüder darf mit ihm in Verbindung treten oder mit ihm reden.«

Aber Benedikt schreibt auch: »Nach Alter und Einsicht muss es unterschiedliche Maßstäbe geben. Daher gelte:

Knaben und Jugendliche oder andere, die nicht recht einsehen können, was die Ausschließung als Strafe bedeutet, sollen für Verfehlungen mit strengem Fasten oder mit kräftigen Rutenschlägen bestraft werden. Sie sollen dadurch geheilt werden.«

Nun, die Mönche von heute sind volljährige, ernsthafte Menschen, die sich aus freien Stücken für ihren Weg entschieden haben. Deswegen wird in einem modernen Kloster niemand mehr von den anderen ausgeschlossen, zum Fasten verurteilt oder gar geschlagen. Zu den äußersten Maßnahmen gehört, dass man vom Gemeinschaftsessen ausgeschlossen wird. Aber bevor es wirklich so weit käme, würde der Betreffende mit Sicherheit eindringlich ermahnt und müsste dann möglicherweise auch noch zum Abt zum Rapport, so wie ein unfolgsamer Schüler zum Direktor. Man erkennt bereits am Konjunktiv: Seit ich im Kloster bin, ist so etwas noch nie vorgekommen, ich kenne es allenfalls vom Hörensagen.

## Durchhalteparolen helfen nicht: vom Zweifeln und vom Scheitern

Keine Frage, auch im Kloster ist vieles menschlich, allzu menschlich. Es menschelt, wie es so schön heißt, bis an den Tabernakel. Ohne dass ich jetzt aus der Schule plaudern will, kann ich durchaus erzählen, dass es natürlich auch bei uns Brüder gibt, die »einander nicht grün« sind. Das ist hier so wie in jeder Gemeinschaft auf der ganzen Welt. Man hegt Sympathien und Antipathien füreinander, auch wenn es so nicht sein sollte. Natürlich gibt es den einen oder anderen, den man am liebsten »auf den Mond schießen« möchte, aber gerade darin sollte man – und das nicht nur als

Mönch – auch eine christliche Herausforderung sehen: sich auch mit Leuten zu verstehen, die einem eben nicht unbedingt sympathisch sind. Sich dann zu arrangieren, ist eine besondere, von Gott gestellte Forderung.

Cliquenbildung im Kloster selbst habe ich bisher eigentlich kaum erlebt. Bei 60 Leuten ist die Gefahr auch nicht allzu groß, dass sich hier Gruppen abspalten. Natürlich kommt es vor, dass man, etwa beim Spazierengehen, mal zu zweit oder zu dritt unterwegs ist. Da kann man sich schön unterhalten. Würden wir im Dutzend losziehen, wäre das bei den schmalen Wanderwegen im Donautal eher schwierig. Aber es sind immer andere Grüppchen, die sich hier zusammenfinden.

Ein »Soldat Gottes« zu sein heißt aber auch nicht, dass man überall und jederzeit innerlich strammsteht. Natürlich kenne ich Zeiten, in denen auch ich manchmal keine Lust habe. Da sitzt man dann im Chorgebet und spürt einfach eine gewisse Leere, eine Art Langeweile; ich würde das Ganze als Laschheit und Unlust bezeichnen. Da schießt einem dann schon einmal die Frage durch den Kopf: Wäre es jetzt nicht draußen schöner? Jetzt könntest du ins Kino gehen oder in die Disco, könntest dich in der Kneipe mit Freunden treffen – man denkt dann an alle möglichen weltlichen Unternehmungen von früher …

Das sind so die kleinen Prüfungen, die man zu überstehen hat. Wie soll man damit umgehen? Ich versuche, wie auch früher im bürgerlichen Leben, solche Zeiten zu überbrücken, durchaus auch einmal zu überspielen. Helfen können da Gespräche mit dem geistlichen Begleiter, der versucht, einen darin zu bestärken, dass man Geduld hat und nicht resigniert. Bedenklich wird es vermutlich dann, wenn die Zweifel an der Entscheidung für das Leben im Kloster zu lange andauern; wenn man das Gefühl hat: Die

Luft ist raus, ich kann einfach nicht mehr! So weit ist es bei mir bisher Gott sei Dank noch nie gekommen, noch nicht einmal annähernd. Gefühle der Unsicherheit haben sich bei mir meist nur kurz gehalten. Das ist dann so ein leichtes Auf und Ab, aber eigentlich habe ich, falls einmal solche Tiefpunkte aufgetreten waren, bisher immer sehr schnell die Freude an meiner Berufung wiedergefunden. Und dann hat sich nach kurzer Zeit auch immer das gute Gefühl eingestellt: Ein Glück, jetzt läuft es wieder rund!

Recht beruhigend für mich ist, dass es meinen Mitbrüdern nicht anders ergeht. Das erfährt man manchmal in gemeinsamen Gesprächen, etwa während der Rekreation. Wir Brüder plaudern dann über alles Mögliche: wie es uns geht, was wir während unserer Arbeit oder im Urlaub erlebt haben, was es gerade an aktuellen Themen in der Zeitung gibt, manch einer erzählt Anekdoten von früher. Alles ist gerade so, wie ich es vom Job oder vom Bund her kenne. Und bei diesen Gelegenheiten hört man eben auch von der einen oder anderen persönlichen Sorge. Zum einen ist es wichtig, dass man daran Anteil nehmen kann. Zum anderen ist es aber auch entlastend, wenn man weiß, dass man mit seinen eigenen Nöten nicht allein dasteht.

Immer wieder ist zu hören und zu lesen, dass die Anzahl der Leute, die ins Kloster gehen wollen, zwar gar nicht so gering sei, dass aber eben längst nicht jeder durchhalte. Das kann ich bestätigen. Auch wenn ich selbst noch nicht allzu lange im Kloster bin, so habe ich doch schon so manchen scheitern sehen. Bei einigen war das vorhersehbar, bei anderen völlig überraschend. Allein in den zweieinhalb Jahren, die ich jetzt hier bin, sind fünf Leute wieder gegangen. Vier davon waren schon da, als ich kam. Der fünfte ist zusammen mit mir eingekleidet worden und hat uns bald danach verlassen.

Ich mache mir nichts vor: Auch ich bin immer noch auf dem Weg, und es ist immer noch nichts endgültig entschieden. Bis zu meinen ewigen Gelübden habe ich noch rund anderthalb Jahre. Und wenn die Klosterleitung etwa der Meinung ist, dass dies nicht ausreiche, dass ich von meinem Reifeprozess her noch nicht so weit sei, so kann die zeitliche Profess sogar verlängert werden.

Kein Wunder, dass nur so wenige übrig bleiben bei einer solch strengen Auslese und einer solch extremen Lebensentscheidung, mag manch einer sagen. Aber dem möchte ich entgegenhalten: Nur auf den ersten Blick ist die Entscheidung für einen Orden extrem. Das einzig wirklich Einschneidende aus meiner Sicht ist, auf eine Frau und eine Familie zu verzichten. Aber ist die Entscheidung, zu heiraten, nicht ebenso extrem wie eine grundsätzliche Entscheidung für das Kloster? Denn wer die Ehe wirklich ernst nimmt, bindet sich ja auch für das ganze Leben. Um nichts Geringeres geht es, wenn man es ehrlich mit sich und seinem Partner meint.

Natürlich weiß ich auch, dass heutzutage sehr viele Ehen scheitern. Und das, obwohl man sich vermutlich geliebt und meist auch ernsthaft umeinander bemüht hat. Manchmal gehen Ehen aber auch in die Brüche, weil die Partner ihre Beziehung möglicherweise auf die leichte Schulter genommen haben. Da wir in einem liberalen Zeitalter leben, ist es heutzutage einfacher, sich zu trennen, als das früher der Fall war. Ich denke an die Scheidung meiner Eltern: Sie hatten damals, als sie auseinandergingen, sicherlich mit mehr Repressalien und Vorurteilen zu kämpfen, als das heute der Fall wäre.

Ähnlich wie in einer Ehe ist es auch im Kloster. Allerdings trennt sich hier die Spreu vom Weizen meist wesentlich früher. Außerdem sind die Regeln härter. Eine derart abgestufte Probezeit wie im Kloster kennt man in einer Beziehung nicht. In der gibt es bestenfalls noch die Zeit der Verlobung, aber auch die gehen immer weniger Paare ein. Doch schiefgehen kann es hier wie dort, früher oder später. Es gibt Mönche, die nach zehn, fünfzehn Jahren und auch noch später die Gemeinschaft verlassen, obwohl sie die ewigen Gelübde abgelegt haben.

Abgesehen von dem persönlichen Druck, der zu einer solchen Entscheidung führt, stehen Ordensmitglied und Kloster auch in einem rechtlichen Verhältnis zueinander. Soll dies aufgelöst werden, wäre das in etwa so, als ob man eine kirchliche Ehe annullieren möchte. Wer zum Beispiel nach seinem Austritt aus dem Kloster kirchlich heiraten möchte, benötigt Dispens von Rom.

Grundsätzlich gilt aber: Gehen kann man immer. Man ist ja im Kloster nicht eingesperrt! Aber ich vermute, dass jemand, der einmal 15 oder 20 Jahre im Kloster war, sich normalerweise in der Welt draußen nur sehr schwer wieder zurechtfinden würde. Aber unmöglich oder gar verboten ist es nicht, das Kloster zu verlassen. Bei einigen, die gegangen sind, tut es mir leid, dass sie nicht mehr da sind, weil ich gut mit ihnen auskam. Bei anderen muss ich aber sagen: Gut, dass die gegangen sind – denn es schien so besser für sie zu sein. Sie haben sich gequält und sind aus welchen Gründen auch immer mit der Situation hinter Klostermauern nicht zurechtgekommen. Natürlich bedeutet das Klosterleben auch eine psychische Belastung.

In manchen Fällen ahnt man etwas von den inneren Kämpfen der Brüder, in anderen nicht. Ich habe beides beobachtet. Wenn man miterlebt, wie jemand um seine Berufung kämpft, versucht man, ihn darin zu unterstützen, wobei das längst nicht immer klappt. Ich erinnere mich an einen Kandidaten, bei dem hat man nichts gemerkt, absolut nichts. Auch die Patres waren völlig überrascht, als der das Kloster wieder verließ, Hals über Kopf.

Jeder von uns sucht sich ja eine Vertrauensperson, einen Beichtvater, der als geistlicher Begleiter unseren eigenen Fortschritt ein wenig betreut. Doch selbst der Beichtvater des jungen Mannes musste vollkommen ahnungslos miterleben, dass sein Schützling von einem Tag auf den anderen aus dem Kloster verschwunden war. Dieser kam ein paar Tage später gerade noch einmal kurz vorbei, um seine Sachen abzuholen, denn selbst die hatte er bei seiner überstürzten Flucht – anders kann man es gar nicht ausdrücken – zurückgelassen. Er hatte vorher lediglich einen Zettel beim Magister hinterlassen, auf dem stand: »Ich bitte um Dispens!«

So etwas kommt schon hin und wieder einmal vor, wenn man dringende private Angelegenheiten zu erledigen hat. Aber das gilt dann eben nur für ein paar Tage und wird in aller Regel auch vorher persönlich besprochen. Doch in dem geschilderten Fall haben selbst Erzabt und Prior nicht mitbekommen, was los war. Erst einige Tage später haben wir erfahren, dass unser Mitbruder abrupt das Kloster verlassen hatte, und zwar für immer. Wie man hörte, soll er später versucht haben, in anderen Ordensgemeinschaften unterzukommen. Aber natürlich gibt es eine Kommunikation der Klöster untereinander, und wenn sich dann herausstellt, was der Betreffende für eine Vorgeschichte hat, macht das die Sache für ihn nicht gerade leichter.

Auch wenn man so gut wie möglich versucht, Mitbrüder oder -kandidaten grundsätzlich zu begleiten, so verhält es sich wie im Leben draußen auch: Mal gelingt es, mal nicht. Wenn einer aus seinem Herzen eine Mördergrube macht, was will man dann tun? Man kann letztlich keinem Menschen völlig in die Seele schauen. Jeder, der im Berufsleben steht, kann sicher über ähnliche Erfahrungen mit Kollegen berichten. Manchmal weiß man noch nicht einmal so genau, was im eigenen Partner oder in den Kindern vor sich geht – und plötzlich passiert dann etwas, das einen völlig überrascht.

Natürlich gibt es, genau wie draußen, auch im Kloster Menschen, die ihre Probleme immer nur hinunterschlucken und sich jede Hilfe von dritter Seite verbitten. Und dann kommt es eben nicht selten früher oder später zur Explosion. Wie aus dem Nichts. Auch wenn unsere Patres Seelsorger sind: Psychologen sind sie letztlich nicht. Wie man mit allzu extravaganten Persönlichkeiten umzugehen hat: Dafür sind auch *sie* nicht geschult. Und menschliche Abgründe lassen sich manchmal erst sehr spät erkennen.

Wenn jemand beschließt, das Kloster zu verlassen, bietet man ihm ganz praktische Hilfe an, man kann ihm etwa bei der Job- oder Wohnungssuche helfen. Für eine gewisse Übergangszeit lassen sich manchmal Pfarreien finden, in denen der Betreffende unterkommen kann. Wenn jemand für sich erkennt, dass das Kloster nicht der richtige Weg für ihn ist, und er das offen sagt, dann ist solch eine Hilfe selbstverständlich. Denn einem Menschen, der einmal zur Gemeinschaft gehörte, muss man zur Seite stehen. Und das klappt meist auch ganz gut. Wesentlich schwieriger ist es, jemandem beizustehen, der regelrecht Klosterflucht betreibt. So jemanden erreicht man in vielen Fällen nicht mehr, und das meine ich ganz wörtlich. Auch klösterliche Netzwerke stoßen da manchmal an ihre Grenzen.

Jeder, der geht, stellt einen auch selbst wieder vor die Frage, ob der eigene Weg der richtige ist. Man denkt in solchen Momenten doch ein wenig intensiver über seine Berufung nach und fragt sich etwa: Warum geht er, und warum bleibe ich? Oder: Wenn ich bleibe – warum bleibt er dann nicht?

So wie jeder seine *eigene* Berufungsgeschichte hat, so wie jeder *seine* Gründe für den Eintritt ins Kloster hat, so hat auch jeder, der es wieder verlässt, sein *ganz persönliches* Motiv dafür. Ich denke, es gibt keine zwei, die aus genau demselben Grund ins Kloster gehen. Und es gibt keine zwei, die es aus genau demselben Grund wieder verlassen.

Ich habe Mitbrüder erlebt, die nicht zuletzt deswegen gescheitert sind, weil sie vermutlich zu früh ins Kloster gegangen sind. Sie waren gerade einmal etwas über 20 Jahre alt. Wenn man 17 ist und eine abgeschlossene Schul- oder Berufsausbildung besitzt, kann man sich ans Kloster wenden, um es näher kennenzulernen. Und plötzlich kommt so einem jungen Kerl dann zu Bewusstsein: »Mein Gott, ich habe draußen etwas verpasst!« Je jünger man beim Eintritt ins Kloster ist, desto größer ist natürlich das Risiko, dass man plötzlich feststellt: Mir fehlt noch etwas im Leben. Genau dieses Gefühl habe ich nicht. Deswegen sehe ich für mich auch in diesem Bereich die Gefahr als eher gering an, im Kloster zu scheitern.

Ich finde, ich habe einiges im Leben erlebt, jedenfalls so viel, dass ich keine Gier nach dem weltlichen Leben mehr verspüre. Ich habe schon viel von der Welt gesehen, privat und beruflich, habe gerade in Afghanistan und Mazedonien die unterschiedlichsten Menschen und Situationen kennengelernt. So gesehen kann ich für mich sagen: Ich glaube, ich verpasse draußen nichts mehr. Zumindest habe ich zum derzeitigen Zeitpunkt nicht das Gefühl, etwas zu versäumen.

Die einzige konkrete Situation, in der ich mir vorstellen könnte, das Kloster zu verlassen, wäre, eine Frau kennenzulernen; allerdings sind die Gelegenheiten hierzu natürlich selten. Das könnte bestenfalls in den Ferien oder während irgendwelcher Exerzitien geschehen, aber ich halte das fast für ausgeschlossen. Trotzdem: Dagegen bin auch ich nicht gefeit, auch ich bin gegen Liebe nicht immun. Die Leidenschaft steckt nun einmal in uns Menschen. Keiner weiß, ob es mich vielleicht nicht doch eines Tages »erwischt«. Und ich kann nur hoffen, dass ich, sollte es so weit kommen, die richtige Entscheidung treffe. Doch ehrlich gesagt: Häufige Gedanken mache ich mir über dieses Thema zum augenblicklichen Zeitpunkt nicht.

## Weltflucht vielleicht, doch die Probleme bleiben

Wenn wir nun von Klosterflucht reden, müssen wir auch das umgekehrte Thema ansprechen. Keine Frage: Wer ins Kloster geht, begeht in gewisser Weise Weltflucht. Er flieht die Welt und die Menschen. Er tut dies, weil er für sich ein anderes, aus seiner Sicht höheres Ziel für richtig erkannt hat. Aber meiner Meinung nach ist ein Kloster keinesfalls der richtige Ort für eine Weltflucht aufgrund von persönlichen Problemen. Wer meint, hinter Klostermauern könne er vor psychischen, familiären, finanziellen oder beruflichen Schwierigkeiten davonlaufen, für den ist das Scheitern im Kloster geradezu programmiert. Denn die Probleme von draußen nimmt man mit. Man kann schließlich nicht vor sich selbst weglaufen. Selbst hinter Klostermauern holen einen die eigenen Konflikte ein. Vielleicht unbarmherziger als anderswo, weil man viel mehr auf sich selbst zurückgeworfen ist.

Selbstverständlich werden in den Bewerbungsgesprächen mit der Klosterleitung derartige Umstände relativ umfassend abgeklopft. Um zu klären, ob jemand ins Kloster passt, ist schließlich auch das Postulat vorgesehen, also das halbe Jahr Probezeit. Man kann sich vielleicht ein paar Wochen oder ein paar Monate einer Illusion hingeben – aber innerhalb eines halben Jahres wird einem selbst und auch der Gemeinschaft klar, ob diese Art Weltflucht eine Flucht vor sich selbst oder ein Weg hin zu Gott ist. Sich und anderen über einen so langen Zeitraum etwas vorzumachen ist aus meiner Sicht schier unmöglich.

Unter einer Weltflucht verstehe ich demnach etwas anderes: sich einem Großteil der irdischen Dinge zu entziehen, um sein Leben als Mönch ganz und gar auf Gott hin auszurichten. Ich möchte also in diesem Zusammenhang den Begriff »Weltflucht« positiv besetzt sehen. Für mich gilt, was Benedikt in seiner Regel hinterfragt: »Ist denn nicht jede Seite oder jedes von Gott beglaubigte Wort des Alten und Neuen Testamentes eine verlässliche Wegweisung für das menschliche Leben?« Dieser Wegweisung möchte ich im Kloster nachgehen, deswegen habe ich diese Art der Weltflucht gewählt.

Freilich: In nahezu allen Orden gibt es auch Personalprobleme, ich habe das mehrfach angesprochen. Und weil es ohnehin keine Menschen gibt, die völlig frei von »Macken« sind, so gibt es auch keine absolut perfekten Kandidaten fürs Kloster. Wir alle haben unsere Geschichte und tragen unsere Päckchen. Doch wenn sich herausstellt, dass jemand mit seinen Nöten und Sorgen offen umgeht, wird man seitens des Ordens versuchen, ihm zu helfen, und ihm eine Chance geben. Ist es Gott letztlich nicht egal, ob jemand auf geraden oder krummen Wegen zu ihm gelangt? Wer kann schon von sich behaupten, dass sein Leben immer völlig geradlinig verlaufen ist?

Und noch etwas: Der Weg, Mönch zu werden, ist selbstverständlich nicht der einzig seligmachende und zu Gott führende! In dem Augenblick, in dem sich jemand dazu entschlossen hat, zu etwas Höherem aufzubrechen, ist sein ganz persönlicher Weg maßgebend. Ob das nun eine Familie, ein Single-Dasein, eine Priesterschaft oder eben das Kloster ist, spielt dabei letztlich keine Rolle. Ob es dann der richtige Weg war, den einer gewählt hat, stellt sich meist ohnehin erst viel später heraus. Ich meine aber, wir alle haben auch die Möglichkeit, die Richtung unseres Weges zu ändern, wenn wir glauben, dass dies nötig ist. Darin besteht die Freiheit, die Gott uns jederzeit lässt.

# Schlussgedanken

Das alte Jahr hat Abschied genommen. Die Hektik der Feiertage ist der beschaulichen Ruhe gewichen, die ich so liebe. Es ist Abend geworden, ein kalter Winterabend, an dem wir uns zur letzten gemeinsamen Stunde des Tages in der noch festlich geschmückten Wallfahrtskirche St. Martin versammelt haben, zur Komplet, in der unsere Gregorianischen Choräle erklingen.

Während wir unsere Psalmen singen, lasse ich die vergangenen Monate innerlich Revue passieren. Ein gutes Jahr ist es nun her, seit ich mit diesem Buch angefangen habe. Nun ist es abgeschlossen. Als sich unter meinen Mitbrüdern herumsprach, was ich vorhabe, waren die Meinungen geteilt. Einige, vor allem ältere, gaben zu bedenken, ich hätte doch viel zu wenig erlebt, um ein Buch zu schreiben. Mag sein! Es stimmt: Ich bin noch nicht mal 30, und als ich das Licht der Welt erblickte, hatte so mancher meiner Mitbrüder schon einige Klosterjahre auf dem Buckel.

Doch es gab auch Stimmen, und es waren nicht wenige, die mir Mut machten: Es sei gut, den Leuten zu sagen, dass das Mönchtum lebt, dass es engagierten Nachwuchs gibt. Es sei wichtig, dass ein junger Mann Zeugnis ablegt, wie Benedikt sagt: »Damit in allem Gott verherrlicht werde.« Aufmunternde Worte gaben mir immer dann Kraft, wenn mir Zweifel kamen, ob mein junges Leben wirklich erzählenswert ist.

Mir ist bewusst, dass ich noch ganz am Anfang stehe und als Rekrut Gottes gerade dabei bin, meine Wehrpflicht abzuleisten. Noch bin ich gewissermaßen Lehrling. Ich habe einmal angemerkt, der Weg sei das Ziel. *Mein* Weg ist der Weg zu Gott; welche Ziele er mit mir hat, lege ich ganz in seine Hände. Natürlich darf auch ein junger Mönch wie ich träumen. Etwa davon, als Elektriker meinen Meister zu machen oder das Abitur nachzuholen. Oder sogar davon, zu studieren und Priester zu werden. Doch das sind, wie gesagt, Träume. Der nächste größere Halt auf meinem Weg sind die ewigen Gelübde, die ich, wenn es gutgeht, im Jahr 2010 ablegen darf.

Bei alldem vergesse ich nicht, dass Benedikt in seiner Regel schreibt: »Keiner darf im Kloster dem Willen seines eigenen Herzens folgen.« Er sagt aber auch: »Wie es einen bitteren und bösen Eifer gibt, der von Gott trennt und zur Hölle führt, so gibt es den guten Eifer, der von den Sünden trennt, zu Gott und zum ewigen Leben führt.« Ein guter Eifer, eine innere Spannung, ist also durchaus zulässig, um Langeweile und Gleichgültigkeit nicht aufkommen zu lassen. Auch das gehört zu den Erkenntnissen, die ich hier in Beuron gewonnen habe.

Diese innere Spannung mag mit ein Motor dafür gewesen sein, das Buch in Angriff zu nehmen. Ohne Zweifel bin ich mir durch das Schreiben auch selbst ein Stück nähergekommen. Jetzt, während ich voll Inbrunst in einen der wunderbaren Choräle einstimme, steigt in mir ein weiterer, ein großer Wunsch auf: Wenn doch dieses Buch eine Handvoll Frauen und Männer dazu bewegen könnte, das Leben im Kloster aus eigener Anschauung kennenzulernen! Und wenn dann einer von denen, und sei es nur ein Einziger, durch mein Buch den Anstoß bekäme, einen ähnlichen Weg wie ich zu gehen, dann wäre ich zutiefst glücklich.

Allen Lesern, unabhängig davon, wie sie zum Glauben stehen, will ich ganz zum Schluss einen kleinen, wunderbaren Spruch mit auf den Weg geben, der am Eingang zu unserer Wallfahrtskirche St. Martin zu finden ist:

Wenn du glaubst, bete.
Wenn du nicht glaubst, bewundere.
Wenn du gebildet bist, zeige Ehrfurcht.